# Bébés et employeurs : comment réconcilier travail et vie de famille

## AUSTRALIE, DANEMARK ET PAYS-BAS

## Volume 1

**OCDE**

ORGANISATION DE COOPÉRATION ET DE DÉVELOPPEMENT ÉCONOMIQUES

# ORGANISATION DE COOPÉRATION ET DE DÉVELOPPEMENT ÉCONOMIQUES

En vertu de l'article 1$^{er}$ de la Convention signée le 14 décembre 1960, à Paris, et entrée en vigueur le 30 septembre 1961, l'Organisation de Coopération et de Développement Économiques (OCDE) a pour objectif de promouvoir des politiques visant :

- à réaliser la plus forte expansion de l'économie et de l'emploi et une progression du niveau de vie dans les pays Membres, tout en maintenant la stabilité financière, et à contribuer ainsi au développement de l'économie mondiale ;

- à contribuer à une saine expansion économique dans les pays Membres, ainsi que les pays non membres, en voie de développement économique ;

- à contribuer à l'expansion du commerce mondial sur une base multilatérale et non discriminatoire conformément aux obligations internationales.

Les pays Membres originaires de l'OCDE sont : l'Allemagne, l'Autriche, la Belgique, le Canada, le Danemark, l'Espagne, les États-Unis, la France, la Grèce, l'Irlande, l'Islande, l'Italie, le Luxembourg, la Norvège, les Pays-Bas, le Portugal, le Royaume-Uni, la Suède, la Suisse et la Turquie. Les pays suivants sont ultérieurement devenus Membres par adhésion aux dates indiquées ci-après : le Japon (28 avril 1964), la Finlande (28 janvier 1969), l'Australie (7 juin 1971), la Nouvelle-Zélande (29 mai 1973), le Mexique (18 mai 1994), la République tchèque (21 décembre 1995), la Hongrie (7 mai 1996), la Pologne (22 novembre 1996), la Corée (12 décembre 1996) et la République slovaque (14 décembre 2000). La Commission des Communautés européennes participe aux travaux de l'OCDE (article 13 de la Convention de l'OCDE).

*Also available in English under the title:*

**Babies and Bosses: Reconciling Work and Family Life**
AUSTRALIA, DENMARK AND NETHERLANDS – Volume 1

# Avant-propos

Les politiques favorables à la famille aident les parents, et ceux qui souhaitent le devenir, à concilier leurs obligations à l'égard de leurs jeunes enfants et leur choix de carrière sur le marché du travail. Les mesures prises, en particulier celles qui visent à améliorer l'accès à des services de garde d'enfants abordables et de qualité ou qui permettent de prendre un congé parental d'éducation, la flexibilité dans l'organisation du travail, les incitations financières au travail et l'aide au retour à l'emploi pour les parents chômeurs, permettent aux parents de jeunes enfants d'accéder à de meilleures possibilités d'emploi. En tant que telles, les politiques favorables à la famille répondent aux aspirations individuelles de faire carrière et d'avoir une famille tout en donnant à ses enfants les soins et le soutien dont ils ont besoin. Concilier la vie professionnelle et la vie de famille est donc un objectif majeur en soi.

Cependant, l'importance qu'il y a à concilier la vie professionnelle et la vie de famille tient aussi au fait que le juste équilibre des politiques sera favorable aux autres objectifs de la société, à savoir augmenter l'offre de main-d'œuvre et l'emploi, assurer aux familles des sources de revenu stables et sûres, favoriser l'équité entre les hommes et les femmes ; soutenir le développement de l'enfant et promouvoir l'autonomie de tous.

Ce premier examen que l'OCDE consacre aux moyens d'accorder vie professionnelle et vie de famille s'attache à la panoplie de mesures favorables à la famille en vigueur en Australie, au Danemark et aux Pays-Bas pour chercher à déterminer son rôle dans les différents résultats obtenus par ces trois pays pour ce qui est du marché du travail et d'autres aspects de la société. Cet examen a été préparé à partir de missions dans les trois pays considérés en août et septembre 2001 et l'analyse porte sur la situation à cette époque. Le Groupe de travail sur la politique sociale du Comité de l'emploi, du travail et des affaires sociales a examiné le rapport en avril 2002. Celui-ci a été établi par Willem Adema, Donald Gray et Mark Pearson, avec l'aide de Cécile Cordoliani et de Maxime Ladaique. Le présent volume est publié sous la responsabilité du Secrétaire général de l'OCDE.

# Table des matières

**Liste des graphiques**

# Introduction

Concilier la vie familiale et la vie professionnelle met en jeu deux objectifs importants pour les individus comme pour la société : d'une part, la capacité à participer pleinement à la vie active, pour en tirer un revenu, mais aussi pour chercher un accomplissement dans l'activité sociale la plus importante dans la vie moderne et, d'autre part, donner ce qu'il y a de meilleur à ses enfants et répondre au mieux à leurs besoins. Ces aspirations ne s'excluent pas nécessairement l'une l'autre.

Si un bon équilibre ne peut être établi entre le travail et les devoirs familiaux de garde d'enfant, ceci peut affecter les décisions familiales ou les prises de décisions au niveau du travail ou encore des deux. Parents ou parents potentiels qui, à tort ou à raison, soupçonnent une difficulté à équilibrer vie familiale et vie professionnelle peuvent décider de remettre à plus tard la conception d'un enfant, ne pas en avoir autant, ou ne pas avoir d'enfant du tout. Alternativement, certains peuvent opter pour la modification de leur comportement sur le marché du travail. En effet, de nombreux de parents ne participent pas à la vie active, soit temporairement, soit sur une longue période. C'est parfois parce qu'ils préfèrent prendre soin de leurs enfants à plein-temps quelles que soient leurs possibilités de travail. D'autres parents souhaiteraient travailler, ou travailler davantage d'heures, mais ne le font pas, faute de temps, d'accès à des services et de revenu net qui limitent leur participation à la vie active. D'autres encore passent tant de temps au travail que leur famille peut être mise à rude épreuve et que c'est la société qui doit supporter les conséquences d'une relation familiale brisée et de jeunes qui n'ont pas reçu l'éducation dont ils avaient besoin.

Les décisions concernant vie professionnelle et vie familiale sont prises dans un contexte de facteurs interactifs comprenant les préférences individuelles, les opportunités et aspirations, les projets et les relations familiales plus étendues. Une gamme entière de politiques sociales couvre partiellement l'équilibre entre vie professionnelle et vie familiale incluant : la retraite, les soins aux personnes âgés et les politiques de la santé, scolarité et politiques de l'éducation comme emploi, parité, garde des enfants et politiques salariales. Pris tous ensembles, ces facteurs influent sur les décisions individuelles concernant participation au marché de l'emploi, mais aussi formation familiale, paternité/maternité et dissolution de la famille. Ces décisions, à leur tour, influent sur l'évolution et le fonctionnement de la société future et impliquent un large éventail de politiques publiques. Par exemple, si les tendances de fertilité et de démographie se poursuivent, les futures populations en âge de travailler seront plus petites (et plus vieilles) qu'à l'heure actuelle, comparées aux populations qui ne sont pas en âge de travailler (chapitre 2). Ceci aura une implication évidente sur le renouvellement de la main-d'œuvre, sur la santé, l'éducation, la retraite et les autres politiques publiques. Réconcilier travail et vie familiale est donc une question d'importance, car des mesures adéquates favoriseront d'autres objectifs sociaux et contribueront à un développement durable des sociétés (OCDE, 2001).

Cet ouvrage étudie en particulier les défis que *les parents qui ont de jeunes enfants* doivent relever lorsqu'ils tentent de concilier leur travail et leur vie familiale, et les implications pour la société et le marché de l'emploi. Lorsqu'ils prennent une décision sur l'équilibre entre leur vie professionnelle et leur vie familiale, les parents doivent prendre en compte de nombreux problèmes : les possibilités de flexibilité de l'emploi, de garde des enfants et les conséquences pour le développement de l'enfant d'un congé parental, ainsi que le revenu net de la famille, provenant ou non de l'emploi. Le fait que les parents décident ou non de combiner leurs engagements vis-à-vis de l'emploi et des enfants, et la manière qu'ils adoptent, dépend dans une large mesure de leur capacité à bénéficier des avantages prévus par les *politiques familiales* mises en place par les gouvernements et des résultats des négociations entre partenaires sociaux.

---

### Qu'est-ce qu'une politique familiale ?

Les politiques familiales sont des politiques qui permettent de concilier vie familiale et vie professionnelle, en prévoyant les moyens nécessaires au développement de l'enfant, en offrant aux parents le choix entre travail et garde d'enfant, et en favorisant l'égalité entre les sexes dans l'emploi. Dans cette étude, les « familles » et les politiques favorisant cette « conciliation » sont définies comme suit :

*Famille* : « Tout foyer comportant un ou plusieurs adultes vivant sous le même toit et assumant la responsabilité de la garde et de l'entretien d'un ou plusieurs enfants » ;

*Politiques destinées à permettre de concilier vie familiale et professionnelle* : « Toutes les mesures contribuant à accroître les ressources familiales (revenu, services et temps pour s'occuper des enfants) et l'intérêt des parents pour le marché du travail. »

---

Tous les parents ne sont pas confrontés à des contraintes pour satisfaire leurs préférences quant à leur vie professionnelle et l'éducation de leurs enfants. Les analyses qui suivent concernent surtout ceux qui le sont.

Des analyses détaillées et complètes sur les systèmes de soins à long terme (OCDE, 1996), les retraites (OCDE, 1998, 2000 et 2001a) et les politiques de santé (OCDE/Santé Canada, 2002) auraient été nécessaires pour que cette étude prenne en considération le rôle des familles dans les soins aux personnes malades ou âgées pour lesquelles de nombreuses conclusions sont, bien entendu, les mêmes que pour les enfants.

Les principales conclusions de cette étude sont présentées dans le premier chapitre, suivi par une vue générale de la situation actuelle des familles dans la société et en particulier les salaires des parents sur le marché du travail. Les chapitres suivants énoncent les différents aspects des politiques visant à réconcilier vie familiale et vie professionnelle : l'accueil des enfants (chapitre 3) ; le congé parental (chapitre 4) ; l'emploi des femmes (chapitre 5) ; et les conditions d'emploi (chapitre 6). De plus amples détails sur les programmes sociaux et les congés parentaux sont fournis dans l'annexe générale à la fin de cette étude.

*Chapitre* 1

# Principales conclusions

Ce chapitre énonce les principales conclusions de l'étude des politiques mises en place pour réconcilier vie professionnelle et vie familiale en Australie, au Danemark et aux Pays-Bas.

## 1.1. Objectifs des politiques publiques

Suivant un principe bien connu en économie, pour qu'un objectif défini par une politique soit atteint, il faut prévoir au moins une mesure qui permettra de le mettre en œuvre. S'il y a deux objectifs à atteindre, mais seulement une mesure, les objectifs ne seront atteints que par hasard.

Concilier vie professionnelle et vie de famille est un objectif en soi. Il est admis qu'il ne faudrait pas avoir à choisir entre vie de famille et poursuite d'une carrière, car le travail est après tout pour beaucoup le principal moyen d'expression, de relations sociales, ainsi que la principale source de revenus. Si les politiques publiques n'avaient qu'à répondre à ces préoccupations, ce serait déjà difficile. Mais la raison pour laquelle cette conciliation est importante – et sans doute de plus en plus – pour beaucoup de gouvernements, c'est qu'on espère trouver un équilibre répondant à un grand nombre d'objectifs sociaux. Les objectifs gouvernementaux visent très souvent à : accroître l'offre de main-d'œuvre et l'emploi (pour augmenter le revenu national) ; donner aux familles plus de stabilité et de sécurité des revenus, mieux les préparer aux contraintes de la vie moderne et, en cas de séparation du couple, à mieux faire face ; assurer un meilleur développement des enfants ; réduire les dépenses publiques ; accroître la fécondité (ou au moins permettre aux familles d'avoir le nombre d'enfants souhaité) et assurer une plus grande équité entre hommes et femmes.

Étant donné cette diversité d'objectifs, le problème est moins de tous les atteindre que de chercher un équilibre entre eux. Dans les trois pays étudiés, il a fallu changer cet équilibre – parfois rapidement – car une plus grande priorité est maintenant accordée à des objectifs tels que l'augmentation de l'offre de main-d'œuvre et l'équité entre hommes et femmes, qui ne paraissaient pas si importants il y a une trentaine d'années. Étant donné que les mesures prises pour

13

atteindre certains objectifs risquent de rendre la réussite plus difficile dans d'autres domaines, les interventions publiques peuvent se multiplier. Ce n'est peut-être pas une mauvaise chose, mais il vaut mieux que le processus soit compris et reconnu, plutôt que de surprendre. Les conclusions de ce document comportent trois parties. La première résume les *principales tendances* concernant la vie professionnelle et familiale. La seconde décrit les principales caractéristiques des politiques *actuelles*. La troisième examine *comment ces politiques interagissent* avec les évolutions sociales et celles de l'emploi, afin de voir comment il serait possible d'exercer une pression pour les faire évoluer.

## 1.2. Vie professionnelle et vie familiale

La modification des comportements des femmes a contribué à une transformation structurelle du marché de l'emploi au cours des 40 dernières années. Les jeunes femmes attachent aujourd'hui une valeur au travail et à une carrière, beaucoup plus que les femmes du même âge pendant les années 60. Dans les trois pays, l'idée la plus répandue est restée celle de l'homme comme principale source de revenus au moins jusqu'au début des années 70, comme l'ont montré les négociations sociales, les dispositifs fiscaux et de prestations sociales, et les modes de travail au sein d'une famille[1]. En Australie et aux Pays-Bas, une partie très importante de la population considère encore qu'il est bon que les mères de jeunes enfants ne travaillent pas ou travaillent à temps partiel, alors que cette question faisait l'objet de débats au Danemark au cours des années 70. Avec les possibilités accrues de garde des enfants, la part de l'emploi féminin à plein-temps a augmenté au Danemark, ce qui a modifié les préférences sociétales, bien que beaucoup de Danoises déclarent préférer travailler et élever leurs enfants à temps partiel. Ces préférences ont donc un certain impact sur la situation de l'emploi et sur les politiques publiques, mais elle ne sont pas indépendantes de ces politiques.

Au cours des dernières décennies, le comportement des femmes vis-à-vis de l'emploi s'est modifié de façon spectaculaire, en particulier aux Pays-Bas. Au début des années 70, le taux d'emploi des femmes était d'environ 30 % dans ce pays, de 45 % en Australie, et de près de 60 % au Danemark, alors qu'au tournant du siècle ce taux était passé à 75 % au Danemark et atteignait près de 70 % en Australie et aux Pays-Bas.

Le comportement des hommes ne paraît pas avoir sensiblement évolué. Si les longs horaires de travail sont plus ou moins fréquents selon les pays (un quart de la main-d'œuvre travaillerait plus de 50 heures par semaine en Australie, au lieu de 10 % au Danemark), ils concernent surtout les hommes. Leur comportement reste généralement traditionnel dans les trois pays : ils prennent rarement un congé parental et ce sont essentiellement les femmes qui élèvent les enfants,

14

bien que la différence avec les hommes concernant le temps consacré aux activités ménagères soit plus faible au Danemark.

Vis-à-vis de l'emploi, l'évolution est donc favorable. Davantage de personnes travaillent. Les femmes en particulier, qui ne pouvaient poursuivre une carrière et bénéficier de l'indépendance financière qu'elle implique, ont aujourd'hui des possibilités beaucoup plus importantes.

Si l'on y regarde de plus près cependant, on constate encore des problèmes : la faiblesse des taux d'emploi et la fréquence de la pauvreté dans les familles monoparentales en Australie et aux Pays-Bas ; des différences de rémunération qui restent obstinément substantielles, en particulier aux Pays-Bas ; et un risque plus grand pour les femmes d'être condamnées à des emplois qui n'offrent aucune possibilité de progression. Il y a encore beaucoup à faire dans le domaine de l'emploi.

Du point de vue de la famille, l'image est moins positive. L'âge de la mère à la première naissance s'est élevé au cours des 30 dernières années, alors que le taux de fécondité achevée des cohortes de femmes nées entre 1930 et 1965 diminuait constamment en Australie et aux Pays-Bas. Les plus faibles portaient sur les femmes nées en 1955 au Danemark, mais ils sont remontés depuis. De plus en plus souvent, la formation d'une famille est retardée, parfois même de manière durable, jusqu'à ce que les parents aient reçu davantage d'éducation et que l'un ou l'autre ait trouvé une plus grande sécurité d'emploi, éventuellement pour bénéficier d'un congé de maternité ou parental et/ou d'une aide à la garde de l'enfant. Les conséquences sur la structure par âge de la population sont importantes puisque la population active diminue.

## 1.3. Comparaison des politiques actuelles pour concilier vie professionnelle et vie de famille

### 1.3.1. *Positions de principe*

En Australie, l'objectif déclaré consiste à donner aux parents le *choix* entre le travail et les enfants et ainsi d'instaurer une répartition fonctionnelle des responsabilités entre les deux parents. L'aide sociale est ciblée sur les familles à faible revenu et comporte des allocations aux parents qui travaillent et ont un faible revenu. Les parents isolés ne sont pas tenus de chercher un emploi jusqu'à ce que l'enfant atteigne l'âge de 16 ans, ce qui leur permet de choisir de rester à la maison pour élever les enfants. Les changements récents sont davantage en faveur de l'emploi et l'aide à la garde de l'enfant est plus généreuse pour ceux qui ont une faible rémunération.

Aux Pays-Bas, le travail à temps partiel est un élément essentiel du modèle visé par les politiques publiques. L'ancien système fiscal, fondé sur d'importants transferts individuels et sur une limitation des avantages familiaux et des subventions à la garde des enfants a contribué à constituer le modèle d'une famille avec un revenu et demi. Une plus grande équité entre hommes et femmes est recherchée, ainsi qu'une répartition plus égale du travail rémunéré entre les parents. L'individualisation récente du système d'imposition et d'allocation et l'augmentation prévue de l'aide à la garde des enfants n'impliquent pas nécessairement la recherche d'un modèle de famille où les deux sont salariés à temps plein ; c'est le modèle de deux salariés à deux tiers de temps qui progresse dans le débat politique. Mais cette solution risque de rester illusoire dans un proche avenir, car elle supposerait un changement fondamental du comportement des hommes vis-à-vis de l'emploi que l'on ne voit pas poindre.

Au Danemark, le modèle est celui d'une participation équilibrée et généralisée à l'emploi des hommes et des femmes, et à plein-temps. Dans cette perspective, l'aide à la famille est globale, les salariés peuvent bénéficier d'un congé parental et de maternité généreux et presque tous les enfants peuvent être gardés à partir de l'âge de 6 mois. Le système d'imposition et d'allocations entraîne une répartition très égalitaire, les allocations étant fortement conditionnées par le contrôle de la recherche d'emploi. D'une façon peut-être surprenante, le système fiscal n'est pas entièrement individualisé, des allocations individuellement transférables continuant à exister et le congé parental *rémunéré* est un droit de la famille. Néanmoins, le modèle danois implique un haut degré d'équité entre hommes et femmes vis-à-vis de l'emploi. Il est intéressant de noter que le nouveau gouvernement danois insiste sur la nécessité pour les parents de bénéficier d'un choix véritable entre un emploi avec une garde d'enfants de qualité ou leur garde à la maison. Un nouveau financement des familles faisant ce dernier choix peut être adopté si les collectivités locales le souhaitent.

### 1.3.2. *Avantages familiaux accordés par les employeurs*

Il y a trois domaines – la garde des enfants, les congés et le temps partiel – à propos desquels il peut y avoir une négociation entre employeurs et salariés ou des décisions des pouvoirs publics. De plus, un certain nombre d'éléments – flexibilité des horaires, journées de congé pour les enfants malades, télétravail, etc. – peuvent contribuer à aider les familles à concilier vie professionnelle et vie familiale.

Au Danemark, la garde des enfants relève presque entièrement des politiques publiques et non de la négociation sociale. Les congés rémunérés sont importants, mais souvent complétés par les employeurs, conformément aux conventions collectives. Le temps partiel n'est soutenu ni par les employés, ni par les syndicats. D'autres modalités d'emploi en faveur de la famille ont été adoptées, mais ne sont pas généralisées. Aux Pays-Bas, la distinction entre ce qui relève de la négociation sociale et des politiques publiques est plus floue que dans les autres pays. Le gouvernement a défini des questions qui lui paraissent devoir faire l'objet de discussions dans la négociation sociale. Il peut imposer une législation si les résultats ne sont pas satisfaisants, comme cela a été le cas dans une certaine mesure sur les congés, la flexibilité du temps de travail et la garde des enfants. C'est ainsi que les congés maternité sont rémunérés principalement par l'État, avec quelques compléments par les employeurs. Le temps partiel, déjà prédominant, a reçu un soutien légal supplémentaire de la part de la loi sur l'ajustement du temps de travail, qui donne aux salariés le droit de modifier leurs horaires, à moins que l'employeur ne puisse prouver que c'est un problème pour l'entreprise. Les autres modalités de travail en faveur de la famille sont très répandues (temps de travail flexible, congé pour la maladie des enfants, etc.).

En Australie, le gouvernement joue un moins grand rôle qu'ailleurs pour garantir les conditions d'emploi en faveur de la famille. Il ne définit pas de mesures légales au-delà d'un minimum, comme dans les deux autres pays et notamment au Danemark, et n'oriente pas non plus les négociations sociales comme aux Pays-Bas. Cela reflète les limites constitutionnelles du pouvoir du gouvernement fédéral. Il en résulte que pour concilier vie professionnelle et vie de famille, la négociation sociale joue un rôle plus important, notamment par les décisions de justice qui se substituent en fait à la législation (chapitre 6).

Certaines politiques en faveur de la famille sont avantageuses pour les employeurs comme pour les salariés et ne coûtent rien à l'employeur (exemple, la flexibilité du temps de travail). Il est un peu paradoxal que, dans ce domaine, certaines entreprises ayant mis en place des mesures allant dans ce sens (et les chercheurs qui les ont étudiées) fassent état de résultats extrêmement bénéfiques, alors que la diffusion de ce type de mesures reste inégale et souvent réduite. Il y a plusieurs explications possibles : incapacité des entreprises à avoir une vision globale des bénéfices possibles, différentes dimensions des entreprises, qualification et importance de l'emploi féminin dans certains secteurs, conservatisme des syndicats qui restent attachés à l'idéal d'un emploi permanent à plein-temps et demande limitée des salariés pour ce type de mesures.

Mais cette diversité des modalités de travail est-elle importante ? Cela dépend des objectifs poursuivis. La faible diffusion des modalités de travail en faveur de la famille en Australie peut entraîner une ségrégation entre hommes et femmes, celles-ci travaillant dans des secteurs dans lesquels ces modalités sont moins répandues. Cette situation a de bons côtés (la ségrégation des professions implique qu'un plus grand nombre d'employeurs sont sensibles aux besoins des femmes), mais aussi des inconvénients (la mobilité professionnelle est réduite).

De plus, les femmes plutôt que les hommes sont les principales utilisatrices de la plupart des mesures en faveur de la famille. Cela peut modifier les pratiques des employeurs. Par exemple, le congé de maternité augmente les coûts

17

pour l'employeur. Certaines études suggèrent qu'un congé financé par l'employeur peut néanmoins améliorer les résultats financiers en attirant des travailleurs de qualité, en augmentant les taux de maintien dans l'emploi après la naissance et en améliorant la productivité. Dans le cas contraire, les employeurs sont incités à recruter des hommes plutôt que des femmes. En pratique, le coût est transféré sur les femmes sous forme de rémunération plus faible. En fait, cela revient à taxer les femmes qui travaillent, à moins que le coût de ces mesures ne soit supporté aussi bien par les hommes que par les femmes et s'applique à tous les secteurs (y compris lorsque la main-d'œuvre masculine domine) et qu'il soit financé par l'imposition des hommes aussi bien que des femmes. On peut donner pour exemple le financement (éventuellement partiel) des congés qui suivent la naissance, qui sont susceptibles d'entraîner un coût important pour l'employeur. Le système de financement du congé de maternité aux Pays-Bas est essentiellement « neutre » à cet égard, puisque les employeurs sont remboursés jusqu'à un niveau élevé de la rémunération. Mais comme on l'a vu au chapitre 4, la redistribution des coûts liés à ces congés entre les employeurs du Danemark est plus limitée. Leur répartition se fait à l'intérieur des secteur d'activité et lorsque les hommes dominent, les syndicats sont réticents pour partager les coûts avec d'autres secteurs à prédominance féminine, ce qui empêche une répartition globale des ressources entre tous les secteurs. La totalité du coût d'un congé pour un enfant en Australie et une forte proportion de ce coût au Danemark restent à la charge de l'employeur, qui est ainsi incité à ne pas recruter des femmes en âge d'avoir des enfants. Une législation contre la discrimination, si importante soit-elle, peut seulement éviter les abus les plus manifestes.

L'efficacité de la seule négociation sociale pour mettre en œuvre une politique en faveur des familles rencontre donc des limites. Cette approche fait peser sur les femmes le poids de l'organisation de leur vie professionnelle et de leurs responsabilités familiales, à moins qu'elles ne soient très qualifiées et employées dans une grande entreprise et/ou dans le secteur public. Pour les autres, il semble qu'elles résolvent le problème essentiellement par le temps partiel et (dans le cas de l'Australie) par l'emploi temporaire. Cette solution n'est pas indéfendable en soi, mais elle implique un manque d'équité sociale et entre hommes et femmes.

### 1.3.3. Systèmes d'imposition et d'allocations, et incitations financières au travail

Aucun domaine ne risque de susciter autant la confusion que celui des conséquences des systèmes d'imposition et d'allocation pour inciter le deuxième adulte d'un ménage à prendre un travail. En première approximation, on suppose généralement que l'imposition individuelle des deux conjoints les encourage à travailler tous les deux. C'est le cas, mais en pratique cela dépend aussi du fonctionnement précis du système de sécurité sociale et des transferts familiaux. Le système fiscal danois, avec ses allocations transférables, paraît favoriser les couples mono-actifs, mais en pratique le taux élevé d'imposition sur toutes les familles et les limites de la transférabilité des allocations pour les gros revenus font qu'il n'en est pas ainsi. Le système d'allocations en Australie paraît également favoriser les ménages mono-actifs, mais la progressivité de l'impôt qui se fonde sur l'individu implique que les couples avec deux salaires distincts et de même niveau, économisent autant d'impôts qu'ils perdent d'allocations conditionnées par le revenu. Le système néerlandais, après une longue évolution, a adopté l'imposition individuelle, mais le système de crédits d'impôts et de cotisation sociale est passablement neutre en ce qui concerne la répartition des revenus entre les deux adultes.

Malgré ces complications, on peut faire deux constats significatifs. Le système danois d'imposition et d'allocation génère un taux d'imposition effectif marginal (après allocation familiale) plus faible pour les salariés à plein-temps avec enfants dont les revenus sont moyens que pour les salariés à temps partiel en deçà des deux tiers du revenu moyen. En d'autres termes, le rendement du travail à temps partiel est limité et lorsqu'on travaille, l'incitation à choisir le plein-temps est forte. Le système australien d'allocations sous conditions de revenu entraîne inévitablement un taux marginal élevé d'imposition dans la tranche de revenus dans laquelle ces allocations sont supprimées. Des réformes récentes ont amélioré le taux effectif marginal en réduisant une bonne partie des taux les plus élevés. Il en est résulté une incitation contraire à celle qui existe au Danemark : le passage au temps partiel est rendu plus attrayant, mais le conjoint d'un salarié avec un faible revenu est dissuadé de passer du temps partiel au plein-temps.

Pour les couples avec enfants susceptibles d'avoir deux salaires et un accès facile à la garde d'enfants, le bénéfice net d'un deuxième salaire est plus élevé en Australie et aux Pays-Bas avec un taux effectif *moyen* net d'imposition d'environ 25 à 30 %, alors que ce taux est plus élevé au Danemark avec 50 %. A première vue, il semble donc que l'apport d'un deuxième salaire dans la famille soit financièrement plus rentable en Australie et aux Pays-Bas qu'au Danemark. Pourtant, en réalité, les taux d'emploi des femmes sont plus élevés au Danemark, en particulier pour l'emploi à plein-temps. Certaines données montrent que les effets sur le revenu ou les ressources d'un taux élevé d'imposition résultant du système fiscal et d'allocation contribuent à ce taux élevé d'emploi des femmes. Les familles plus aisées peuvent se permettre d'avoir un seul salaire ou un deuxième salaire à temps partiel, en dépit du rendement apparemment élevé d'un double salaire. De plus, comme la garde des enfants est largement subventionnée, le fait de ne pas y recourir revient à renoncer à un service quasiment gratuit. Les deux caractéristiques essentielles qui encouragent l'activité des mères au Danemark sont donc le taux d'imposition et la garde des enfants, dont le prix pour les parents ne varie guère selon qu'ils travaillent ou non, ou selon la durée de ce travail.

19

### 1.3.4. Accès à une garde d'enfants dans des conditions abordables

Les politiques publiques ont une influence sur le nombre et la qualité des institutions de garde des enfants, ainsi que sur leur coût pour les parents, donc sur l'importance du recours à ces institutions. Au Danemark, les dépenses publiques pour la garde et le nombre de très jeunes enfants gardés dans des centres sont beaucoup plus élevées que dans les autres pays. Les dépenses publiques pour la garde des enfants sont généralement considérées comme un investissement pour l'avenir, qui contribue notamment au développement de l'enfant, à l'amélioration de ses résultats scolaires, à une plus grande égalité entre les sexes et à la qualité de la main-d'œuvre future. En Australie également, on considère que les dépenses pour la garde des enfants contribuent au bon fonctionnement de la famille et de la communauté, tandis qu'aux Pays-Bas, les dépenses publiques (et celles des employeurs) sont vues dans une large mesure du point de vue du marché du travail.

Au Danemark, les parents dans toutes les tranches de revenu ont accès à des services de garde subventionnés qui facilitent leur emploi à plein-temps. Les parents qui travaillent à plein-temps utilisent la garde à plein-temps. Les dépenses publiques moyennes pour ces services sont beaucoup plus élevées que dans les deux autres pays, soit 6 300 $US par an, au lieu de 2 200 $US en Australie et de 1 500 $US aux Pays-Bas. Néanmoins, comme on le voit au chapitre 3, les droits d'inscription au Danemark ne sont pas toujours modulés en fonction des heures de garde. Dans certains cas, les parents demandent davantage d'heures qu'ils n'en utilisent et si les droits d'inscription étaient mieux alignés sur l'utilisation réelle, les moyens seraient utilisés de façon plus efficiente et le temps partiel pourrait éventuellement se développer.

Par comparaison avec le Danemark, les structures formelles de garde, en particulier pour les enfants jusqu'à deux ans, sont relativement limitées en Australie et aux Pays-Bas, ce qui est fonction des interrelations complexes entre la structure des coûts et des prix, les préférences pour un mode de garde et les possibilités de travail à temps partiel (chapitre 2). En Australie, l'allocation de garde est payée aux parents pour subventionner le coût de la garde : elle dépend du niveau de revenu et est particulièrement favorable pour les faibles revenus ; elle est supprimée lorsque le revenu atteint le double de la moyenne (chapitres 3 et 5). Compte-tenu de la forte proportion de femmes qui travaillent à temps partiel, le taux est plus élevé pour une utilisation des services de garde à temps partiel. Cela tient compte de la structure différente des frais de garde à temps partiel. Mais l'allocation ne correspond pas à la structure des coûts suivant l'âge des enfants, ce qui contribue à l'insuffisance du nombre de places pour les enfants de 0 à 2 ans, qui ne répond pas totalement à la demande[2]. Les taux plus élevés de la garde à temps partiel et la capacité d'accueil des enfants de 0 à 2 ans contribuent à expliquer l'importance du recours à la garde à temps partiel.

Aux Pays-Bas, la capacité d'accueil est limitée, en particulier pour les très jeunes enfants, et lorsque la garde n'est pas subventionnée, son coût est prohibitif pour plusieurs enfants. Cela explique en partie le fait que la fréquence du temps partiel et de l'inactivité chez les mères augmente avec le nombre d'enfants. L'emploi à temps partiel aux Pays-Bas reste fréquent chez les mères d'enfants plus âgés. Cela reflète dans une certaine mesure la satisfaction vis-à-vis du temps partiel, mais aussi le fait que les horaires scolaires ne sont pas très fiables, en particulier le vendredi, et de toute manière qu'il faut rechercher des services de garde supplémentaire en dehors des heures de classe, services qui restent limités pour le moment.

Beaucoup plus qu'au Danemark, les parents des plus jeunes enfants en Australie et aux Pays-Bas doivent recourir à des solutions informelles. Les parents peuvent préférer confier leur enfant à quelqu'un de leur famille ou à des amis et ces solutions sont certainement plus économiques que l'accueil en institution, à moins qu'il ne soit complètement pris en charge. Mais ces arrangements sont plus fréquents à temps partiel que pour une semaine à plein-temps, ce qui contribue encore à la recherche du temps partiel de la part de parents. Mais si les solutions à temps partiel aux Pays-Bas durent souvent plus longtemps, en Australie, il est plus facile aux mères qui travaillent à temps partiel de reprendre un emploi à plein-temps quand l'enfant est plus âgé.

### 1.3.5. *Choix des parents en matière de garde d'enfants*

Dans les trois pays, les parents peuvent choisir de recourir ou non à une garde de leurs enfants. Ce choix est fonction du coût pour les parents et de la capacité d'accueil. Les systèmes australiens et danois paraissent répondre à la demande (bien qu'à des niveaux différents), mais l'offre est limitée aux Pays-Bas. Cela dit, les modes d'utilisation diffèrent suivant les pays : presque tous les parents choisissent de recourir à une garde (à plein-temps) au Danemark, tandis qu'aux Pays-Bas et en Australie, les jeunes enfants sont plus souvent avec leurs parents, ou bien sont gardés à temps partiel.

La nouvelle mesure néerlandaise de soutien à la garde des enfants suit à peu près le modèle australien qui offre *un choix* aux parents. Comme avec la réforme australienne il y a quelques années, l'aide financière sera réorientée vers les parents au lieu des institutions en vue de faciliter le choix des parents, qui ne sont plus dans l'incertitude sur la possibilité de trouver une place dans un centre (municipal) subventionné.

Autre aspect de la réforme projetée : elle simplifie l'organisation et la multitude de modes de financement. A l'avenir, toutes les ressources publiques iront aux parents (par la fiscalité) plutôt que d'impliquer deux ministères et quelques 500 collectivités locales. De plus, tous les travailleurs auront accès à ces avantages

21

et pas seulement ceux qui sont couverts par des conventions collectives prévoyant une aide des employeurs (environ 60 % des travailleurs).

A l'inverse, le système danois repose presque entièrement sur des institutions publiques, car l'idée de confier ses enfants à un organisme à but lucratif est mal acceptée dans ce pays.

Les systèmes australien et danois ont largement recours à des assistantes maternelles agréées. Une solution souvent moins coûteuse que l'accueil en centre et que préfèrent un grand nombre de parents. Les Pays-Bas pourraient recourir davantage à cette solution, comme moyen plus économique de développer l'offre de garde.

En Australie, il est possible de laisser son enfant en halte-garderie ou chez une assistante maternelle sur une base horaire, alors que les prestataires australiens et néerlandais permettent généralement aux parents de réserver une garde en institution pour une demi-journée. Comme on l'a vu, le système danois n'offre pas toujours aux parents la possibilité d'une garde à temps partiel. L'absence de choix à cet égard constitue un obstacle majeur pour ceux qui souhaitent travailler à temps partiel.

Beaucoup plus encore qu'aux Pays-Bas, moins avancés dans le développement des services de garde, au Danemark et en Australie on se préoccupe aujourd'hui davantage de questions de qualité et du développement de l'enfant que de la capacité d'accueil. La qualité est un élément essentiel pour décider les parents à faire appel aux services de garde. Au Danemark, la participation des parents est importante et la qualité est exigée par la loi, mais en l'absence de références extérieures, le système est trop dépendant des institutions locales. Les dispositifs australiens d'assurance qualité proposent à cet égard un modèle, avec le recours à des évaluations par les pairs ; c'est une manière innovante de veiller à la qualité et de contribuer à une participation importante et réussie du secteur privé aux services de garde. Ce système semble bien fonctionner à l'heure actuelle, mais il faut veiller à éviter de trop compter sur les autres professionnels du secteur. Il pourrait se créer une profession plus soucieuse de défendre son intérêt collectif que de promouvoir des objectifs plus larges pour la société. Néanmoins, le système d'agrément et d'habilitation pour bénéficier d'un financement, dont certains éléments dépendent du niveau fédéral et du niveau des États entraîne certains doubles emplois et des coûts plus élevés qu'il ne serait nécessaire pour les prestataires. Le problème de la qualité est lié à celui du développement de l'enfant. Au Danemark tout au moins, il y a un consensus sur le fait que la garde est bénéfique aux enfants, si elle est d'une qualité suffisante.

### 1.3.6. Emploi, garde des enfants, écoles et ouverture des commerces

La garde des enfants en dehors des heures de classe pose un problème aux politiques des trois pays étudiés. Au Danemark, 80 % des enfants de 6 à 9 ans sont accueillis dans des centres après l'école ; le gouvernement australien augmente les crédits consacrés à ces services et des projets sont lancés aux Pays-Bas pour mieux utiliser les locaux scolaires à cet effet. Cette utilisation paraît tout à fait logique, mais elle n'est pas toujours réalisable, car l'administration de l'enseignement (ou les conseils d'administration indépendants comme aux Pays-Bas) ne souhaitent pas que l'école soit utilisée à cette fin (sans parler de la question d'assurance). Aux Pays-Bas, les parents ont un problème supplémentaire : ils ne sont pas toujours certains des horaires de classe. Le manque d'enseignants oblige souvent les écoles à fermer pour un jour (souvent pour une demi-journée pour les plus âgés) avec un court préavis, ce qui oblige les parents à se débrouiller pour trouver des solutions rapides. Au cours de l'année scolaire 2000-2001, 35 % des écoles primaires ont renvoyé au moins une fois les enfants à la maison. Le fait que les enseignants ne se considèrent pas comme gardiens des enfants et n'acceptent pas que ce soit là l'un des objectifs du système éducatif constitue clairement un obstacle pour les parents qui ont besoin d'horaires stables et prévisibles lorsqu'ils travaillent.

Comme c'est déjà le cas depuis longtemps en Australie, la déréglementation au Danemark et aux Pays-Bas a rendu les heures d'ouverture des commerces plus commodes pour les parents, mais cela ne s'applique pas encore au service public. Pour une meilleure cohérence des différents services, le gouvernement néerlandais finance des expériences locales portant par exemple sur la réunion de différents services pour identifier les meilleures pratiques qui pourraient être plus largement répandues.

### 1.4. Pressions nouvelles pour concilier vie professionnelle et vie de famille

#### 1.4.1. Est-il important d'encourager un élargissement de l'offre de main-d'œuvre ?

Il y a deux types de raisons pour souhaiter accroître l'offre de main-d'œuvre. C'est d'abord dans l'intérêt des individus et des familles qui ont peu de possibilités d'emploi. La famille est plus aisée ; elle devient moins vulnérable aux perturbations de l'emploi (si un membre du couple perd son emploi, la famille peut compter sur un autre revenu) ; la dissolution de la famille est moins catastrophique pour celui qui a les enfants en charge s'il peut compter sur les revenus de son travail. Ce sont d'importantes raisons pour souhaiter travailler. C'est au gouvernement d'éliminer les obstacles à l'emploi, pour que les familles puissent profiter de ces avantages. Il y a une seconde série de raisons, d'ordre plus général, de souhaiter accroître l'offre de main-d'œuvre. Cela réduit la pression sur les salaires, accroît la richesse nationale et prépare mieux les pays à faire face au vieillissement de la population.

Les taux d'activité des femmes en Australie et aux Pays-Bas s'élèvent maintenant à 65 %, avec d'importantes différences entre cohortes, ce qui fait penser que

23

l'augmentation se poursuivra, quelle que soit la politique gouvernementale. Avec les politiques pratiquées depuis de nombreuses années au Danemark, le taux d'activité des femmes est de 76 %. En supposant que ce pays représente une sorte de limite supérieure, il reste aux deux autres pays des possibilités de progrès non négligeables mais pas spectaculaires.

En fait, la généralisation de la garde des enfants, des droits étendus à des congés, les avantages des allocations individuelles, etc., n'ont *pas* précédé ce haut niveau d'activité. Ce sont plutôt les demandes des femmes qui avaient pris un emploi comme le souhaitait le gouvernement, mais qui étaient pressées par le temps et obligées de compter sur une garde informelle ou de perdre une partie de leur rémunération pour payer une institution de garde, ou bien encore qui étaient condamnées au travail à temps partiel, alors qu'elles auraient voulu faire carrière dans un emploi à plein-temps.

L'Australie et les Pays-Bas paraissent avoir atteint maintenant un stade comparable. Le niveau d'activité des femmes est très élevé et s'élèvera encore. Les familles ont trouvé le moyen de recourir aux parents et aux amis pour aider à la garde des enfants, ou pour aller chercher les enfants dans les garderies. Le titulaire d'un second salaire dans le ménage a souvent choisi un emploi à temps partiel ou dans le secteur public, ou dans d'autres secteurs offrant la flexibilité permettant de concilier le travail et les enfants. Il n'est pas nécessaire d'avoir davantage de politiques en faveur de la famille pour amener les femmes à travailler, ce qu'elles font déjà dans leur grande majorité. La demande de mesures pour concilier vie professionnelle et vie de famille reflète plutôt en fait une insatisfaction vis-à-vis des avantages d'un retour à l'emploi.

En d'autres termes, il existe souvent une confusion sur les relations entre les politiques familiales et le marché du travail. Un taux plus élevé d'activité crée une demande de politiques qui faciliteront la conciliation entre vie professionnelle et vie de famille. Le fait que ces politiques favorisent une élévation du taux d'activité ne joue qu'un rôle secondaire.

Mais bien entendu ce n'est pas tout. Davantage de subventions aux services de garde augmenteront certainement l'offre de main-d'œuvre de certains groupes, en particulier de ceux dont le taux d'activité est marginal parce qu'ils sont peu qualifiés et ne peuvent espérer un salaire élevé. De plus, le travail à temps partiel est un moyen majeur utilisé en Australie et aux Pays-Bas pour s'assurer qu'il reste du temps pour s'occuper des enfants. Un développement des possibilités de garde et d'autres droits peuvent rendre le travail à plein-temps plus acceptable pour davantage de gens. Cela pourrait ne pas modifier les taux d'activité, mais aider à réduire la ségrégation entre professions et améliorer l'égalité entre hommes et femmes, tout en augmentant l'offre de main-d'œuvre.

Ces distinctions ont des conséquences pour ce que l'on peut raisonnablement attendre des réformes. Considérant par exemple que 20 % seulement des familles néerlandaises ont actuellement recours à des institutions de garde et que la capacité d'accueil est limitée, le passage d'une subvention des institutions à une subvention des parents entraînera vraisemblablement un transfert vers des gardes informelles et non subventionnées et permettra éventuellement à certains travailleurs à temps partiel d'envisager un emploi à plein-temps. Il y a très peu de chances pour que le taux d'activité des mères puisse être beaucoup plus élevé. Si c'était l'objectif principal des politiques publiques, on peut difficilement éviter de conclure que d'autres mesures pourraient être plus efficaces ou moins coûteuses – des subventions générales aux salaires par exemple (voir Powell, 2002), ou des interventions ciblées pour favoriser l'employabilité.

L'orientation des réformes et des taux d'activité aux Pays-Bas paraît relativement claire, alors qu'en Australie, avec la tendance à l'augmentation du taux d'activité des femmes, il est moins certain qu'il y ait une demande de politiques en faveur de la famille. Sans aucun doute, de plus grands efforts ont été faits en Australie pour obtenir des mesures en faveur des familles de salariés, mais on met davantage que dans les autres pays l'accent sur le rôle essentiel des conditions d'emploi dans la pratique[3]. Cela reflète deux traditions de la vie publique en Australie. D'abord, une grande partie des objectifs souvent visés par les politiques publiques dans d'autres pays, ont été laissés, pour des raisons constitutionnelles et autres, aux institutions chargées des relations sociales. En second lieu, les prestations sociales ont généralement été conditionnées par le revenu et ciblées sur les groupes dont les revenus sont les plus faibles. La politique sociale au cours du dernier demi-siècle a volontairement évité de privilégier les classes moyennes, en maintenant les taux d'imposition à un niveau faible. Les syndicats ont soutenu cette démarche. Par conséquent le modèle social et chrétien démocrate européen d'une solidarité entre différents niveaux de revenu par l'assurance sociale n'a jamais pris racine. Il est donc au moins possible que soit évité le cercle par lequel un taux d'activité plus élevé des femmes entraîne davantage de dépenses *publiques* pour aider à concilier vie professionnelle et vie de famille.

### 1.4.2. Dans quelle mesure les pouvoirs publics doivent-ils faire pression sur les taux d'activité ?

Si, en dépit de tous les avantages attachés à une activité professionnelle, l'un des membres de la famille *ne travaille pas*, cela veut dire soit que la préférence pour élever les enfants est vraiment très forte, soit qu'il existe de sérieux obstacles qui s'opposent à une activité professionnelle. Il est possible que la première éventualité préoccupe les gouvernements ; c'est certain pour la seconde.

25

Cette logique a conduit les trois pays étudiés à intervenir sérieusement pour réduire les obstacles qui pourraient s'opposer à l'activité professionnelle des parents. C'est en particulier le cas des parents isolés, qui courent beaucoup plus de risques de tomber dans la pauvreté que les ménages de deux adultes. Dans les trois pays, le fait d'occuper un emploi réduit dans de grandes proportions le risque de pauvreté (bien que les parents isolés y restent plus exposés que les ménages « moyens », même quand ils travaillent).

Certains aspects du système danois en matière de fiscalité, de prestations sociales, de garde des enfants et d'emploi peuvent être interprétés comme un effort concerté et cohérent pour s'assurer que tous les adultes ont un emploi. Le système d'allocations est (généralement) fondé sur l'individu. Les bénéficiaires d'allocations ne peuvent arguer de leurs responsabilités vis-à-vis des enfants pour ne pas chercher de travail après un congé d'un an suivant la naissance. Le système fiscal n'est peut-être pas totalement individualisé, mais n'en est pas loin et le taux élevé de l'impôt sur le revenu paraît constituer une raison majeure pour pousser tous les adultes au travail.

Il n'y a pas si longtemps, les Pays-Bas avaient un système plus fortement axé sur le ménage mono-actif que l'Australie. Les bénéficiaires d'allocations, y compris les parents isolés, n'avaient pas à chercher du travail quand ils élevaient leurs enfants. Les systèmes d'imposition et même de sécurité sociale étaient fondés sur la famille et donc étaient défavorables à l'apport d'un second salaire. Il y avait peu de possibilités de garde des enfants financée par les pouvoirs publics.

En très peu de temps, cette image s'est trouvée dépassée, au moins du point de vue de l'orientation des politiques publiques. Les parents sont censés travailler dès que leur enfant atteint l'âge de 5 ans. Les impôts et une bonne partie des allocations sont davantage individualisés. Les services de garde se développent. Les droits de modifier les horaires pour convenir à la famille sont plus étendus que partout ailleurs.

Cela dit, la pratique n'a pas suivi la théorie. La pression sur les allocataires pour qu'ils travaillent n'est pas appliquée en fait. Les services de garde se développent, mais comme les horaires de classe sont courts et variables, la société n'est pas prête à répondre aux besoins de tous les adultes qui travaillent à plein-temps. Le système néerlandais est donc en transition. La législation paraît de plus en plus indiquer que le travail est la norme pour tous les adultes (en reconnaissant qu'il sera souvent à temps partiel) mais la pratique n'a pas entièrement suivi.

Les orientations des politiques en Australie ne sont pas si différentes de celles des Pays-Bas. Comme dans ce pays, le système d'imposition et de prestations sociales rend maintenant le temps partiel financièrement viable, ce qui offre des possibilités de travail à des mères qui jusqu'ici considéraient qu'il n'était pas possible d'avoir une activité professionnelle en élevant des enfants. Mais jusqu'à une date très récente, les politiques publiques ne sont pas allées jusqu'à *exiger* des parents ayant des enfants à charge et bénéficiant d'une allocation publique qu'ils prennent un emploi. C'est en train de changer, mais de manière très marginale (on demande seulement quelques heures de travail à ceux qui ont des enfants plus âgés). Pour différentes raisons, notamment la difficulté de motiver et de requalifier ceux qui n'ont pas travaillé pendant longtemps, il est difficile de penser qu'il s'agit d'autre chose que d'une politique de transition qui aboutira un jour à quelque chose de proche de la politique néerlandaise (en théorie sinon en pratique) consistant à demander à tous les parents d'enfants scolarisés de travailler. Mais pour que cela ait un sens, comme le montre l'expérience néerlandaise, il faut engager des moyens et inciter ceux qui gèrent le système d'allocation à appliquer les mesures prévues.

### 1.4.3. Rôle des congés

S'il existe des différences marquées dans la conception des mesures concernant les congés, leur rémunération a été ou est l'objet de débats dans les trois pays. Aux Pays-Bas, ce débat a récemment conduit à la mise en application au 1er décembre 2001 de la loi sur le travail et la garde des enfants qui constitue un cadre global prévoyant différents types de congés. En Australie et au Danemark, le débat concerne la définition de mesures de garantie de revenu pendant les congés pris pour élever les enfants jusqu'à un an. Le système danois est en train d'être révisé pour donner aux parents la possibilité de s'occuper de leurs enfants jusqu'à un an et éventuellement au-delà suivant les collectivités locales. En Australie, l'absence d'un congé de maternité et d'un congé parental rémunérés par les ressources publiques pour les travailleurs soulève régulièrement des discussions.

Une période de repos avant et après la naissance est médicalement souhaitable, mais des problèmes plus larges se posent pour la société à propos de l'offre de main-d'œuvre et l'équité, de la garantie de revenu et du développement de l'enfant, qui ont tous une influence sur les politiques publiques. On peut également souhaiter une période de congé rémunéré si elle diminue la demande de services de garde très recherchés et fortement subventionnés (chapitre 3). Tous ces facteurs doivent être pris en compte, mais un équilibre doit être trouvé avec d'autres utilisations des fonds publics éventuellement plus efficaces pour atteindre les mêmes objectifs.

Il existe une rationalité économique pour un congé rémunéré par les entreprises, dans la mesure où il peut améliorer la motivation des salariés, augmenter la stabilité des plus qualifiés, et même réduire les congés de maladie. Ces considérations n'ont pas suffi à développer largement le congé payé de maternité en Australie, bien que la demande dans ce sens se fasse plus pressante. Dans les

27

autres pays, les employeurs ne sont pas censés rémunérer pleinement ces congés, car il existe des allocations publiques, mais ils complètent souvent celles-ci, une attitude qui n'est pas générale, ce qui entraîne des inégalités entre salariés.

Dans les trois pays, les pouvoirs publics assurent une garantie de revenu pour maintenir le niveau de revenu des familles avec enfants. Ils souhaitent tous éviter que l'éducation des enfants ne soit une cause de pauvreté et des allocations sont prévues en ce sens. Un congé rémunéré contribue aussi à amortir les variations de revenu du ménage. C'est l'une des fonctions traditionnelles du système d'assurance sociale et il n'est pas surprenant de trouver ces mesures au Danemark et aux Pays-Bas, mais non en Australie ou cette tradition ne s'est jamais enracinée.

L'extension du congé parental rémunéré au Danemark est motivée pour partie par le souci d'aider les parents (habituellement la mère) à maintenir un niveau de revenu régulier pendant environ un an avant de reprendre leur emploi. De nouvelles mesures proposées par le gouvernement permettent (mais sans obligation) aux collectivités locales de payer l'équivalent d'une allocation de garde aux parents qui élèvent leurs enfants à la maison pendant 12 mois (chapitre 3). Cela peut aider celles qui (en particulier à Copenhague) ne peuvent garantir un nombre de places suffisant à tous les enfants d'un an à réduire la demande de places. Ce choix, consistant à résoudre « le problème » par une prolongation du congé et à donner aux parents, habituellement à la mère, la possibilité de garder leurs enfants à domicile, plutôt que d'augmenter le nombre de places, implique une préférence pour la garde des jeunes enfants à la maison, qui n'apparaissait pas ces dernières années dans les politiques publiques.

La réforme danoise est conçue pour être neutre du point de vue de l'offre de main-d'œuvre, mais cela fait abstraction de la pression exercée sur les employeurs pour étendre la période durant laquelle ils complètent les allocations, ce qui représenterait une augmentation du coût du travail. Il en résulterait une baisse de la demande de travail, à moins que l'élévation des salaires horaires n'entraîne une augmentation de l'offre. Mais cela semble improbable dans le contexte danois, où les taux d'emploi des femmes sont déjà élevés, ce qui pose un problème pour l'évolution future de l'offre de main-d'œuvre. De même, la création ou l'extension d'un congé rémunéré à l'époque de la naissance dans les deux autres pays a peu de chances d'attirer une main-d'œuvre supplémentaire, car un grand nombre de femmes qui ont l'âge d'avoir des enfants et n'en ont pas sont déjà employées.

Mais il y a d'autres éléments à prendre en considération. Si les employeurs doivent financer les congés, le coût du recrutement des femmes augmentera par rapport à celui des hommes, ce qui peut affecter les taux d'emploi, ou (plus probablement) élargir l'écart de rémunération entre hommes et femmes. Le système néerlandais de financement des congés est plus équitable à cet égard que le danois. Par ailleurs, après un congé de longue durée, les femmes risquent de perdre leur qualification, ce qui peut nuire à l'évolution future de leur revenu.

Le programme du gouvernement australien comporte un engagement à créer un crédit d'impôt pour le premier enfant qui à bien des égards a les mêmes effets qu'un système d'assurance, mais avec un plus faible niveau d'allocations. De plus, le gouvernement continue à penser qu'une aide financière pour le plus grand nombre de salariés devrait être définie par une négociation entre employeurs et salariés, le congé rémunéré actuel étant réservé à un petit nombre de salariés. Mais le débat se poursuit (HREOC, 2002) et il semble que davantage d'employeurs envisagent de créer un congé de maternité rémunéré et la Fédération des syndicats a fait campagne pour soumettre à la commission des relations professionnelles un projet de création d'un congé de maternité de 14 semaines.

On peut trouver surprenant que les mesures concernant les congés suscitent tant d'attention et d'efforts. Après tout, la discussion concernant les rémunérations et la durée des congés ne concerne habituellement que quelques semaines supplémentaires. Si ces semaines avaient une importance critique, parce qu'en l'absence d'un congé payé les femmes (en particulier) seraient obligées de renoncer à travailler, on pourrait mieux comprendre cet intérêt. En pratique, il paraît difficile de croire que c'est souvent le cas (bien que la concordance entre garantie des places de garde et congé parental au Danemark, indiquée ci-dessus, rentre peut être dans cette catégorie). De manière générale, les problèmes que rencontrent les parents pour équilibrer leur vie professionnelle et leur vie de famille vont bien au-delà de la période pendant laquelle leurs enfants sont très jeunes. Et les politiques devraient peut-être s'orienter vers ces questions plus générales. De ce point de vue, l'approche suivie par certains accords néerlandais qui facilitent le temps partiel sans perte de rémunération pendant un certain temps paraît cohérente.

### 1.4.4. *Équité entre hommes et femmes*

Dans les trois pays, le travail rémunéré est inégalement réparti entre hommes et femmes. Dans beaucoup de ménages australiens et néerlandais, on suit le modèle d'« un emploi et demi », mais en termes de revenus, il s'agit plutôt d'« un et quart ». L'emploi à plein-temps est plus également réparti au Danemark, mais même dans ce pays, les hommes travaillent plus longtemps que les femmes. Et bien que les hommes aient aujourd'hui davantage d'activité à la maison, élever les enfants reste principalement la responsabilité des femmes.

Les écarts entre hommes et femmes du point de vue de l'emploi et des rémunérations restent considérables, en particulier aux Pays-Bas. Dans une large mesure, cela tient au fait que l'emploi des femmes est concentré dans des

29

secteurs dans lesquels le progrès des rémunérations a été limité. L'emploi à temps partiel pour de longues périodes comme aux Pays-Bas ne facilite pas la progression vers des postes supérieurs. Et le recours prolongé au congé parental comme au Danemark rend plus difficile l'accès des femmes qualifiées aux positions supérieures.

Dans une certaine mesure, ces écarts reflètent la situation professionnelle de cohortes de femmes salariées qui avaient un taux d'activité plus faible et/ou avaient cessé leur activité pendant longtemps pour s'occuper des enfants. Et comme le niveau d'éducation des femmes qui arrivent maintenant sur le marché du travail est au moins égal à celui des hommes, les écarts pourraient être plus faibles à l'avenir.

Mais il paraît peu réaliste d'être très optimiste à cet égard : d'une part l'emploi des femmes reste largement concentré dans des secteurs où les rémunérations sont limitées et d'autre part les nouveaux parents ont toujours un comportement traditionnel, comme le montrent les différences d'utilisation des allocations de congé. Quand les congés liés à la naissance sont entièrement payés à l'un des parents, les coûts d'opportunité sont en théorie les mêmes quel que soit celui qui en profite. Mais en réalité ce n'est pas le cas. Aussi longtemps que les hommes considèreront à juste titre que tirer parti des congés nuit à leurs perspectives de carrière, les coûts d'opportunité à long terme seront plus faibles lorsque ce sera la mère qui utilisera cette possibilité. La culture actuelle pénalise toujours les pères qui profitent de ces avantages, en particulier des congés de longue durée. Sans un changement de culture vis-à-vis de la vie professionnelle, le fait d'offrir *un choix* aux parents aura le plus souvent pour effet de perpétuer les inégalités actuelles entre hommes et femmes en matière d'emploi.

# Notes

1. Le Danemark par exemple a aboli en 1970 l'imposition conjointe du ménage et les allocations élevées de chômage au bénéfice des hommes mariés ; c'est au milieu des années 70 que la réforme fiscale est intervenue aux Pays-Bas et en 1974 qu'en Australie le salaire minimum défini par la commission des relations professionnelles s'est appliqué pour la première fois aussi bien aux femmes qu'aux hommes.

2. Dans les centres de garde (conformément à la réglementation), le personnel chargé des enfants jusqu'à 2 ans est à peu près deux fois plus nombreux que celui qui accueille les enfants de 3 à 5 ans. Mais l'allocation ne varie pas avec l'âge des enfants. Comme les coûts de personnel représentent environ 80 à 90 % du total, les prestataires doivent mettre en commun leurs ressources pour les différents groupes d'âge et la plupart d'entre eux ont moins de places pour les enfants jusqu'à 2 ans.

3. Les relations entre partenaires sociaux ont une importance essentielle dans le modèle néerlandais, car une bonne part des mesures en faveur des familles, notamment les subventions aux parents pour la garde des enfants dépendent de la négociation sociale. Cependant, les pouvoirs publics jouent un grand rôle car ils indiquent aux partenaires sociaux le type d'accord qui leur paraît souhaitable, laissant à la négociation le soin de décider des modalités d'application

*Chapitre 2*

# Familles et travail : Comment font les familles ?

Ce chapitre offre une vue d'ensemble sur la façon dont les familles gèrent le travail et les décisions quant à la vie de famille. Il étudie certaines caractéristiques de la population et de la composition des ménages, et propose des données sur la situation des parents vis-à-vis de l'emploi.

Au cours du dernier quart du XX$^e$ siècle, de profonds changements sociaux ont considérablement transformé la vie familiale. Les modes de formation et de dissolution de la famille ainsi que sa fertilité ont changé, de même que la division du travail rémunéré entre les sexes. Dans une large mesure, ces changements reflètent les nouvelles aspirations individuelles ; les femmes en particulier ont été à la pointe de l'évolution de la société. Mais d'autres facteurs ont également contribué à modifier l'équilibre entre emploi et éducation des enfants.

L'évolution de l'économie et de l'emploi, les relations professionnelles, les politiques gouvernementales et le choix des parents, tous ces éléments jouent un rôle dans la transformation de la société. Ce chapitre décrit ces évolutions dans les trois pays étudiés. Il débute par l'examen sommaire des indicateurs macroéconomiques et des dépenses publiques à caractère social puis il étudie les caractéristiques démographiques, ainsi que les changements intervenus dans la composition des ménages et, pour finir, il fait le point sur la compatibilité travail/famille. Le reste du chapitre examine en détail la situation des hommes, des femmes et des parents, les mères en particulier, sur le marché du travail, ainsi que les conséquences de la situation de l'emploi sur la pauvreté.

## 2.1. Les indicateurs macroéconomiques

Des trois pays étudiés, l'Australie a l'économie la plus importante, dépassant de près de 15 % celle des Pays-Bas. Celle du Danemark représente moins de la moitié de cette dernière (tableau 2.1). Les trois pays sont parmi les plus riches de l'OCDE, avec un PIB par habitant supérieur à environ 26 000 $US (le coût de la vie au Danemark étant relativement élevé par comparaison avec ceux des pays de l'OCDE, voir 3$^e$ colonne du tableau 2.1). Au cours des cinq dernières années, la croissance économique dans les trois pays a été forte, avec un taux de croissance

Tableau 2.1. **Principaux indicateurs économiques**
Pourcentages

| | PIB (prix courants) | PIB par habitant (prix courants) | Niveaux de prix comparés du PIB | PIB (réel) | Taux d'emploi | Taux de chômage standardisé | Croissance annuelle des salaires (%) | Croissance annuelle des prix à la consommation (%) | Dépenses publiques | Recettes fiscales |
|---|---|---|---|---|---|---|---|---|---|---|
| | Milliard $US PPA$^a$ 2000 | $US PPA$^a$ | | Taux de croissance annuel moyen 1996-2001 | 2000 | 2000 | 2001 | 2001 | Pourcentage du PIB, 2001 | |
| Australie | 507.6 | 26 495 | 81 | 3.8 | 69.1 | 6.6 | 4.4 | 3.8 | 33.3 | 33.4 |
| Danemark | 157.4 | 29 495 | 109 | 2.5 | 76.4 | 4.7 | 3.9 | 2.1 | 49.4 | 51.4 |
| Pays-Bas | 443.2 | 27 836 | 88 | 3.4 | 72.9 | 2.8 | 4.9 | 4.6 | 41.3 | 42.4 |
| OCDE | 26 177.7$^b$ | 24 746$^b$ | 100 | 2.8 | 65.7 | 6.4 | .. | .. | 37.2 | 36.4 |

.. Données non disponibles.
a) PPA : Parités de pouvoir d'achat.
b) Sauf Hongrie, Pologne et Républiques slovaque et tchèque.
Source : OCDE (2001b, 2002 et 2002a).

34

annuel moyen de 2.5 à 3.8 % en termes réels. Au cours de la deuxième moitié de l'année 2001, le taux de croissance a diminué au Danemark et aux Pays-Bas et il est prévu qu'il ne dépassera guère 1 % en 2002. A l'inverse, la croissance de l'économie de l'Australie a ralenti à la fin de l'année 2000, mais a rebondi en 2001 et l'on s'attend à un taux de 3.2 % en 2002 (OCDE, 2001b).

La forte croissance économique a contribué à l'élévation des taux d'emploi et à la diminution du chômage qui a atteint son taux le plus bas depuis 1990. Après une période prolongée de modération salariale et de faible inflation, la croissance annuelle des salaires et de l'inflation a été la plus élevée aux Pays-Bas en 2001 (OCDE, 2002b). La progression des salaires et la faible productivité dans ce pays ont entraîné une élévation rapide du coût du travail, supérieure à celle qu'ont connu ses principaux partenaires commerciaux (OCDE, 2001b). Cette donnée est importante compte tenu de l'intention du gouvernement de recourir aux employeurs pour financer les congés parentaux et les allocations familiales (chapitres 4 et 6).

## 2.2. Les interventions gouvernementales dans le domaine social

Les dépenses publiques représentent la moitié du PIB au Danemark et un tiers en Australie. Au cours des cinq dernières années, la part des recettes fiscales dans le PIB est restée assez stable (OCDE, 2001c), alors que la part des dépenses publiques déclinait (OCDE, 2001d). En fait, le déficit budgétaire enregistré pendant la plus grande partie des années 90 a fait place à un excédent au tournant du millénaire. Le Danemark et les Pays-Bas ont accumulé une dette publique importante par le passé (environ 50 % du PIB) et s'il n'y avait pas eu les intérêts de cette dette, l'excédent aurait représenté 3.5 % du PIB dans les deux pays en 2001 (OCDE, 2001b).

Depuis le milieu des années 80, le déclin de la part des dépenses sociales dans le PIB a été moins prononcé aux Pays-Bas qu'au Danemark, bien que depuis 1994, la part des dépenses publiques totales ait diminué au même rythme dans les deux pays (graphique 2.1). Aux Pays-Bas, ces dépenses sociales ont diminué rapidement, du fait d'une baisse des dépenses liées aux handicaps, de la privatisation obligatoire de l'allocation maladie et d'une diminution plus nette des dépenses liées au chômage (OCDE, 2001d). En 1998, les dépenses publiques à caractère social ont représenté 29.8 % du PIB au Danemark, 24.5 % aux Pays-Bas et 17.8 % en Australie.

En Australie, les dépenses publiques consacrées aux transferts de revenus au bénéfice de la population d'âge actif représentent environ la moitié de celles du Danemark et des Pays-Bas pour deux raisons principales (tableau 2.2). En premier lieu, en Australie, le droit aux allocations publiques dépend en général de critères de revenu et le niveau des allocations est habituellement inférieur à celui que

35

Graphique 2.1.  **Évolution des dépenses sociales publiques totales, 1980-99**
Pourcentage du PIB

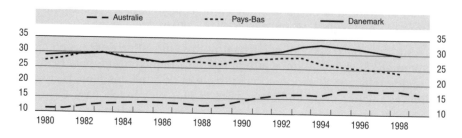

*Source :*   OCDE (2001d).

pratiquent le Danemark et les Pays-Bas, où il est normalement fondé sur un historique de l'activité professionnelle et des contributions. En second lieu, les transferts au Danemark et aux Pays-Bas sont lourdement taxés : le taux d'imposition des transferts bruts est proche de 25 % au Danemark et aux Pays-Bas au lieu de moins de 3 % en Australie. Si l'on considère l'impact total du système d'imposition sur les dépenses publiques (Adema, 2001), les différences de niveau des dépenses publiques totales sont relativement limitées. En 1997, les dépenses publiques sociales *après impôt* s'élevaient à 22.9 % du PIB au coût des facteurs au Danemark, par comparaison à 18.2 % aux Pays-Bas et à 16.6 % en Australie.

Compte tenu de l'importance relative des dépenses publiques dans le domaine social, il n'est pas surprenant que ce soit au Danemark que les dépenses privées sont les plus faibles. Elles sont à un niveau comparable aux Pays-Bas et en

Tableau 2.2.  **Répartition des dépenses publiques suivant les politiques sociales, 1998**
Pourcentage du PIB

| | Santé | Allocations et services d'aide aux familles | Aides aux retraités[a] | Aides à la population en âge de travailler[b] | Total |
|---|---|---|---|---|---|
| Australie | 6.0 | 2.6 | 5.3 | 3.9 | 17.8 |
| Danemark | 6.8 | 3.8 | 9.8 | 9.5 | 29.8 |
| Pays-Bas | 6.0 | 1.4 | 8.3 | 8.8 | 24.5 |

*a)*  Prestations en espèces de vieillesse et de survie, et services aux personnes âgées et handicapées.
*b)*  Invalidité, accidents du travail, maladie, chômage, programmes du marché du travail, aide au logement et autres.
*Source :*   OCDE (2001d).

Tableau 2.3.  **Dépenses publiques consacrées aux allocations familiales, 2001**

|  | Australie | Danemark | Pays-Bas |
|---|---|---|---|
| Services aux familles (sauf aide à la garde des enfants)[a] | 0.2 | 0.1 | 0.1 |
| Allocations familiales[b] | 2.2 | 1.0 | 0.7 |
| Structures formelles d'accueil | 0.3 | 2.1 | 0.2 |
| Allocations naissance et congés de maternité | .. | 0.5 | 0.2 |
| Total | 2.7 | 3.7 | 1.2 |

a)  Dépenses de 1998.
b)  Sauf allocations d'aide aux familles à bas salaires avec enfants.
Source :  Informations fournies par les autorités nationales. OCDE (2001d) et autorités nationales pour l'aide à la garde
        d'enfants et les allocations durant le congé.

Australie, soit environ 4 à 5 % du PIB, ce qui comporte dans les deux pays les allocations de santé privées, ainsi que les indemnités journalières en cas de maladie et les pensions de retraite financées par les employeurs (dans le cadre des plans professionnels aux Pays-Bas et des régimes de retraite en Australie, voir Adema, 2001).

Les trois pays suivent des approches différentes en ce qui concerne le rôle de l'État dans les allocations familiales. L'Australie dépense environ 2.2 % du PIB en allocations aux familles avec enfants (non compris les allocations spéciales pour parents isolés), le Danemark et les Pays-Bas moitié moins. Les dépenses d'aide à la garde des enfants (chapitre 3) sont les plus élevées au Danemark avec 2 % du PIB, mais beaucoup plus faibles en Australie et aux Pays-Bas. Il n'existe pas en Australie d'allocations publiques pour la naissance et les congés de maternité, alors qu'elles représentent 0.2 % du PIB aux Pays-Bas et 0.5 % au Danemark (chapitre 4). Les dépenses consacrées aux différents services d'aide aux familles (non compris la garde des enfants) sont limitées dans les trois pays (tableau 2.3).

## 2.3. Caractéristiques démographiques

### 2.3.1. *Population totale*

L'Australie est un vaste pays, mais sa population (19.2 millions d'habitants) n'est guère plus importante que celle des Pays-Bas (16 millions d'habitants). Celle du Danemark est la plus faible avec 5.3 millions d'habitants. La densité est extrêmement forte aux Pays-Bas, de sorte que peu de personnes sont éloignées des services urbains, tandis que la population danoise n'est pas très dense et se répartit entre zones urbaines et rurales. La densité est faible en Australie, mais ce pays est très urbanisé et 90 % de la population totale vit sur 2.6 % de la superficie seulement. Cela signifie que, dans certaines régions du pays, la densité est beaucoup plus faible que la moyenne, ce qui pose de sérieux problèmes de disponibilité des services.

37

### 2.3.2. Diversité ethnique

Le Danemark connaît la plus forte homogénéité ethnique avec une faible pro-portion de « nouveaux Danois ». Les immigrants (principalement de Turquie et de l'ancienne Yougoslavie) et leurs descendants représentent un peu moins de 400 000 personnes, soit environ 7.4 % de la population totale. La population néer-landaise est plus diversifiée : elle comporte 18 % de personnes d'origine étran-gère, principalement de Turquie, du Maroc, des Antilles néerlandaises et du Surinam. La population australienne est également diversifiée, elle est pour pres-que un quart étrangère ou née à l'étranger – dont 39 % venant de pays non anglo-phones. Il existe aussi une population peu nombreuse, mais non négligeable qui représentent environ 2.1 % de la population totale.

### 2.3.3. Croissance démographique et fécondité

Les trois pays ont connu une croissance démographique significative depuis les années 50, du fait de l'accroissement naturel de la population, de l'immigration nette, de l'augmentation de l'espérance de vie et de la baisse de la mortalité infan-tile. Au cours des années 90, les flux nets de migration en Australie et aux Pays-Bas ont représenté 0.4 % de la population totale par année. Au Danemark, l'immigration n'a pas été très différente au cours de la première moitié des années 90, mais il y a eu, comme aux Pays-Bas, une augmentation pendant la deuxième moitié, du fait de l'acceptation de demandeurs d'asile de l'ancienne Yougoslavie (OCDE, 2000c).

La fécondité a évolué de manière importante au cours des 30 dernières années, du fait que les femmes : *a*) ont retardé l'âge de la première naissance, et *b*) ont moins d'enfants que par le passé. Dans les trois pays, l'âge moyen de la mère à la première naissance est passé de 23-24 ans durant les années 70 à envi-ron 28-29 en 2000. En Australie, le taux de fécondité total est tombé très brutale-ment, de trois enfants pour la cohorte 1930 à légèrement au-dessus de deux pour les mères nées en 1965. C'est aux Pays-Bas qu'il a atteint le niveau le plus faible pour cette cohorte avec 1.7 % (graphiques 2.2 et 2.3).

Les différents taux de fécondité achevée et la moyenne d'âge des femmes lors de la première naissance sont à la base des différences de tendances de l'indice conjoncturel de fertilité. La baisse de l'indice conjoncturel de fertilité a été particulièrement prononcée en Australie et aux Pays-Bas au cours des années 70. Depuis 1985, cet indice reste à peu près au même niveau en Australie et aux Pays-Bas, mais est passé de 1.5 à 1.8 au Danemark. Aux Pays-Bas, le taux de natalité est relativement élevé chez les femmes plus jeunes issues de l'immigra-tion (CBS, 2001). Mais l'effet sera vraisemblablement temporaire, car les taux de fécondité chez les nouveaux immigrés s'ajustent rapidement au comportement du reste de la population (OCDE, 2000c).

Graphique 2.2. **Âge moyen des femmes à la première naissance, 1970-2000**

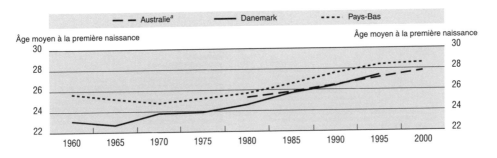

a)   Australie : 1990 est une estimation moyenne entre 1985 et 1995.
*Source :*   Conseil de l'Europe (2001) ; ABS (2001).

Graphique 2.3.   **Évolution des taux de fertilité achevée et totale**

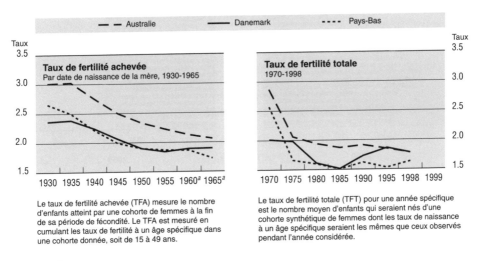

Le taux de fertilité achevée (TFA) mesure le nombre d'enfants atteint par une cohorte de femmes à la fin de sa période de fécondité. Le TFA est mesuré en cumulant les taux de fertilité à un âge spécifique dans une cohorte donnée, soit de 15 à 49 ans.

Le taux de fertilité totale (TFT) pour une année spécifique est le nombre moyen d'enfants qui seraient nés d'une cohorte synthétique de femmes dont les taux de naissance à un âge spécifique seraient les mêmes que ceux observés pendant l'année considérée.

a)   Estimations.
*Source :*   ABS (2001) ; et EUROSTAT, base de données New Cronos, Thème 3.

Au total, on constate que la population est vieillissante, qu'elle aura proba-blement moins d'enfants et que la population en âge de travailler est moins nom-breuse. Le graphique 2.4 montre l'effet de ceci sur la structure de la population dans les trois pays pour les 50 prochaines années. Dans le futur, une plus grande

39

Graphique 2.4. **Population totale par groupe d'âge, 2000 et 2050**
En milliers

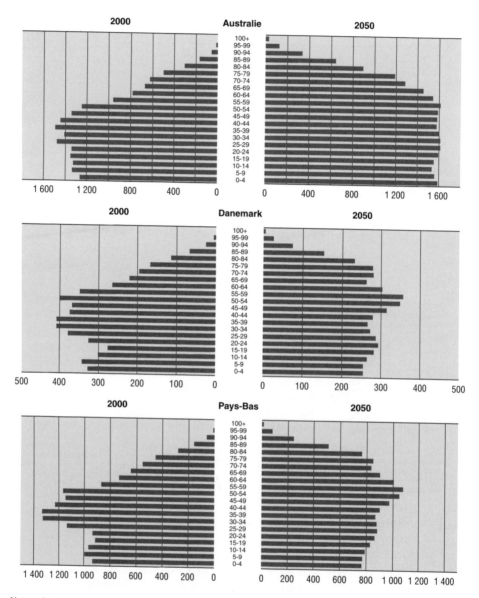

Note : Les données de 2000 sont des estimations du milieu d'année ; les données de 2050 sont des projections moyennes de population.
Source : Nations Unies (2001).

proportion de la population en âge de travailler aura plus de 45 ans. En même temps, la population de retraités aura substantiellement augmenté dans les trois pays, avec une croissance significative des « cohortes les plus âgées » de la population, ce qui accroit la demande en soins de santé et services de soins à long terme. Ces tendances démographiques, ont aussi des conséquences pour le marché du travail, car il faut favoriser une élévation du taux global d'activité de cette population, y compris de celle qui a des enfants à charge.

### 2.3.4. Enfants et ménages

Avec la croissance du nombre de ménages, la dimension du ménage moyen a diminué dans les trois pays et est passée à 2.6 personnes depuis les années 80 en Australie et à un peu plus de deux personnes aux Pays-Bas et au Danemark (tableau 2.4). Au cours des 20 dernières années, la proportion de ménages sans enfants s'est élevée : davantage de jeunes vivent plus longtemps indépendants et retardent la formation d'une famille, tandis que l'augmentation de l'espérance de vie a contribué au vieillissement de la population (OCDE, 2001e). Il y donc eu un net déclin de la proportion de ménages avec enfants dans les trois pays au cours des 20 dernières années ; ce déclin a été particulièrement prononcé aux Pays-Bas (13 %).

La proportion de parents isolés dans l'ensemble des ménages est restée stable au Danemark et aux Pays-Bas et elle se situe juste au-dessus de 6 % en Australie. Par comparaison avec le nombre total de familles avec enfants, la proportion de familles monoparentales s'est accrue dans les trois pays, pour atteindre environ 15 % au Danemark et aux Pays-Bas et 20 % en Australie en 2000.

La plupart de enfants vivent avec leurs deux parents, mais c'est moins souvent le cas lorsque leur âge s'élève[1]. En Australie en 1996, 16 % des enfants étaient élevés par un seul parent, contre 12 % en 1980. Au Danemark en 1999, 75 % des enfants vivaient avec leurs deux parents au lieu de 80 % en 1980 et 15 % avec un seul parent au lieu de 11 % en 1980.

### Les familles monoparentales et la dissolution des familles

La plupart des familles monoparentales résultent d'une dissolution de la famille. Bien que les comparaisons entre pays se heurtent à des problèmes de définition (les données australiennes concernent la séparation légale), l'incidence du divorce paraît plus élevée en Australie que dans les deux autres pays (graphique 2.5). La durée moyenne du mariage en Australie à l'époque du divorce est plus courte d'environ quatre ans (bien que cette durée soit aussi influencée par la différence entre séparation légale et divorce). En tous les cas, les évolutions sont différentes : depuis 1980, le taux de divorce a baissé au Danemark, tandis qu'il augmentait dans les deux autres pays, ce qui explique l'évolution de la proportion de familles monoparentales.

41

Tableau 2.4.  **Évolution du nombre de ménages et de leur composition**[a], **1980-2000**
Pourcentages

|  | 1980[b] | 1985[c] | 1990[c] | 1995 | 2000 |
|---|---|---|---|---|---|
| **Australie** | | | | | |
| Nombre moyen de personnes par ménage | .. | 2.8 | 2.7 | 2.7 | 2.6 |
| Proportion de familles avec enfants sur le total des ménages | .. | 34.8 | 32.4 | 31.5 | 30.0 |
| Proportion de familles monoparentales sur le total des ménages | .. | 4.8 | 4.8 | 5.8 | 6.3 |
| Proportion de familles monoparentales sur le total des familles avec enfants | 12.2 | 13.7 | 14.8 | 18.5 | 20.9 |
| **Danemark** | | | | | |
| Nombre moyen de personnes par ménage | 2.5 | 2.3 | 2.3 | 2.2 | 2.2 |
| Proportion de familles avec enfants sur le total des ménages | 33.1 | 30.6 | 23.4 | 22.5 | 22.5 |
| Proportion de familles monoparentales sur le total des ménages | 4.5 | 5.2 | 4.2 | 4.2 | 4.1 |
| Proportion de familles monoparentales sur le total des familles avec enfants | 18.9 | 20.4 | 18.0 | 18.6 | 18.3 |
| **Pays-Bas** | | | | | |
| Nombre moyen de personnes par ménage | 2.8 | 2.6 | 2.5 | 2.4 | 2.3 |
| Proportion de familles avec enfants sur le total des ménages | 49.3 | 45.4 | 41.6 | 38.2 | 36.2 |
| Proportion de familles monoparentales sur le total des ménages | 6.0 | 5.8 | 5.4 | 5.6 | 5.7 |
| Proportion de familles monoparentales sur le total des familles avec enfants | 12.2 | 12.8 | 12.9 | 14.6 | 15.7 |

.. Données non disponibles.
a) Les définitions nationales des ménages variant selon les pays, une comparaison de l'évolution du nombre de ménages est plus appropriée qu'une comparaison des niveaux. Les données de l'Australie concernent les enfants de 0 à 14 ans, alors que les données des Pays-Bas incluent tous les enfants (y compris les étudiants de plus de 18 ans) dans le ménage, ce qui explique la plus grande proportion de familles avec enfants sur le total des ménages aux Pays-Bas. Au Danemark, toute personne de 18 ans et plus est considérée « comme sa propre famille », même si elle partage son habitation avec d'autres étudiants ou si elle habite chez ses parents. Comparé avec les Pays-Bas, ceci réduit le nombre de familles avec enfants au Danemark, et augmente le nombre de ménages sans enfant et le total de ménages (ce qui correspond à une réduction du nombre moyen de personnes par ménage).
b) 1981 pour les Pays-Bas.
c) 1986 et 1991 pour l'Australie.
Source :   Informations fournies par les autorités nationales et OCDE (2002c).

La maternité avant 20 ans n'est pas considérée comme un problème majeur dans les trois pays. En Australie, pour 1 000 naissances on en compte 17 de mères de moins de 20 ans (ABS, 2001). Au Danemark et aux Pays-Bas, les taux de natalité à cet âge sont les plus bas de l'Union européenne avec 7 et 10 naissances respectivement pour 1 000 au total. Mais le risque de pauvreté est de 80 % chez les mères de moins de 20 ans aux Pays-Bas, au lieu de 23 % au Danemark (Berthoud et Robson, 2001) et le développement des enfants risque d'être affecté lorsque leur mère a moins de 20 ans à leur naissance (Christoffersen, 2000). Comme on le voit ci-dessous, le risque de pauvreté est plus élevé dans les familles mono-parentales. Mais la situation des parents isolés qui ont été mariés a des chances

Graphique 2.5.   **Taux de divorce et durée moyenne du mariage**

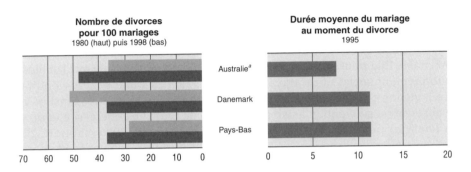

**Nombre de divorces
pour 100 mariages**
1980 (haut) puis 1998 (bas)

**Durée moyenne du mariage
au moment du divorce**
1995

Australie*a*

Danemark

Pays-Bas

a)   Australie : durée médiane entre le moment du mariage et celui de la séparation finale.
*Source :*   ABS (2000 et 2001a) ; et EUROSTAT, base de données New Cronos, Thème 3.

d'être meilleure que celle des autres : en général ils sont plus âgés et ont eu davantage d'expérience professionnelle. Ils ont aussi plus souvent un ex-conjoint dont le revenu est supérieur au minimum, ce qui peut augmenter la pension alimentaire dont ils bénéficient.

### 2.3.5. *Travail et décisions familiales*

Le travail et les décisions familiales se situent dans un contexte plus large de facteurs en interaction comportant des possibilités et des préférences, la constitution de la famille, la condition de parent, les dispositions de garde des enfants et de garde intergénérationnelle, l'éducation, le travail et les perspectives de rémunérations ultérieures et de retraite (Conseil néerlandais de la Famille, 2001). Il ne s'agit pas de mesures concernant par exemple les dispositifs de soins des personnes âgées, de formation ou des politiques de retraite, mais il est évident que ce type de politiques a une influence certaine sur les possibilités qu'ont les familles, qui affectent à leur tour le travail actuel des familles et leurs décisions. De même, les mesures concernant l'emploi, l'équité entre hommes et femmes, la garde des enfants et les revenus affectent l'équilibre entre travail et vie familiale et donc chacun de ces éléments, y compris la constitution de la famille, la condition de parent, la dissolution de la famille.

Dans ce contexte plus large, l'évolution de la famille présente un tableau moins positif (voir ci-dessus). De plus en plus, la formation de la famille est remise à plus tard, voire même indéfiniment repoussée, jusqu'à ce que les parents aient une meilleure éducation et que l'un ou les deux membres du couple soient plus solidement installés dans leur carrière. En outre, les ruptures des familles sont plus fréquentes qu'autrefois. Si ces statistiques ont un côté positif, puisque la dépendance

43

financière et la pression sociale obligeaient les couples à rester ensemble même s'ils ne s'entendaient pas, la dissolution des familles est souvent une cause de souffrance. Ces statistiques ne peuvent pas être sans rapport avec le stress dû au fait de devoir équilibrer vie familiale et vie professionnelle.

La diminution de la fécondité est une source de préoccupation en particulier en Australie. Elle peut avoir un rapport avec un soutien insuffisant aux familles, un environnement social et de travail n'encourageant pas une solution équitable entre hommes et femmes en matière de travail rémunéré ou non, ainsi qu'avec une absence de subvention à une garde d'enfants presque généralisée et de soutien financier pendant les congés parentaux (McDonald, 2000 ; Probert, 2001). Parmi les trois pays examinés, le Danemark a le système de congés et de garde d'enfants le plus complet (chapitres 3 et 4). Depuis 1980, la proportion d'enfants concernés de la naissance à 2 ans est passée de 40 à 80 % et le congé parental et de maternité a été prolongé de 14 à 20 semaines en 1984 et à 24 semaines en 1985. Depuis, le taux de fécondité s'est élevé, mais seulement de 0.3 point. Certains considèrent néanmoins que cela confirme l'effet des avantages familiaux sur la fécondité (Knudsen, 1999). De façon plus remarquable, l'indice conjoncturel de fertilité n'a pas augmenté au cours des années 90 en Australie et aux Pays-Bas, période de croissance économique qui aurait normalement un effet positif sur ce taux (graphique 2.6).

L'OCDE (1999) a suggéré qu'élever les enfants et occuper un travail rémunéré peuvent constituer des activités complémentaires et non alternatives. Le graphique 2.6 montre comment elles ont évolué au cours des dernières décennies. Après 1985, les taux d'activité au Danemark ont varié autour de 75 à 80 %, avec une progression de l'emploi des femmes à plein-temps et du taux de fertilité. Depuis 1985, les taux de fertilité sont restés à peu près stables en Australie et aux Pays-Bas ; l'Australie a connu une croissance de l'emploi des femmes à plein-temps et à temps partiel, alors qu'aux Pays-Bas il s'agissait surtout de temps partiel. Cela ne constitue pas une preuve en faveur de l'hypothèse évoquée – beaucoup d'autres changements sont intervenus dans la société pendant cette période et peuvent avoir eu une incidence sur le taux de natalité – mais ces données suggèrent qu'il n'existe pas de contradiction intrinsèque pour les femmes entre le fait d'élever des enfants et de poursuivre des objectifs professionnels.

## 2.4. Données sur le marché du travail

Les principaux indicateurs font apparaître une amélioration générale de la situation de l'emploi au cours des années 90 en Australie, au Danemark et plus particulièrement aux Pays-Bas, où le taux de chômage a baissé de 5 points et le taux d'emploi a augmenté de presque 12 points (tableau 2.5). En 2000, les taux d'emploi et d'activité des trois pays étaient supérieurs à la moyenne de l'OCDE ,

Graphique 2.6.  **Taux d'activité des femmes, part de l'emploi à temps partiel des femmes et indice conjoncturel de fertilité, 1970-2000**

Pourcentages

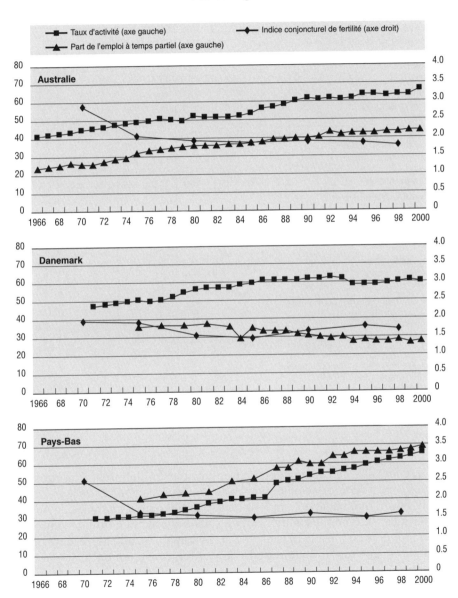

*Source :*  ABS (2001) ; EUROSTAT, base de données New Cronos, Thème 3 ; et OCDE (1993 et 2002d).

45

Tableau 2.5.    **Principaux indicateurs sur l'emploi, 1990 et 2000**

Pourcentages

|  | Australie | | Danemark | | Pays-Bas | | OCDE | |
|---|---|---|---|---|---|---|---|---|
|  | 1990 | 2000 | 1990 | 2000 | 1990 | 2000 | 1990 | 2000 |
| **Taux d'activité (population active en pourcentage de la population de 15 à 64 ans)** | | | | | | | | |
| Hommes et femmes | 73.0 | 73.8 | 82.4 | 80.0 | 66.2 | 74.9 | 69.5 | 70.1 |
| Hommes | 84.4 | 82.0 | 87.1 | 84.0 | 79.7 | 83.9 | 82.8 | 81.1 |
| Femmes | 61.5 | 65.5 | 77.6 | 75.9 | 52.4 | 65.7 | 57.3 | 61.3 |
| **Taux d'emploi** | | | | | | | | |
| Hommes et femmes | 67.9 | 69.1 | 75.4 | 76.4 | 61.1 | 72.9 | 65.2 | 63.6 |
| Hommes | 78.5 | 76.6 | 80.1 | 80.7 | 75.2 | 82.1 | 78.2 | 76.3 |
| Femmes | 57.1 | 61.6 | 70.6 | 72.1 | 46.7 | 63.4 | 53.3 | 57.1 |
| **Proportion de l'emploi dans :** | | | | | | | | |
| Industrie et agriculture | 31.7 | 26.7 | 33.1 | 30.2 | 30.6 | 25.1 | .. | .. |
| Services | 68.2 | 73.3 | 66.3 | 69.5 | 68.0 | 70.2 | .. | .. |
| Fonction publique | 19.1 | 16.4 | 32.6 | 32.9 | 15.0 | 12.8 | .. | .. |
| **Part de l'emploi à temps partiel** | | | | | | | | |
| Hommes et femmes | 22.6 | 26.2 | 19.2 | 15.7 | 28.2 | 32.1 | 14.3 | 15.3 |
| Hommes | 11.3 | 14.8 | 10.2 | 8.9 | 13.4 | 13.4 | 6.6 | 7.6 |
| Femmes | 38.5 | 40.7 | 29.6 | 23.5 | 52.5 | 57.2 | 25.0 | 25.7 |
| **Taux de chômage** | | | | | | | | |
| Hommes et femmes | 7.0 | 6.3 | 8.5 | 4.5 | 7.7 | 2.7 | 6.0 | 6.3 |
| Hommes | 6.9 | 6.6 | 8.0 | 4.0 | 5.7 | 2.2 | 5.4 | 5.8 |
| Femmes | 7.2 | 5.9 | 9.0 | 5.0 | 10.9 | 3.5 | 8.1 | 7.8 |
| **Chômage de longue durée (pourcentage du chômage total)** | | | | | | | | |
| Hommes et femmes | 21.6 | 27.9 | 29.9 | 20.0 | 49.3 | 32.7 | 30.9 | 31.4 |
| Hommes | 24.4 | 30.6 | 26.3 | 20.1 | 55.2 | 31.7 | 29.7 | 30.1 |
| Femmes | 17.8 | 24.0 | 32.0 | 20.0 | 44.6 | 33.4 | 32.3 | 33.0 |
| **Dépenses sur les programmes du marché du travail (pourcentage du PIB)** | 0.3 | 0.5 | 1.1 | 1.5 | 1.1 | 1.6 | .. | .. |

.. Données non disponibles.
*Source :*   OCDE (2001f).

tandis que les taux de chômage étaient équivalents ou inférieurs. La croissance de l'emploi s'est faite principalement dans les services (OCDE, 2000a), ce qui a facilité le développement de l'emploi à temps partiel pour les femmes en Australie et aux Pays-Bas. La proportion de l'emploi salarié du secteur public (non compris l'emploi indépendant) est la plus élevée au Danemark où elle représente un tiers du total. C'est environ le double de la proportion constatée en Australie et aux Pays-Bas[2].

Au cours des années 90, l'emploi à temps partiel a augmenté en Australie et aux Pays-Bas, mais a diminué au Danemark. La modification du comportement des femmes vis-à-vis de l'emploi en Australie et aux Pays-Bas a entraîné une augmentation de leur taux d'activité et une diminution des écarts entre sexes. En Australie, les différences d'emploi et d'activité entre hommes et femmes ont également diminué du fait de la baisse des taux d'activité et d'emploi des hommes. D'un autre côté, les taux d'emploi et d'activité ont augmenté aussi bien chez les hommes que chez les femmes aux Pays-Bas, mais l'augmentation de ce taux chez les femmes a été exceptionnel et sans équivalent dans les autres pays de l'OCDE (17 points en 10 ans).

### 2.4.1. *Évolution du mode de participation et du comportement des femmes au cours de leur vie*

La plupart des évolutions en matière d'emploi au cours des années 80 et 90 sont liées aux changements de comportement des femmes, en particulier en Australie et aux Pays-Bas. Au Danemark, les taux d'emploi des femmes ont oscillé autour de 70 % depuis le milieu des années 70, mais ils atteignaient déjà 47 % en 1950 et 55 % en 1960 (Knudsen, 1999). Les taux d'emploi des femmes en âge de travailler au Danemark ont été régulièrement supérieurs à 80 % depuis le début des années 80 (graphique 2.7). En Australie et aux Pays-Bas, ils ont seulement atteint 70 % récemment. L'augmentation de l'emploi des femmes aux Pays-Bas a été la plus forte au cours des années 90 et en Australie au cours des années 80.

Les taux d'emploi en fonction de l'âge montrent qu'ils sont supérieurs à 80 % dans les trois pays pour les hommes de 25 à 54 ans (graphique 2.8). Apparemment, la présence d'enfants à charge a peu d'effet sur ce taux. Les données disponibles montrent l'évolution de l'emploi des femmes au cours de leur vie. Chez les jeunes danoises, les taux d'emploi ne sont pas faibles par rapport aux données internationales, mais ils le sont pour les danoises en activité vers 40 ans. Les jeunes danoises poursuivent de plus en plus des études supérieures (voir ci-dessous) et c'est pourquoi le taux d'emploi des femmes est le plus élevé lorsque les enfants ont 10 à 15 ans. Aux Pays-Bas, les taux d'emploi sont les plus élevés juste avant la naissance du premier enfant (près de 29 ans). En revanche, les taux d'emploi des Australiennes qui ont l'âge d'élever des enfants (30-34 ans) sont inférieurs à ceux des femmes plus jeunes ou à ceux des femmes de 40-44 ans.

Les données sur certaines cohortes montrent que les taux d'emploi des Danoises n'ont pas beaucoup changé au cours de ces dernières décennies (graphique 2.8). En Australie et plus particulièrement aux Pays-Bas (après 1946-1950), les cohortes successives ont généralement des taux d'emploi plus élevés que les précédentes au même âge.

L'évolution du comportement des femmes en Australie a pu être analysée sur un grand nombre de cohortes (graphique 2.9 et Young, 1990). En moyenne, les femmes des cohortes plus anciennes ont quitté l'école plus tôt et donné plus tôt naissance à leur premier enfant (aujourd'hui 28 ans). Elles avaient donc davantage

47

Graphique 2.7. **Taux d'emploi des femmes, par groupe d'âge, 1983-2000**
Pourcentages

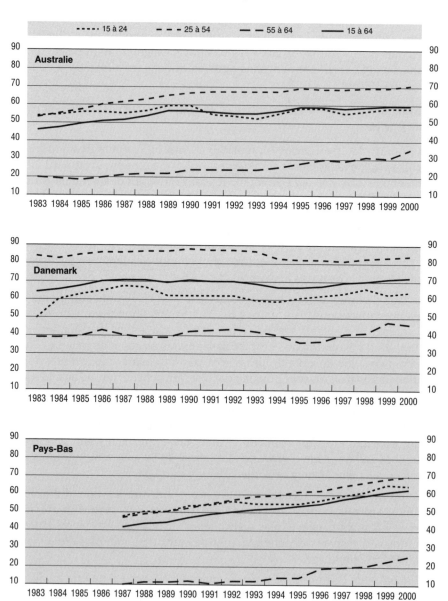

Source : OCDE (2001g).

Graphique 2.8. **Profil de l'emploi des femmes et des hommes selon l'âge**

Comparaison entre cohortes des taux d'emploi par âge*a*

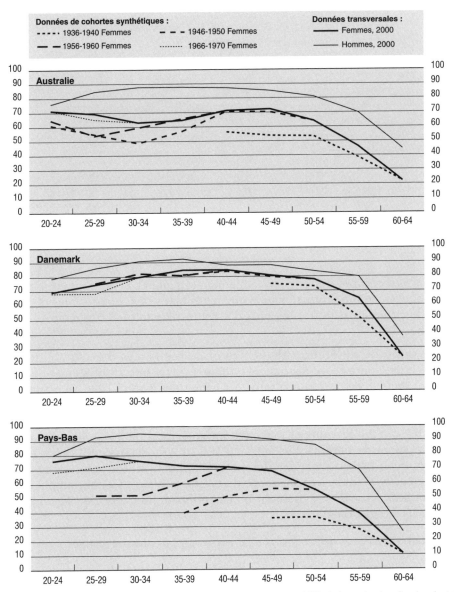

a) Le graphique présente des données transversales par âge et par sexe en 2000 ainsi que des données de cohortes synthétiques de femmes nées à différentes cohortes d'âge.

*Source :* OCDE (2002d).

Graphique 2.9.    **Taux d'activité des femmes par âge en Australie**
Selon les cohortes

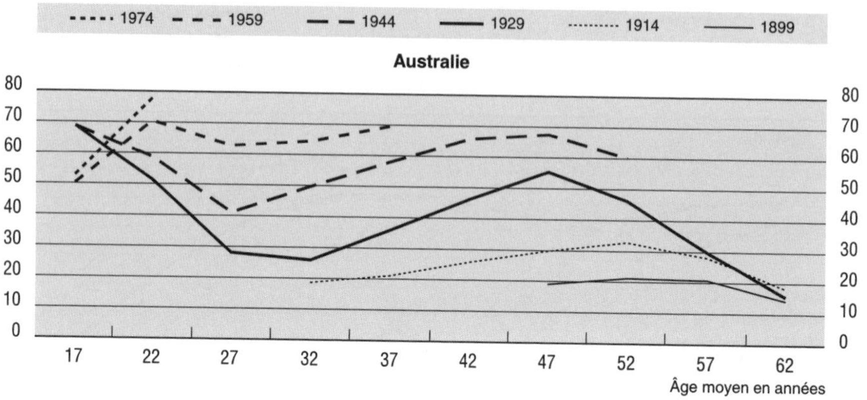

Source :   Young (1990).

de chances d'occuper des emplois faiblement rémunérés et moins de chances de chercher une carrière professionnelle que les femmes des cohortes plus récentes. Cela contribue à expliquer les taux d'activité plus faibles des cohortes plus anciennes.

En dépit de différences de niveau et de tendances d'évolution, le taux d'activité des femmes en Australie continue à suivre une courbe en M pendant la durée de leur vie. Les taux d'activité augmentent jusqu'à l'âge du mariage ou de la naissance du premier enfant, puis on observe un taux d'activité moindre alors que les enfants sont en bas âge. Les femmes reprennent une activité lorsqu'ils sont adolescents et s'arrêtent progressivement après 50 ans, souvent pour s'occuper de parents plus âgés (DFACS/DEWR, 2002). Plutôt que d'arrêter de travailler à l'âge du mariage, les cohortes plus récentes ont eu tendance à rester en activité jusqu'à la naissance du premier enfant et à interrompre moins souvent leur activité à ce moment-là. Les creux de la courbe en M sont donc désormais moins prononcés.

### 2.4.2. *Caractéristiques de l'emploi et différences entre hommes et femmes*

En partie grâce à la croissance des services, la demande de flexibilité des employeurs a entraîné une croissance des emplois à durée déterminée et/ou à temps partiel. Ils préfèrent des modalités d'emploi flexibles pour réduire le coût du travail, la main-d'œuvre n'étant utilisée qu'en fonction des besoins, les sureffectifs et les coûts d'ajustement de l'emploi étant réduits. L'offre de main-d'œuvre flexible est alimentée par ailleurs par le désir des ménages de travailler à des heures compatibles avec les obligations familiales. Bien que dans l'ensemble l'écart entre les sexes ait diminué, les différences de conditions d'emploi restent frappantes.

*Emploi à plein-temps et durée du temps de travail*

Au Danemark, où les différences de taux d'emploi entre hommes et femmes sont limitées, les inégalités sont en revanche considérables lorsqu'il s'agit du nombre d'heures travaillées (graphique 2.10). Près de 95 % des hommes de 25 à 54 ans travaillent 35 heures ou davantage par semaine (la durée normale du travail au Danemark est de 37.5 heures). C'est en Australie que les hommes de 25 à 54 ans font les heures les plus longues : 70 % des hommes en activité travaillent plus de 40 heures ou davantage par semaine (et 25 % 50 heures ou davantage, voir ABS, 2001b), au lieu de 52 % aux Pays-Bas et de 42 % au Danemark.

Sur l'ensemble des femmes de 25 à 54 ans, 65 % travaillent 35 heures ou plus par semaine au Danemark, au lieu de 55 % en Australie et de 30 % seulement aux Pays-Bas. Mais quand les femmes australiennes travaillent à plein-temps, elles ont des horaires plus longs qu'au Danemark et aux Pays-Bas : 35 % d'entre elles travaillent 40 heures ou plus au lieu de 15 % dans les deux autres pays.

*Emploi à temps partiel*

L'emploi à temps partiel, défini comme celui dont la durée est inférieure à 30 heures par semaine, représente parfois un moyen efficace pour permettre aux parents de combiner un emploi et leurs obligations familiales. L'emploi à temps partiel concerne surtout les femmes et dans les trois pays, en 2001, leur part dans ce type d'emploi était d'environ 69 % en Australie et au Danemark et de plus de 76 % aux Pays-Bas (OCDE, 2001f). Parmi les femmes actives de tout âge, l'emploi a temps partiel s'est répandu en Australie et aux Pays-Bas au cours des années 80 et 90, et en 2000, 40 % des Australiennes employées et 55 % des Néerlandaises étaient employées à temps partiel (graphique 2.11)[3]. Le Danemark va à l'encontre des tendances internationales, puisque la part du temps partiel dans l'emploi des femmes est passée de 36 % en 1983 à environ 23 % en 2000[4].

L'emploi à temps partiel chez les femmes de tous âges a augmenté en Australie et aux Pays-Bas. Il paraît concentré sur les groupes d'âge plus jeunes, lorsque l'emploi est combiné avec des études. L'incidence de l'emploi à temps partiel chez les femmes employées de 25 à 54 ans paraît relativement stable dans ces deux pays et a diminué fortement au Danemark (graphique 2.11). Dans les trois pays, l'emploi a temps partiel ne semble *pas* s'être développé à l'âge où les femmes prennent soin des enfants.

Graphique 2.10.  **Nombre d'heures effectuées**$^a$ **par les travailleurs de 25 à 54 ans**
Pourcentages

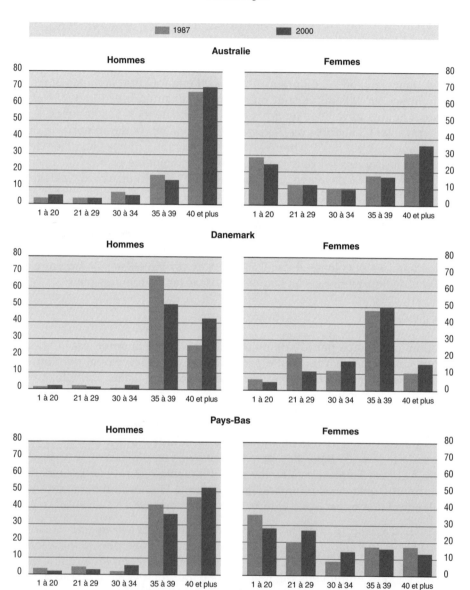

a)  Heures hebdomadaires habituelles de travail au Danemark et Pays-Bas ; heures effectives en Australie.
*Source :*  Base de données de l'OCDE sur la ventilation des actifs occupés selon les tranches horaires hebdomadaires habituelles de travail.

Graphique 2.11. **Part de l'emploi à temps partiel chez les femmes de tous âges et de 25 à 54 ans, 1983-2000**

Pourcentage de l'emploi total

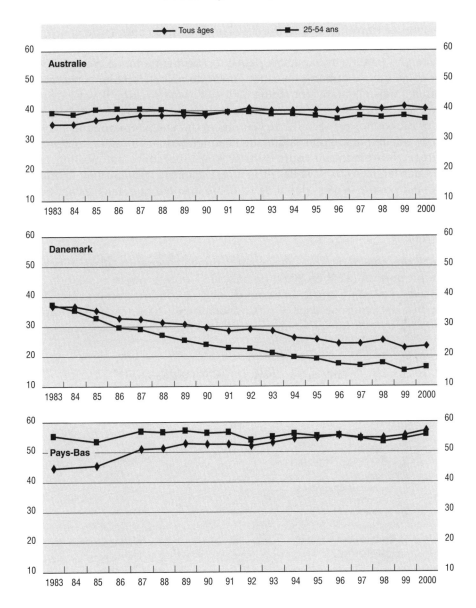

*Source :* Base de données de l'OCDE sur l'emploi à temps plein et temps partiel.

53

*Travail temporaire*

Le travail temporaire représente une autre forme d'emploi flexible, qui peut aider les individus et les ménages à combiner un emploi avec d'autres activités. Il peut prendre différentes formes : emploi à durée déterminée, travail saisonnier et occasionnel et travail pour une agence d'intérim. Les contrats de courte durée peuvent convenir aux salariés en formation ou dans une phase de transition avant la retraite. Les parents avec enfants peuvent choisir cette forme d'emploi, en particulier parce qu'elle apporte un complément de revenu lorsque l'on a du temps disponible. Mais elle convient moins bien aux parents lorsqu'il s'agit de rechercher la seule ou la principale source de revenu d'une famille avec enfants, car elle pose des problèmes de sécurité de l'emploi et du revenu et implique souvent un niveau de salaire horaire plus faible que l'emploi permanent. L'emploi temporaire a progressé lentement au cours du temps et représente aujourd'hui 16 % de l'emploi des femmes aux Pays-Bas et 11 % au Danemark (tableau 2.6). En Australie, l'emploi temporaire (s'il est défini de la même manière que dans les autres pays) ne représente pas plus de 5 % du total.

*Travail occasionnel*

L'une des caractéristiques marquantes du marché du travail en Australie est la forte proportion (27 % en 2000) de salariés « occasionnels » (salariés qui ne bénéficient pas d'un droit aux congés et aux congés de maladie, dont la contrepartie est comprise dans le salaire horaire). En 2000, les femmes représentaient 55 % de l'emploi temporaire et les deux tiers de l'emploi occasionnel à

Tableau 2.6. **Part de l'emploi temporaire dans l'emploi salarié**
Pourcentages

|  | 1990 | 2000 |
|---|---|---|
| Australie |  |  |
| Hommes et femmes | .. | 4.7$^a$ |
| Danemark |  |  |
| Hommes et femmes | 10.8 | 10.2 |
| Hommes | 10.6 | 8.7 |
| Femmes | 11.0 | 11.7 |
| Pays-Bas |  |  |
| Hommes et femmes | 7.6 | 13.8 |
| Hommes | 6.1 | 11.4 |
| Femmes | 10.2 | 16.9 |

*a)* 1998.
*Source :* OCDE (2002d) ; Australie, estimations du Secrétariat basées sur les informations fournies par l'Australian Bureau of Statistics.

temps partiel (ABS, 2001c). Une partie considérable des nouveaux emplois créés au cours des années 90 correspondait à des emplois temporaires, le nombre d'emplois permanents à plein-temps étant resté à peu près le même de 1990 à 2000. Les salariés occasionnels travaillent souvent pour le même employeur pendant une longue période : un peu plus de la moitié d'entre eux ont travaillé pour le même employeur pendant plus de 12 mois et 13 % étaient avec le même employeur pour plus de cinq ans (ABS, 2000a).

*Concentration de l'emploi féminin dans certains secteurs*

Dans les trois pays, l'emploi féminin est concentré dans certains secteurs, en particulier les services aux personnes (hôtels, restaurants, loisirs, services domestiques), l'administration et les services à caractère social (santé et éducation) dans lesquels la part des femmes est importante. Cette part est également significative dans les services financiers et les assurances et dans le commerce de détail, secteurs dans lesquels les femmes représentent 45 à 55 % du total selon les pays (tableau 2.7). La domination masculine est en revanche importante dans les mines, le bâtiment, l'agriculture, l'industrie et la distribution d'eau et l'énergie. La répartition par profession n'est naturellement pas sans rapport avec cette répartition sectorielle. Les femmes prédominent parmi les personnels de service et les employés administratifs, mais ne représentent que 20 % des ouvriers de l'industrie et des opérateurs sur machine.

*Niveau d'éducation*

Dans les trois pays, les taux d'emploi des deux sexes s'élèvent avec le niveau d'éducation. Les écarts entre les sexes sont les plus faibles pour les salariés qui ont une formation tertiaire (tableau 2.8 et encadré 2.1). Dans l'emploi des femmes aux Pays-Bas, on constate surtout une augmentation de celles qui ont une qualification intermédiaire ou supérieure ; le taux d'emploi de celles-ci est à peu près équivalent à celui de leurs homologues danoises. Par contre, les taux d'emploi des salariées faiblement qualifiées aux Pays-Bas sont très inférieurs à ceux des femmes en Australie et au Danemark. Aux Pays-Bas, plus que dans les autres pays, on constate une relation étroite entre le niveau d'éducation et le fait qu'il n'y ait qu'un seul salaire dans le ménage. Plus de la moitié des femmes mariées salariées avec un faible niveau d'éducation vivent dans un ménage où il n'y a qu'une seule source de revenus, au lieu de 10 % seulement pour les femmes les plus qualifiées (Keuzenkamp *et al.*, 2000).

### 2.4.3. *Emploi des mères de famille*

Alors que les taux d'emploi des femmes au Danemark sont restés autour de 70 % au cours des dix ou quinze dernières années, en Australie et aux Pays-Bas, ils

Tableau 2.7. **Part des femmes dans l'emploi par secteur, 1998**
Pourcentages

| | Total | Agriculture, chasse et sylviculture | Industries extractives | Industries manufacturières | Électricité, gaz et eau | Construction | Services aux producteurs[a] | dont le sous-secteur Services financiers | Services de la distribution | dont le sous-secteur Commerce de détail | Services personnels[a] | Services sociaux[a] |
|---|---|---|---|---|---|---|---|---|---|---|---|---|
| Australie | 43.4 | 31.0 | 9.6 | 26.0 | 17.0 | 13.6 | 46.5 | 57.0 | 42.6 | 55.9 | 47.7 | 64.8 |
| Danemark | 46.1 | 22.2 | .. | 31.3 | 20.6 | 9.5 | 44.7 | 50.6 | 36.5 | 46.4 | 58.6 | 70.9 |
| Pays-Bas | 41.1 | 28.2 | 14.5 | 22.0 | 14.8 | 7.9 | 40.8 | 45.0 | 37.9 | 52.3 | 56.9 | 59.9 |
| OCDE[b] | 42.7 | 29.3 | 13.0 | 29.5 | 17.7 | 7.9 | 45.3 | 51.4 | 39.8 | 51.8 | 56.8 | 63.2 |

.. : Données non disponibles.
a) Le secteur **Services aux producteurs** comprend les sous-secteurs suivants : services aux entreprises et professionnels, services financiers, services d'assurance et immobilier ; **Services de la distribution** : commerce de détail, commerce de gros, transports et communication ; **Services personnels** : hôtellerie et restauration, loisirs, services domestiques, autres services personnels ; et les **Services sociaux** : administration publique générale, services à la santé, éducation et services sociaux divers.
b) Moyenne de 24 pays de l'OCDE : Allemagne, Australie, Autriche, Belgique, Canada, Danemark, Espagne, États-Unis, Finlande, France, Grèce, Hongrie, Irlande, Italie, Luxembourg, Mexique, Norvège, Nouvelle-Zélande, Pays-Bas, Portugal, Royaume-Uni, République tchèque, Suède et Suisse.
Source : OCDE (2002d).

Tableau 2.8. **Taux d'emploi par niveau d'éducation et sexe, 1999**
Pourcentages

| | Hommes et femmes | | | Hommes | | | Femmes | | |
|---|---|---|---|---|---|---|---|---|---|
| | Inférieur à l'enseignement secondaire | Enseignement secondaire | Enseignement tertiaire | Inférieur à l'enseignement secondaire | Enseignement secondaire | Enseignement tertiaire | Inférieur à l'enseignement secondaire | Enseignement secondaire | Enseignement tertiaire |
| Australie | 59.1 | 76.2 | 82.0 | 72.1 | 84.0 | 88.7 | 49.9 | 62.9 | 75.7 |
| Danemark | 61.7 | 80.7 | 87.9 | 69.5 | 84.8 | 90.5 | 55.6 | 75.8 | 85.3 |
| Pays-Bas | 56.8 | 78.3 | 87.2 | 75.4 | 86.6 | 90.8 | 41.8 | 69.2 | 82.5 |
| OCDE[a] | 64.0 | 77.0 | 85.1 | 79.6 | 86.1 | 91.2 | 50.8 | 67.3 | 78.4 |

a) Moyenne de 29 pays de l'OCDE, sauf République slovaque.
Source : OCDE (2001h).

Encadré 2.1. **Niveau d'éducation et littératie**

C'est au Danemark que le niveau d'éducation de la population paraît le plus élevé : 80 % de la population en âge de travailler a au moins terminé un enseignement secondaire, au lieu de 65 % aux Pays-Bas et de 58 % en Australie (voir tableau ci-dessous). Il existe dans les trois pays des différences de niveau éducatif par sexe pour l'ensemble de la population en âge de travailler, mais elles concernent surtout la population plus âgée. Le niveau éducatif, en termes de qualification formelle, s'est élevé ; les hommes et les femmes de plus de 55 ans ont suivi moins souvent un enseignement tertiaire ou même secondaire que les générations suivantes. Mais les différences entre sexes persistent pour la population plus jeune ayant suivi au moins un enseignement secondaire en Australie (voir tableau ci-dessous). Il n'y a plus d'écart au Danemark en-dessous de 45 ans et aux Pays-Bas, le niveau éducatif est presque le même en-dessous de 35 ans.

Tableau de l'encadré 2.1. **Hommes et femmes ayant au moins achevé un enseignement secondaire et tertiaire, par groupe d'âge et par sexe, 1999**
Pourcentages

| | | 25-64 | 25-34 | 34-44 | 45-54 | 55-64 |
|---|---|---|---|---|---|---|
| | | Au moins études secondaires | | | | |
| **Australie** | Hommes | 65 | 70 | 66 | 64 | 54 |
| | Femmes | 50 | 61 | 52 | 46 | 33 |
| | | Au moins études tertiaires | | | | |
| | Hommes | 26 | 26 | 27 | 28 | 19 |
| | Femmes | 27 | 32 | 31 | 27 | 15 |
| | | Au moins études secondaires | | | | |
| **Danemark** | Hommes | 83 | 88 | 80 | 84 | 75 |
| | Femmes | 76 | 87 | 79 | 74 | 58 |
| | | Au moins études tertiaires | | | | |
| | Hommes | 26 | 28 | 25 | 28 | 21 |
| | Femmes | 27 | 29 | 33 | 26 | 17 |
| | | Au moins études secondaires | | | | |
| **Pays-Bas**[a] | Hommes | 69 | 73 | 70 | 68 | 61 |
| | Femmes | 60 | 75 | 65 | 51 | 39 |
| | | Au moins études tertiaires | | | | |
| | Hommes | 27 | 28 | 29 | 29 | 22 |
| | Femmes | 21 | 27 | 23 | 18 | 12 |

a) 1998 pour les Pays-Bas.
Source : OCDE (2000 et 2001e).

---

### Encadré 2.1.  **Niveau d'éducation et littératie** (*suite*)

La proportion de la population en âge de travailler ayant suivi un enseignement tertiaire est comparable dans les trois pays, sauf pour les femmes aux Pays-Bas, bien que la plus jeune génération rattrape rapidement son retard. En Australie et au Danemark, la proportion des femmes ayant suivi un enseignement tertiaire est en fait supérieure à celles des hommes en-dessous de 45 ans : en Australie en particulier, les femmes qui ont terminé un enseignement secondaire ont plus de chances que les hommes de poursuivre des études. Au total, les écarts entre sexes tendent à disparaître dans les trois pays, tandis que pour l'enseignement tertiaire, les dernières cohortes de femmes en Australie et au Danemark ont atteint un niveau plus élevé que celles des hommes.

Les résultats de l'Enquête internationale sur la littératie des adultes confirment approximativement les indications sur les compétences de la population adulte d'après le niveau éducatif pour les trois pays étudiés (OCDE/Statistique Canada, 2000). Les résultats aux tests de littératie sont les plus hauts au Danemark où 68 % au moins de la population a au moins un niveau moyen. Les Pays-Bas suivent de près avec 64 %, tandis que les résultats australiens sont plus faibles avec 55 % (OCDE, 2001e). Comme pour le niveau d'éducation, il existe des écarts entre hommes et femmes pour l'ensemble de la population en âge de travailler, mais ils diminuent car les résultats sont plus élevés dans la population plus jeune.

---

se sont élevés rapidement pour atteindre un peu plus de 60 %, une bonne part de la croissance de l'emploi correspondant à des emplois à temps partiel (encadré 2.2). Les taux d'emploi des mères de très jeunes enfants en Australie ont augmenté de 1985 à 2000, passant de 29 à 45 % (voir l'annexe à la fin de ce chapitre). Au cours de la même période, les taux d'emploi des mères avec enfants de 3 à 6 ans sont passés de 47 à 63 %. Depuis 1989, les taux d'emploi des mères d'enfants de moins de 6 ans aux Pays-Bas ont doublé pour atteindre 60 % en 1999 (OCDE, 2001f). Dans les trois pays, les taux d'emploi de toutes les mères avec enfants (jusqu'à 16 ans) sont un peu supérieurs aux taux concernant l'ensemble des femmes en âge de travailler, mais cela reflète seulement les taux d'activité relativement faibles des femmes plus âgées dans les trois pays.

Au Danemark, les mères ont les plus grandes chances d'être employées à plein-temps quel que soit l'âge de leur enfant (tableau 2.9). En Australie, 59 % des mères avec enfant travaillent à temps partiel et aux Pays-Bas, la prédominance de ce type d'emploi est encore plus grande, avec 85 et 90 % pour les mères d'un et deux enfants respectivement, au lieu de 53 % pour les femmes sans enfants (OCDE, 2002d).

Encadré 2.2.    **Attitudes concernant le travail des mères**

Dans quelle mesure les rôles traditionnels selon le sexe persistent-ils, les femmes continuent-elles à se retirer du marché du travail pour élever leurs enfants ? Cela dépend non seulement des alternatives possibles, mais aussi d'attitudes d'ordre culturel. Mais il est difficile de préciser le rôle de ces attitudes dans l'évolution de chaque pays. Le Programme international d'enquêtes sociales de 1994-95 comportait une enquête sur « La famille et l'évolution des rôles » concernant plus de 20 pays, notamment l'Australie et les Pays-Bas (une étude antérieure, menée en 1988, concernait les Pays-Bas, ce qui permet de voir l'évolution des attitudes dans la durée). Bien qu'ils soient critiques à l'égard de la méthodologie du Programme international d'enquêtes sociales, Porbert et Murphy (2001) notent également qu'une majorité d'Australiens considèrent que c'est aux parents ou aux grands-parents de s'occuper des jeunes enfants.

Tous les pays se préoccupent des conséquences pour les enfants du travail de leurs mères. L'enquête de 1994 montrait que les Néerlandais se préoccupaient moins que les Australiens de la capacité des mères qui ont un emploi à maintenir avec leurs enfants une relation solide : 70 % des Néerlandais (au lieu de 55 % en 1988) pensaient qu'elles pouvaient y réussir aussi bien que les autres, contre 53 % chez les Australiens. Par ailleurs, vis-à-vis de l'idée suivant laquelle « un enfant d'âge préscolaire risque de souffrir si sa mère travaille », les Néerlandais étaient plus nombreux (44 %) à être d'accord qu'en désaccord, mais moins que les Australiens (50 %). Lorsqu'on leur demandait en 1994/95, si les femmes avec des enfants d'âge pré-scolaire devraient travailler, 4 % seulement des Australiens étaient favorables à un emploi à plein-temps et 31 % à un emploi à temps partiel, tandis que les deux tiers considéraient que ces femmes devraient rester à la maison. Par comparaison, 20 % de la population néerlandaise est favorable à un emploi à plein-temps pour les mères de jeunes enfants, le travail à temps partiel et le fait de rester à la maison recueillant chacun 40 % de réponses (Evans, 2000).

Au Danemark, au cours des années 50, la question de savoir si les mères de jeunes enfants devaient travailler était contestée (Borchorst, 1993), mais aujourd'hui la plupart sont employées à plein-temps. Néanmoins, si l'on demande aux mères s'il est souhaitable qu'elles travaillent avec des enfants de moins de 7 ans, 80 % expriment une préférence pour le travail à temps partiel. La moitié de ces mères répondent que les pères devraient travailler à plein-temps, l'autre moitié préférant que les deux parents soient à temps partiel (Christensen, 2000). L'enquête montre donc que la situation actuelle des mères de jeunes enfants par rapport à l'emploi ne correspond pas à leurs souhaits.

Les réponses provenant des deux pays suggèrent qu'une proportion non négligeable de la population ne souhaite pas que les mères de jeunes enfants travaillent. Suivant certaines indications, les jeunes ont à cet égard une attitude plus libérale que leurs aînés.

---

Encadré 2.2.  **Attitudes concernant le travail des mères** (*suite*)

Néanmoins, il est difficile d'interpréter les résultats de ces enquêtes en ce qui concerne les comportements selon le sexe, car les réponses sont conditionnées dans une large mesure par les circonstances, plutôt que par les préférences réelles. Le problème a été abordé en cherchant à connaître les préférences par l'étude des comportements vis-à-vis de l'emploi d'immigrants venant de différents pays et entrant sur un même marché du travail, celui des États-Unis (Antecol, 2000). Après contrôle des variables exogènes (par exemple la durée de la résidence aux États-Unis) et d'autres variables telles que le niveau d'éducation, la présence d'enfants et leur âge, on a supposé que les différences entre sexes vis-à-vis de l'emploi chez les immigrés reflétaient les préférences fondamentales. Il est apparu que les écarts entre sexes vis-à-vis de l'emploi chez les immigrants aux États-Unis, venant d'Australie, du Danemark et des Pays-Bas étaient comparables (de 25.7 chez les Néerlandais à 28.5 chez les Danois), alors que les écarts étaient très différents dans les pays d'origine. Les immigrants peuvent ne pas être typiques de la population d'un pays et ce résultat n'invalide pas les réponses aux enquêtes sur les attitudes, mais montrent qu'elles doivent être interprétées dans leur contexte.

Parmi les mères australiennes avec enfants de 0 à 3 ans, un tiers seulement travaille à plein-temps ; ce chiffre passe à 40 % pour les mères d'enfants de 3 à 6 ans[5] ; il apparaît donc qu'en Australie les taux d'emploi des mères évoluent avec l'âge du plus jeune enfant. Les données montrent l'importance d'une faible différence d'âge du plus jeune enfant, le taux d'emploi des mères en 1996 se situant à 25 % pour celles qui ont un enfant de moins d'un an et à 50 % pour celles dont l'enfant a entre 1 et 2 ans (McDonald, 1999). Parmi les femmes vivant en couple avec deux enfants, 22 % de celles qui avaient un petit enfant travaillaient au moins une heure et ce chiffre passait à 48 % si le plus jeune enfant avait entre un et deux ans. Il apparaît que c'est l'âge des enfants qui joue un rôle déterminant pour l'emploi des mères.

*Cessation d'activité à l'époque de la naissance*

Le tableau 2.9 montre clairement que seul un nombre limité de mères danoises cesse de travailler à la naissance de leur enfant : les taux d'emploi des mères de très jeunes enfants ne sont que légèrement inférieurs aux autres. La plupart des mères danoises sont employées à plein-temps, mais le temps partiel augmente avec l'âge de l'enfant. En Australie, les taux d'emploi des mères d'enfants dont le plus jeune a de zéro à 3 ans sont inférieurs de près de 20 % à ceux des mères dont

## Tableau 2.9. Taux d'emploi des femmes et des mères suivant l'âge du plus jeune enfant

| | Femmes[a] | | | | Mères dont le plus jeune enfant est âgé de 0 à 16 ans | | | | Mères dont le plus jeune enfant est âgé de 0 à 3 ans | | | | Mères dont le plus jeune enfant est âgé de 3 à 6 ans | | | | Femmes 15-64 |
| | Toutes | Temps plein | Temps partiel | En congés maternité | Toutes | Temps plein | Temps partiel | En congés maternité | Toutes | Temps plein | Temps partiel | En congés maternité | Toutes | Temps plein | Temps partiel | En congés maternité | Toutes (à partir des EFT nationales) |
|---|---|---|---|---|---|---|---|---|---|---|---|---|---|---|---|---|---|
| **Australie** 1980 | 41.8 | 27.0 | 14.8 | .. | 44.3 | 19.0 | 25.3 | .. | 29.0 | 11.1 | 17.9 | .. | 47.8 | 21.3 | 26.5 | .. | 48.0 |
| 1985 | 42.5 | 26.8 | 15.6 | .. | 54.5 | 22.8 | 31.6 | .. | 42.4 | 14.4 | 27.9 | .. | 62.8 | 26.4 | 36.3 | .. | 49.4 |
| 1990 | 48.8 | 29.1 | 19.7 | .. | 56.0 | 23.5 | 32.5 | .. | 44.7 | 15.8 | 28.9 | .. | 64.1 | 26.1 | 37.9 | .. | 57.1 |
| 1995 | 50.0 | 28.5 | 21.5 | .. | 56.7 | 22.8 | 33.6 | .. | 45.0 | 15.0 | 30.0 | .. | 63.5 | 25.1 | 38.4 | .. | 58.9 |
| 2000 | 51.6 | 28.8 | 22.6 | 0.2 | .. | .. | .. | 0.4 | .. | .. | .. | .. | .. | .. | .. | .. | 62.8 |
| **Danemark** 1985 | 68.3 | 38.3 | 30.0 | .. | .. | .. | .. | .. | .. | .. | .. | .. | .. | .. | .. | .. | 68.3 |
| 1990 | 71.6 | 44.1 | 27.5 | .. | .. | .. | .. | .. | .. | .. | .. | .. | .. | .. | .. | .. | 71.6 |
| 1995 | 67.1 | 43.3 | 23.8 | .. | .. | .. | .. | .. | .. | .. | .. | .. | .. | .. | .. | .. | 67.2 |
| 1999 | 71.8 | 47.5 | 24.3 | .. | 76.5 | 65.4 | 4.7 | 6.4 | 71.4 | 49.0 | 2.4 | 20.0 | 77.8 | 72.2 | 4.2 | 1.4 | 72.0 |
| **Pays-Bas** 1985 | 35.3 | 17.1 | 18.2 | .. | .. | .. | .. | .. | .. | .. | .. | .. | .. | .. | .. | .. | 35.7 |
| 1990 | 46.4 | 18.8 | 27.6 | .. | .. | .. | .. | .. | .. | .. | .. | .. | .. | .. | .. | .. | 46.6 |
| 1995 | 54.1 | 18.3 | 35.7 | .. | .. | .. | .. | .. | .. | .. | .. | .. | .. | .. | .. | .. | 54.1 |
| 1999 | 61.8 | 20.1 | 41.7 | .. | .. | .. | .. | .. | .. | .. | .. | .. | .. | .. | .. | .. | 61.8 |

.. : Données non disponibles.

a) Les sources nationales étant utilisées, les résultats sont sensiblement différents de ceux parus dans les *Statistiques de la population active* (OCDE, 2001g). Elles ne sont pas directement comparables avec les données concernant les femmes dont le plus jeune enfant est âgé de 0 à 3 ans et 3 à 6 ans qui sont basées sur des données sur les familles ;

Australie : les données pour les femmes et les mères dont le plus jeune enfant est âgé de 0 à 16 ans sont basées sur des « données sur les personnes ». Elles ne

Danemark : données dérivées du modèle danois plus que des statistiques de la population active.

*Source* : Informations fournies par les autorités nationales.

le plus jeune enfant a de 3 à 6 ans (voir ci-dessous). Cela montre qu'une proportion importante de femmes cesse leur activité à la naissance de l'enfant.

Aux Pays-Bas, au début des années 80, deux mères sur trois cessaient de travailler à la naissance de l'enfant ; à la fin des années 90, il n'y en avait plus qu'une sur quatre (CBS, 2002). Les données concernant les Pays-Bas suggèrent que les mères peu qualifiées passaient en moyenne 13 mois à domicile après la naissance (Gustaffson *et al.*, 2002) et que ces mères étaient le plus souvent dans une famille ne comportant qu'une seule source de revenus. Les mères d'un niveau d'éducation intermédiaire travaillent plus souvent à temps partiel et les mères en général restent davantage à temps partiel tant qu'elles ont des enfants en bas âge. Les femmes les plus qualifiées sont celles qui sont le plus souvent employées à plein-temps aux Pays-Bas (Keuzenkamp *et al.*, 2000).

On ne dispose pas d'informations complètes sur la fréquence du recours au congé parental en Australie. Suivant une récente enquête chez les salariés des Nouvelles Galles du Sud, 17.5 % des femmes bénéficiaient de moins de quatre semaines de congé non rémunéré à l'époque de la naissance et 5 % donnaient leur démission faute d'un congé de maternité rémunéré. La plupart des femmes ayant recours au congé parental le font pour au moins quatre semaines, mais on estime qu'environ 50 % des femmes australiennes salariées pendant leur grossesse ne reprennent pas leur emploi dans les 18 mois (Buchanan et Thorntwaite, 2001). Dans les trois pays, les femmes salariées peu qualifiées ont les plus grandes chances de cesser leur activité après la naissance de leur enfant.

*Garde des enfants et congé parental*

Les taux d'emploi des femmes sont naturellement influencés par la disponibilité de moyens pour la garde des enfants et par les possibilités de congés. Parmi les trois pays, le recours à la garde des enfants de la naissance à 4 ans était le plus élevé au Danemark, et concernait 74 % de tous les enfants de ce groupe d'âge (tableau 2.10). Malgré une augmentation récente (encadré 2.3), l'Australie et les Pays-Bas connaissent des taux beaucoup plus faibles (22 % et 17 % respectivement). Dans ces deux pays, les parents de jeunes enfants utilisent davantage des solutions informelles de garde et les dépenses publiques consacrées à la garde des enfants sont relativement limitées (chapitre 3).

Les taux d'inscription dans l'enseignement préscolaire sont élevés dans les trois pays et surtout aux Pays-Bas où ils atteignent 98 % ou plus, principalement grâce à des classes maternelles rattachées à des écoles (chapitre 3). La possibilité de faire garder les enfants à plein-temps contribue certainement à expliquer les taux élevés d'emploi à plein-temps au Danemark. En Australie et aux Pays-Bas, il s'agit plus souvent d'une garde à temps partiel, ce qui a également un impact sur les conditions d'emploi des femmes dans ces deux pays. Néanmoins, alors que la

Tableau 2.10. **Indicateurs concernant la garde des enfants et le congé parental, 2001**

| | Australie | Danemark | Pays-Bas |
|---|---|---|---|
| Taux de participation en services institutionnels de garde (0-3)[a] | 31.0 | 64.0 | 17.0 |
| Taux de participation en maternelle[b] | 66.0 | 91.0 | 98.0 |
| Dépenses publiques consacrées à la garde des enfants (% du PIB) | 0.3 | 2.1 | 0.2 |
| Durée maximum de congés après la naissance (mois) | 12.0[c] | 12.0 | 4 + 6 mois à temps partiel[c] |
| Dépenses publiques consacrées au congés (% du PIB) | .. | 0.5 | 0.2 |

a)  Enfants âgés de 6 mois à 2 ans pour le Danemark.
b)  Âge pour la maternelle : 3 et 4 ans en Australie, 3 à 5 ans au Danemark, et 4 et 5 ans aux Pays-Bas.
c)  Les 12 mois de congé parental en Australie et les 6 mois de temps partiel aux Pays-Bas ne sont généralement pas payés.
Source :  ABS (2000b) et autorités nationales.

participation à l'enseignement préscolaire est très élevée aux Pays-Bas dès l'âge de 4 ans, les mères restent souvent employées à temps partiel.

Si l'on compare les taux d'emploi des mères entre les pays, il faut se rappeler que celles qui sont en congé pour élever leur enfant (chapitre 4) sont comptées comme employées, qu'elles soient ou non effectivement au travail. C'est particulièrement important si l'on compare les taux d'emploi des mères avec de très petits enfants. Les allocations de congé parental sont plus généreuses au Danemark qu'en Australie où le congé de maternité n'est généralement pas rémunéré, ou qu'aux Pays-Bas où leur durée est beaucoup plus courte (tableau 2.10). Par conséquent, le recours au congé parental au Danemark est beaucoup plus fréquent que dans les deux autres pays. Le tableau 2.9 ci-dessus fait apparaître un taux d'emploi de 71 % chez les mères de très jeunes enfants au Danemark, mais plus d'un quart d'entre elles sont en fait en congé avec une allocation. En Australie, cette proportion est très faible. Cela explique la différence entre les taux d'activité des mères de jeunes enfants en Australie (45 %) et au Danemark (52 %), où ce nombre de femmes en emploi est en fait beaucoup plus faible que ce qu'indiquent les taux.

*Emploi des ménages avec enfants*

Les taux d'activité des hommes ne semblent guère affectés par la présence d'enfants dans la famille : ils travaillent généralement à plein-temps et même davantage lorsqu'il y a des enfants[6]. Mais, en rapport avec les différences d'emploi des mères, on constate de grandes différences entre pays en ce qui concerne le travail rémunéré dans les familles avec enfants. Pour l'ensemble des

Encadré 2.3.   **Garde des enfants et taux d'activité des femmes**

En 1970, environ 20 % des enfants de la naissance à 3 ans bénéficiaient d'un dispositif formalisé de garde au Danemark, alors que le taux d'activité des femmes s'élevait à environ 55 % et la part du temps partiel dans l'emploi des femmes étant d'environ 35 à 40 %. A l'heure actuelle, les taux d'activité des femmes en Australie et aux Pays-Bas se situent entre 65 et 70 %, la part du temps partiel est de 40 % en Australie et proche de 60 aux Pays-Bas, alors que 17 à 22 % des très jeunes enfants bénéficient d'une possibilité de garde, souvent à temps partiel. Il apparaît donc que la situation des femmes vis-à-vis de l'emploi aux Pays-Bas et surtout en Australie n'est pas très différente aujourd'hui de celle des femmes danoises en 1970. L'augmentation du taux d'emploi des femmes au Danemark avant 1970 et la progression de ce taux en Australie et aux Pays-Bas depuis cette période ont été réalisées en recourant à des mesures informelles de garde, qui ont précédé de beaucoup l'augmentation des possibilités institutionnelles (chapitre 3).

Graphique de l'encadré 2.3.   **Part des enfants bénéficiant d'une garde, Danemark**

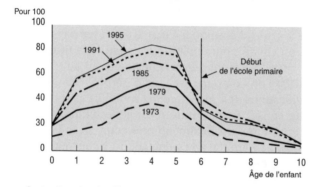

*Source :*   Centre de recherche démographique du Danemark (1999).

Depuis 1970, la proportion de très jeunes enfants (de la naissance à 3 ans) bénéficiant de services de garde au Danemark est passée de 20 à 70 % (voir graphique ci-dessus). Cette augmentation des capacités a facilité la progression du taux d'activité des femmes d'environ 20 points, tandis qu'une partie importante de femmes employées à temps partiel passait à plein-temps. Comme les taux d'activité des femmes dépassaient déjà 65 % en Australie et aux Pays-Bas, les possibilités de nouveaux gains d'emploi résultant d'un accroissement des capacités de garde ne devraient pas être surestimées, bien qu'elles s'accompagnent probablement d'un passage des femmes d'un emploi à temps partiel à un emploi à plein-temps.

Tableau 2.11. **Situation vis-à-vis de l'emploi des familles avec enfant**

Pourcentages

| | 2 parents | | | 1 parent | | Toutes les familes avec enfant(s) |
|---|---|---|---|---|---|---|
| | Les deux sans emploi | dont un occupant un emploi | les 2 occupant un emploi | Sans emploi | Occupant un emploi | |
| Australie | | | | | | |
| 1990 | 5.9 | 36.6 | 41.2 | 9.1 | 7.2 | 100.0 |
| 2000 | 5.9 | 28.6 | 44.6 | 11.0 | 9.9 | 100.0 |
| Danemark | | | | | | |
| 1991 | 1.7 | 7.9 | 72.4 | 3.3 | 14.6 | 100.0 |
| 1999 | 3.1 | 11.6 | 66.9 | 5.2 | 13.3 | 100.0 |
| Pays-Bas | | | | | | |
| 1990 | 6.9 | 54.6 | 25.2 | 8.8 | 4.5 | 100.0 |
| 2000 | 4.2 | 43.8 | 35.4 | 8.3 | 7.4 | 100.0 |

Voir l'annexe à la fin du chapitre 2.
*Source* : Autorités nationales.

ménages avec enfants, le cas où un seul parent apporte un revenu est le plus fréquent aux Pays-Bas (tableau 2.11), bien que d'autres situations tendent à se multiplier. En Australie et plus encore au Danemark, les couples dans lesquels les deux parents ont un emploi sont beaucoup plus fréquents. En Australie, dans un ménage sur six avec enfants, les parents sont sans emploi ; au Danemark et aux Pays-Bas, le chômage chez les ménages avec enfants touche surtout les parents isolés (voir ci-dessous). Le chômage des familles en couple a diminué au cours des années 90 aux Pays-Bas, mais a augmenté au Danemark, où il reste cependant faible.

Au cours des années 80 et 90, la proportion de familles avec un seul salaire parmi les couples avec enfants a diminué fortement, aussi bien en Australie qu'aux Pays-Bas (tableau 2.12 et annexe à la fin de ce chapitre). Elle a au contraire augmenté quelque peu au Danemark (en relation avec le faible taux d'activité des jeunes femmes, graphiques 2.8 et 2.9). Néanmoins, les couples à salaire unique représentent encore la moitié des couples avec enfants aux Pays-Bas, tandis que les deux parents sont actifs dans les deux tiers des couples australiens avec enfants et dans 82 % des couples danois.

Étant donné que les mères sont le plus souvent employées à plein-temps au Danemark (tableau 2.12), les ménages bi-actifs travaillent le plus souvent à plein-temps. En Australie, dans 60 % des familles avec enfants, l'un des parents, habituellement le père, travaille à plein-temps et la mère à temps partiel. Aux Pays-Bas, cette combinaison de plein-temps et de temps partiel concerne environ

Tableau 2.12. **Couples avec enfants suivant la situation vis-à-vis de l'emploi**

Pourcentages

| | Les deux sans emploi | 1 occupant un emploi | | | Les 2 occupant un emploi | | | | Familles avec enfant(s) |
|---|---|---|---|---|---|---|---|---|---|
| | | Total | Temps complet | Temps partiel | Total | 2 à temps complet | 1 à temps complet, 1 à temps partiel | 2 à temps complet | |
| Australie | | | | | | | | | |
| 1985 | 7.4 | 48.1 | 46.3 | 1.8 | 44.5 | 17.6 | 26.1 | 0.7 | 100.0 |
| 1990 | 7.1 | 43.7 | 41.4 | 2.3 | 49.2 | 24.2 | 24.1 | 0.9 | 100.0 |
| 2000 | 7.5 | 36.2 | 32.4 | 3.8 | 56.3 | 21.7 | 32.9 | 1.7 | 100.0 |
| Danemark | | | | | | | | | |
| 1991 | 2.4 | 10.6 | .. | .. | 87.1 | .. | .. | .. | 100.0 |
| 1999 | 5.3 | 17.5 | .. | .. | 75.2 | .. | .. | .. | 100.0 |
| Pays-Bas | | | | | | | | | |
| 1990 | 8.0 | 63.0 | .. | .. | 29.0 | .. | .. | .. | 100.0 |
| 2000 | 5.0 | 52.0 | .. | .. | 42.0 | 6.7 | 33.8 | 1.4 | 100.0 |

.. Données non disponibles.
Voir l'annexe à la fin du chapitre 2.
*Source :* Autorités nationales.

80 % des ménages bi-actifs et dans un quart de ces couples les femmes travaillent moins de 12 heures (Keuzenkamp *et al.*, 2000). Le modèle suivant lequel les deux parents sont à temps partiel n'est pas fréquent (tableau 2.13), mais il est maintenant débattu au sein de la politique néerlandaise (Bovenberg et Graafland, 2001).

En relation avec les conditions générales d'emploi des mères de famille, la situation vis-à-vis de l'emploi des couples avec enfants varie suivant l'âge des enfants. Lorsque le plus jeune a moins de 4 ans, les familles à salaire unique sont les plus fréquentes en Australie, bien que la formule « 1 + 0.5 » rencontre un succès croissant (annexe à la fin du chapitre). Au Danemark, les familles à salaire unique sont plus fréquentes lorsqu'il y a de très jeunes enfants, mais la différence avec les autres est faible. En Australie et au Danemark, le deuxième parent reprend un travail, ou passe à un emploi à plein-temps lorsque le plus jeune enfant atteint l'âge de l'enseignement pré-scolaire.

Comme on vient de le signaler, parmi les familles dont les deux adultes sont des travailleurs potentiels, la formule « 1 + 0.5 emploi » est la plus populaire en Australie. Mais du fait que les mères modernes sont plus souvent en activité que par le passé et tendent à d'autant plus à travailler que leurs enfants grandissent, la formule suivant laquelle les deux parents travaillent à plein-temps est presque aussi courante que le salaire unique dans les familles dont les enfants sont âgés de 3 à 6 ans (annexe à la fin du chapitre). Les familles plus jeunes choisissent moins souvent le salaire unique que par le passé.

*Utilisation du temps chez les couples avec enfants*

Dans les trois pays, les hommes passent généralement plus de temps dans un travail rémunéré que les femmes, même quand les deux parents sont à plein-temps. La différence entre les sexes reste considérable pour ce qui est des travaux ménagers non rémunérés. Au Danemark, les femmes employées à plein-temps passent près de deux fois plus de temps que les hommes à s'occuper des enfants et les femmes employées à temps partiel (ce qui est davantage le cas pour les mères de jeunes enfants en Australie et aux Pays-Bas) près de trois fois plus. Néanmoins, le tableau 2.13 montre que dans les trois pays les hommes passent davantage de temps à des activités non rémunérées à la maison depuis quelques années. Mais les femmes continuent à consacrer plus de temps aux enfants.

Le temps consacré aux enfants diminue avec l'âge de l'enfant, mais la différence entre les sexes reste à peu près la même : en Australie, les femmes y passent à peu près deux fois plus de temps que les hommes, jusqu'à ce que l'enfant atteigne l'âge de 15 ans (ABS, 2001a). Il en est de même aux Pays-Bas, où les femmes continuent à s'occuper principalement des enfants (Keuzenkamp *et al.*, 2000).

Tableau 2.13. **Temps moyen consacré chaque jour aux enfants et à une activité rémunérée par les parents d'enfants de moins de 5 ans**

| | Hommes (moyenne du total) | | | | Femmes à temps complet (payées) | | | | Femmes à temps partiel (payées) | | | | Femmes principalement au foyer | | | |
|---|---|---|---|---|---|---|---|---|---|---|---|---|---|---|---|---|
| | Travail rémunéré | Garde d'enfant | Autres dépenses | Total temps payé ou non payé | Travail rémunéré | Garde d'enfant | Autres dépenses | Total temps payé ou non payé | Travail rémunéré | Garde d'enfant | Autres dépenses | Total temps payé ou non payé | Travail rémunéré | Garde d'enfant | Autres dépenses | Total temps payé ou non payé |
| | heures | minutes | heures | heures | heures | minutes | heures | heures | heures | minutes | heures | heures | heures | minutes | heures | heures |
| **Australie** | | | | | | | | | | | | | | | | |
| 1987 | 6.7 | 0.8 | 1.8 | 9.3 | 3.5 | 2.5 | 3.8 | 9.8 | 2.7 | 2.6 | 4.4 | 9.7 | 0.1 | 3.7 | 5.1 | 8.9 |
| 1997 | 6.1 | 0.9 | 2.0 | 9.0 | 6.0 | 1.7 | 2.9 | 10.6 | 2.9 | 2.3 | 4.6 | 9.7 | 0.5 | 2.8 | 5.5 | 8.8 |
| **Danemark** | | | | | | | | | | | | | | | | |
| 1987 | 7.2 | 0.5 | 1.9 | 9.5 | 5.4 | 0.9 | 3.1 | 9.4 | 4.1 | 0.7 | 4.1 | 8.9 | 0.6 | 1.5 | 5.4 | 7.5 |
| 2000 | .. | .. | .. | .. | .. | .. | .. | .. | .. | .. | .. | .. | .. | .. | .. | .. |
| **Pays-Bas** | | | | | | | | | | | | | | | | |
| 1990 | 5.4 | 0.5 | 2.4 | 8.2 | .. | .. | .. | .. | 1.6 | 1.5 | 4.9 | 8.1 | 0.1 | 1.7 | 5.8 | 7.6 |
| 2000 | 6.0 | 0.6 | 2.2 | 8.8 | .. | .. | .. | .. | 2.4 | 1.7 | 4.7 | 8.8 | 0.5 | 1.9 | 5.3 | 7.7 |

.. Données non disponibles.
Le travail rémunéré inclut le travail dans l'entreprise familiale et sa moyenne est calculée sur une année, week-ends et congés annuels compris (ce qui explique pourquoi les chiffres paraissent bas).
La garde d'enfant est définie au sens strict, comme engagement physique de la part des parents et inclus, par exemple, nourrir, laver, habiller les enfants.
Les autres travaux non rémunérés est défini au sens large et inclut, par exemple, le trajet maison-école, la cuisine, la vaisselle, le ménage et les courses.
*Source* :  OCDE (2001f) et informations complémentaires fournies par les autorités néerlandaises.

68

Le manque de temps est plus sensible chez les couples qui ont des enfants. En Australie, un quart des hommes et des femmes sans enfant se sentent débordés, mais c'est le cas de la moitié des hommes et 60 % des femmes avec enfants. Dans le même pays, on constate une différence importante entre le manque de temps ressenti par les femmes qui ont une activité professionnelle et les autres, mais la différence est faible entre celles qui travaillent à plein-temps et à temps partiel (ABS, 2001a). Aux Pays-Bas, les réponses aux enquêtes indiquent que les parents sans enfants passent environ 90 heures par semaine au travail, au ménage, aux soins personnels et aux loisirs, mais ce chiffre passe à 110 pour les parents qui ont des enfants de 0 à 3 ans (Keuzenkamp *et al.*, 2000). Les parents avec de jeunes enfants semblent « trouver » davantage de temps que les autres.

*Parents isolés et emploi*

Les parents isolés sont confrontés à des problèmes particuliers pour équilibrer la famille et la vie professionnelle, en l'absence d'un partenaire avec qui partager l'éducation des enfants et d'un revenu supplémentaire. Le risque de pauvreté est élevé, en particulier pour les parents isolés sans emploi (voir ci-dessous). Au Danemark, le taux d'emploi des parents isolés est particulièrement élevé : les trois quarts d'entre eux sont en activité, légèrement plus que les femmes en général. Cependant, le taux d'emploi des parents isolés au Danemark a baissé d'environ 10 points. En Australie et aux Pays-Bas, l'emploi des parents isolés est devenu plus fréquent, mais avec environ 47 % il reste sensiblement inférieur au taux moyen d'emploi des femmes (tableau 2.14).

Chez les parents isolés, les taux d'emploi sont les plus faibles parmi ceux qui ont de très jeunes enfants. C'est quelque peu surprenant au Danemark, où les parents isolés ne sont pas traités différemment des autres, du point de vue du contrôle de la recherche d'emploi et de l'attribution des allocations (chapitre 5). De plus, la garde d'enfant est assurée lorsque l'enfant a 6 mois dans 80 % des municipalités et un an ailleurs (chapitre 3). Néanmoins, il apparaît que les mères isolées ont beaucoup plus de chances que les autres mères danoises de cesser leur activité, au moins de manière temporaire.

Mais à la différence du Danemark, il n'existe pas aux Pays-Bas de contrôle de la recherche d'activité pour les parents isolés avec de très jeunes enfants (jusqu'à 5 ans) et le taux d'activité est relativement faible pour ceux qui ont des enfants d'âge scolaire, situation proche de celle de l'Australie à cet égard (chapitre 5). En Australie, les parents isolés travaillent presque aussi souvent à plein-temps qu'à temps partiel, mais, alors que le travail à temps partiel peut aider à équilibrer travail et vie familiale et fournir un revenu indépendant, se pose la question de savoir dans quelle mesure l'emploi garantit une indépendance vis-à-vis des aides publiques (chapitre 5).

Tableau 2.14. **Taux d'emploi des parents isolés, suivant l'âge du plus jeune enfant**
Pourcentages de la population active

| | 1985 | 1990[a] | 1995 | 2000[b] |
|---|---|---|---|---|
| **Australie** | | | | |
| avec enfant(s) (de 0 à 14 ans) | | | | |
| Parent isolé occupant un emploi | 37.4 | 44.2 | 43.2 | 47.3 |
| Temps complet | 13.2 | 18.4 | 20.3 | 24.4 |
| Temps partiel | 24.2 | 25.7 | 22.8 | 22.9 |
| avec enfant(s) âgé de 3 ans ou moins | | | | |
| Parent isolé occupant un emploi | 25.2 | 31.0 | 26.8 | 30.2 |
| Temps complet | 9.6 | 15.6 | 14.5 | 19.0 |
| Temps partiel | 15.5 | 15.4 | 12.4 | 11.2 |
| avec enfant(s) de 3 à 6 ans | | | | |
| Parent isolé occupant un emploi | 38.4 | 49.4 | 53.7 | 53.2 |
| Temps complet | 15.9 | 22.2 | 28.6 | 27.6 |
| Temps partiel | 22.5 | 27.1 | 25.1 | 25.6 |
| **Danemark** | | | | |
| avec enfant(s) (de 0 à 17 ans) | | | | |
| Parent isolé occupant un emploi | .. | 81.4 | 72.9 | 71.9 |
| avec enfant(s) âgé de 3 ans ou moins | | | | |
| Parent isolé occupant un emploi | .. | 65.1 | 53.3 | 50.8 |
| avec enfant(s) de 3 à 6 ans | | | | |
| Parent isolé occupant un emploi | .. | 83.3 | 70.5 | 70.2 |
| **Pays-Bas** | | | | |
| avec enfant(s) (de 0 à 17 ans) | | | | |
| Parent isolé occupant un emploi | .. | 34.0 | .. | 47.0 |

a) 1991 pour le Danemark.
b) 1999 pour le Danemark et 1997 pour les Pays-Bas.
Source : Informations communiquées par les autorités nationales.

## 2.4.4. Rémunérations des hommes et des femmes

### Écart de rémunérations entre hommes et femmes

L'écart de rémunérations entre hommes et femmes[7] est le plus faible en Australie et au Danemark, et il est beaucoup plus important aux Pays-Bas. En Australie, les écarts de rémunération des non-cadres ont beaucoup diminué au cours des années 70 du fait des politiques nationales pour l'équité des rémunérations ; ils se sont encore réduits au cours des années 80 et sont restés relativement stables durant les années 90 (DFACS/DEWR, 2002). Au Danemark, l'écart de rémunérations est resté assez stable au cours des trois dernières décennies (Datta Gupta et al., 2002), alors qu'il a baissé quelque peu aux Pays-Bas durant les années 90 (Arbeidsinspectie, 2000).

La différence entre les salaires médians des hommes et des femmes employés à plein-temps, en pourcentage de la médiane des salaires masculins à plein-temps, est d'environ 8 % au Danemark, 10 % en Australie et 13 % aux Pays-Bas (tableau 2.15). Pour les salaires moyens, l'écart est plus important : environ 11 % en Australie et au Danemark et 21 % aux Pays-Bas (OCDE, 2002d). L'écart des salaires est le plus élevé aux Pays-Bas pour l'ensemble de la répartition des rémunérations (graphique 2.12). Au niveau de rémunération le plus faible, les femmes gagnent à peu près la même chose que les hommes en Australie, ce qui correspond à la forte proportion de femmes ayant un emploi temporaire. De plus, en termes de salaire horaire, les femmes gagnent à peu près la même chose, qu'elles travaillent ou non à temps plein, alors que les hommes qui sont à temps partiel ont un salaire horaire inférieur à celui du temps plein (DFACS/DEWR, 2002).

Les différences de rémunération entre hommes et femmes restent considérables, en particulier aux Pays-Bas. Dans une certaine mesure, elles s'expliquent par la concentration de l'emploi des femmes dans certains secteurs (voir ci-dessus), dans lesquels les rémunérations sont plus faibles. De plus, les femmes sont plus souvent employées à temps partiel, ou prennent un congé parental (chapitre 4), ou cessent toute activité, tous éléments qui contribuent à limiter leurs possibilités de carrière, ce qui contribue à l'accroissement de la différence entre les rémunérations des hommes et des femmes pour les salaires élevés. Bien que des différences méthodologiques et de traitements des données ne permettent pas une comparaison directe des résultats, les études nationales indiquent que des

Tableau 2.15.  **Écart de rémunération[a] entre hommes et femmes : les indicateurs de base[b] en 1999[c]**

| | Salaires horaires, salaires temps plein et salaires des employés | | | | Salaires horaires, tous les salaires et salaires des employés | | | |
|---|---|---|---|---|---|---|---|---|
| | Ratio de la moyenne | Ratio de la médiane | Écart au quintile inférieur[d] | Écart au quintile supérieur[d] | Ratio de la moyenne | Ratio de la médiane | Écart au quintile inférieur[d] | Écart au quintile supérieur[d] |
| Australie | 91 | 92 | 96 | 87 | 89 | 90 | 96 | 85 |
| Danemark | 89 | 93 | 96 | 87 | 89 | 92 | 95 | 88 |
| Pays-Bas | 80 | 86 | 85 | 80 | 79 | 87 | 86 | 81 |
| OCDE[e] | 84 | 86 | 86 | 85 | 84 | 85 | 86 | 84 |

a) Ratio des salaires femmes/hommes en pourcentage.
b) Personnes âgées de 20 à 64 ans, sauf pour l'Australie : 15 à 64 ans.
c) Les données sont celles de 1999 sauf pour l'Australie (2000).
d) Ratio entre la limite supérieure des gains des quintiles de distribution des salaires des femmes et des hommes.
e) Moyenne non pondérée pour 19 pays de l'OCDE : Allemagne, Australie, Autriche, Belgique, Canada, Danemark, Espagne, États-Unis, Finlande, France, Grèce, Irlande, Italie, Nouvelle-Zélande, Pays-Bas, Portugal, Royaume-Uni, Suède et Suisse.
Source :  OCDE (2002d).

Graphique 2.12.   **Rapport entre rémunération des femmes et rémunération des hommes pour chaque décile**

Rémunération horaire pour tous les salariés

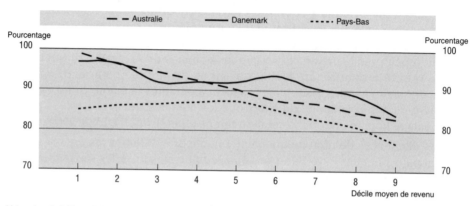

Voir notes du tableau 2.15.
*Source :*   OCDE (2002d).

variations de salaires entre hommes et femmes « inexpliquées » sont significantes. Par exemple, Reiman (2001) trouve des différences inexpliquées pour 61 % de variation de salaires entre hommes et femmes en Australie. Aux Pays-Bas, Arbeidsinpectie (2000) donne 23 % de différences de salaires entre hommes et femmes parmi les employés du secteur des affaires alors que la différence de salaire inexpliquée est d'environ 7 %.

Déjà depuis les années 60 et 70, les taux d'emploi des femmes au Danemark ont été constamment élevés, à plus de 75 %, tandis que les solutions visant à concilier vie professionnelle et vie familiale en Australie et aux Pays-Bas impliquent souvent un emploi des mères à temps partiel. Ces conditions d'emploi, ainsi que les différences de rémunération entre les hommes et les femmes, ont évidemment un effet sur la répartition des revenus annuels du ménage entre parents. Le graphique 2.13 montre clairement que la contribution des hommes est plus importante dans les trois pays. Si l'on considère tous les ménages dans lesquels l'homme a un emploi aux Pays-Bas, la contribution des mères au revenu du ménage est inférieure à 10 % dans la moitié des cas[8]. Et il y a dans ce pays très peu de ménages dans lesquels la contribution des revenus de la femme dépasse 70 % de celle de l'homme. La situation est plus égalitaire au Danemark, où la contribution des femmes peut aller de la moitié de celle des hommes à un niveau équivalent dans beaucoup de familles. Dans les ménages avec deux salaires, l'apport des femmes représente en moyenne 70 % de celui du conjoint, au lieu de 44 % en Australie et de 26 % seulement aux Pays-Bas. Alors que le modèle

Graphique 2.13. **Répartition des couples dans lesquels l'homme travaille à plein-temps suivant le rapport entre la rémunération des femmes et celle des hommes, 1996**

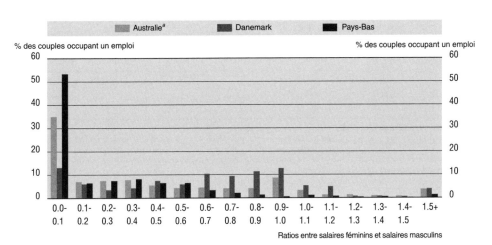

a) 1997-98 pour l'Australie.
*Source :* Panel de ménages de la Communauté européenne (vague 4) ; Australie : Enquête sur les salaires et le coût des logements 1997-98.

néerlandais est souvent mentionné comme du type d'« un emploi et demi », la formule du « un emploi et quart » serait plus adaptée.

## 2.5. Inégalités de revenu, pauvreté et pauvreté des enfants

Les comparaisons internationales entre pays de l'OCDE sur l'évolution de la répartition des revenus et la pauvreté depuis le milieu des années 80 au milieu des années 90 montrent que c'est au Danemark que la répartition des revenus est la plus égalitaire (Förster, 2000). Les Pays-Bas se situent dans la moyenne des pays d'Europe continentale et du Nord, tandis que le niveau des inégalités en Australie est comparable à celui que connaît le Royaume-Uni, mais sensiblement plus faible que celui des États-Unis (Förster, 2000). En Australie et au Danemark, on a constaté une faible diminution des inégalités entre le milieu des années 80 et le milieu des années 90 (tableau 2.16). Dans ces deux pays, les groupes bénéficiant des plus faibles revenus ont connu une diminution des revenus du travail, mais leur revenu total a néanmoins augmenté, du fait des politiques fiscales et des transferts sociaux. A l'inverse, les inégalités ont augmenté aux Pays-Bas pendant la même période, du fait de la baisse des revenus les plus faibles.

Les taux de pauvreté au Danemark sont généralement très inférieurs à ceux de l'Australie et des Pays-Bas. La pauvreté des enfants est à peu près au même

73 |

Tableau 2.16.  **Évolution de la répartition des revenus**

Échelle d'élasticité équivalente = 0.5

| | Niveaux | | Changements absolus[b] | | | |
|---|---|---|---|---|---|---|
| | Coefficient de Gini[a] | P$_{90}$/P$_{10}$ Ratio du décile | Coefficient de Gini | | P$_{90}$/P$_{10}$ Ratio du décile | |
| | mi-90 | mi-90 | mi-70-mi-80 | mi-80-mi-90 | mi-70-mi-80 | mi-80-mi-90 |
| Australie | 30.5 | 3.9 | 2.1 | −0.7 | 0.2 | −0.4 |
| Danemark | 21.7 | 2.7 | .. | −1.1 | .. | −0.2 |
| Pays-Bas | 25.5 | 3.2 | 0.7 | 2.1 | 0.1 | 0.4 |

.. Données non disponibles pour mi-1970.

a)  La distribution des salaires utilisée ici est le « Coefficient de Gini ». Il s'agit d'une mesure statistique qui a pour valeur « 0 » si tous les acteurs économiques avaient le même salaire, et « 1 » si une seule personne possédait tous les salaires et les autres aucun salaire du tout. Le salaire doit être ajusté pour prendre en compte la taille de la famille en supposant une échelle d'équivalence de 0.5.

b)  Les changements absolus représentent la différence dans la valeur de l'indice.

*Source* :  Förster (2000).

niveau dans ces derniers pays, soit environ 10 %, le risque de pauvreté étant nettement plus élevé pour les enfants de parents isolés. La pauvreté des enfants a diminué en Australie et au Danemark du milieu des années 80 au milieu des années 90, mais elle a augmenté aux Pays-Bas. Durant cette période, les taux de pauvreté ont diminué au Danemark chez tous les groupes de population en âge d'activité, mais ont augmenté aux Pays-Bas. Le tableau 2.17 fait apparaître pour l'Australie une baisse sensible de la pauvreté jusqu'au milieu des années 90 chez les ménages de chômeurs et dans l'ensemble des ménages avec enfants en âge d'activité.

Tableau 2.17.  **Taux de pauvreté et d'emploi suivant les types de famille, milieu des années 80 à milieu des années 90**

| | Moins de 18 ans | Total de la population en âge de travailler | | Total parents monoparentales | |
|---|---|---|---|---|---|
| | | Avec enfant(s) | Sans enfant | Sans emploi | Avec emploi |
| Australie, niveau 1994 | 10.9 | 8.5 | 9.4 | 7.1 | 26.9 | 42.1 | 9.3 |
| évolution, 1984-1994 | −4.6 | −3.0 | −4.0 | 0.4 | −19.8 | −37.9 | 2.0 |
| Danemark, niveau 1994 | 3.4 | 3.8 | 2.6 | 5.3 | 16.2 | 34.2 | 10.0 |
| évolution, 1983-1994 | −1.2 | −0.8 | −1.1 | −0.9 | −4.5 | −19.1 | −3.2 |
| Pays-Bas, niveau 1995 | 9.1 | 7.0 | 7.6 | 6.3 | 33.0 | 41.3 | 17.0 |
| évolution, 1984-1995 | 5.8 | 3.6 | 4.6 | 2.2 | 18.5 | 25.4 | 6.9 |

Taux de pauvreté : pourcentage de personnes vivant dans des ménages dont les salaires sont inférieurs à 50 % du revenu médian disponible ajusté de l'ensemble de la population.

*Source* :  Förster (2000).

Les familles monoparentales au chômage ont connu des taux de pauvreté nettement plus élevés que celles avec un parent isolé en emploi. Les différences étaient les plus fortes en Australie – 33 points, au lieu d'environ 24 au Danemark et aux Pays-Bas. Depuis le milieu des années 80 jusqu'au milieu des années 90, les taux de pauvreté des familles monoparentales avec un parent en emploi étaient légèrement plus élevés que ceux de l'ensemble des familles avec un parent en emploi, sauf aux Pays-Bas, où ils étaient nettement supérieurs (17 % au lieu de 7.6). Les ménages avec deux adultes en emploi étaient partout ceux qui connaissaient les taux de pauvreté les plus faibles.

Comme on l'a noté plus haut, c'est en Australie que le niveau des allocations familiales est le plus élevé (2.2 % du PIB). Malgré la généralisation de ces allocations, le Danemark et les Pays-Bas dépensent sensiblement moins. Cela indique que le système australien de prestations sociales est beaucoup plus ciblé sur les familles pauvres avec enfants (voir annexe générale à la fin de cette étude) que celui des autres pays. Au Danemark et aux Pays-Bas, la principale source de redistribution des ressources entre ménages *ne* provient *pas* des prestations sociales, mais du haut degré de progressivité de l'impôt qui finance ces prestations. Lorsque l'on examine l'efficacité des politiques publiques visant à réduire la pauvreté, il faut donc considérer à la fois la redistribution des revenus par l'impôt et par les prestations sociales.

De 1985 à 1995, les taux de pauvreté se sont accrus dans toute la population néerlandaise, aussi bien avant qu'après la redistribution résultant des impôts et des prestations sociales (graphique 2.14, échantillon A). En 1995, les taux de pauvreté après impôt représentent environ un tiers des taux avant impôt, mais l'effet des impôts et des prestations sur la pauvreté a diminué depuis 1985. A l'inverse, et malgré une augmentation des taux de pauvreté avant impôt, les taux après impôt étaient plus faibles en 1995 qu'en 1985 en Australie et au Danemark.

Comme on l'a vu plus haut, la pauvreté des enfants est la plus faible au Danemark (environ 3 %) ; elle atteint 10 % en Australie et aux Pays-Bas. Mais alors qu'en Australie et au Danemark, le taux de pauvreté des enfants est au même niveau que celui de la population tout entière, aux Pays-Bas elle est supérieure de 2 points (graphique 2.14, échantillons A et B). En Australie comme au Danemark, les systèmes d'imposition et de prestations ont réduit le taux de pauvreté avant impôt des enfants d'environ 75 %, au lieu de 50 % aux Pays-Bas. L'évolution de l'impact des systèmes d'imposition et de prestations sur la pauvreté des enfants est à peu près la même que pour la population tout entière (inclinaison des flèches du graphique 2.14, échantillon B).

Les familles monoparentales sont exposées à un risque relativement élevé de pauvreté et les politiques sociales réduisent sensiblement les taux de pauvreté de ces familles dans les trois pays étudiés (graphique 2.14, échantillon C).

75 |

Graphique 2.14. **Taux de pauvreté avant et après impôts et transferts pour différents groupes de population, milieu des années 80 à milieu des années 90**

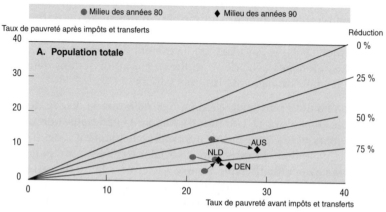

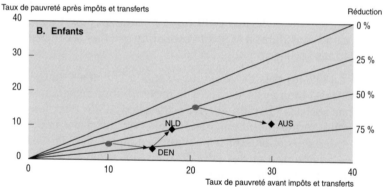

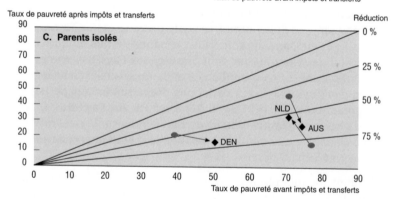

*Source :* Förster (2000*).*

En particulier, les politiques fiscales et sociales de l'Australie ont été plus efficaces pour réduire la pauvreté de ces familles du milieu des années 80 au milieu des années 90. Mais pendant cette période, l'efficacité des politiques fiscales et sociales néerlandaises a diminué. Alors que les taux de pauvreté avant imposition et transferts diminuaient de 1985 (80 %) à 1995 (70 %), ils augmentaient après impôts et transferts, pour passer de 15 à plus de 30 %.

Les études nationales montrent l'évolution de la pauvreté depuis le milieu des années 90, bien que cette information ne soit pas totalement comparable entre les pays. Suivant les données sur l'évolution de la pauvreté au Danemark de 1994 à 1998, elle a diminué pendant cette période, mais il n'y pas eu de modification des écarts entre familles avec et sans enfants (Socialministeriet, 2001). Harding et Szukalska (2000) ont constaté une baisse substantielle de la pauvreté des enfants en Australie depuis le début des années 80, mais elle est restée assez stable pendant la période 1995-98. Depuis 1995, il semble y avoir eu une baisse de la pauvreté dans tous les groupes de population aux Pays-Bas, en particulier chez les personnes de plus de 65 ans et les ménages avec enfants (SCP/CBS, 2001). Environ 60 % des enfants de familles à bas revenus vivent dans des familles monoparentales et, alors que le nombre de familles monoparentales est en hausse aux Pays-Bas (tableau 2.4), la proportion de familles monoparentales à bas salaires chute de 53 à 42 % durant la période 1995-99. Cette tendance contribue à un déclin total de pauvreté chez les enfants d'environ 10 % depuis 1995 (informations fournies par le ministère des Affaires sociales et de l'Emploi des Pays-Bas).

## 2.6. Conclusions

La société a changé depuis 25 ans et ce changement est dû dans une large mesure à l'évolution des structures familiales. Il naît moins d'enfant de mères plus âgées et le nombre de familles avec enfants a diminué en Australie et aux Pays-Bas, tandis que les taux de fécondité remontaient depuis le milieu des années 80 au Danemark. Depuis les années 70, les taux d'emploi des femmes ont été constamment élevés (au-dessus de 75 %), alors que l'emploi à temps partiel perdait de son importance. Au cours des 20 dernières années, le taux d'activité des femmes a augmenté sensiblement en Australie et aux Pays-Bas. Mais si les différences entre hommes et femmes concernant l'emploi ont diminué, les conditions d'emploi demeurent très différentes. Les femmes sont plus souvent employées à temps partiel et de manière temporaire et sont concentrées dans certains secteurs (par exemple santé et services sociaux) et les différences de rémunération avec les hommes subsistent. Le niveau d'éducation des femmes en activité est encore inférieur à celui des hommes, mais ces différences ont tendance à s'estomper.

Le fait d'élever des enfants a incontestablement plus d'incidence sur l'emploi des femmes que sur celui des hommes. La possibilité de les garder et de bénéficier de congés payés permet un haut niveau d'emploi à plein-temps des mères au Danemark (chapitres 3 et 4). Mais, pour concilier la vie de famille et la vie professionnelle, les mères sont souvent amenées à travailler à temps partiel en Australie et aux Pays-Bas. Les données concernant l'Australie suggèrent cependant qu'une proportion importante de mères ayant de jeunes enfants travaillent davantage d'heures lorsque les enfants grandissent, alors qu'aux Pays-Bas il semble qu'une fois qu'elles ont adopté l'emploi à temps partiel, elles restent dans cette situation.

Ces conditions d'emploi ont naturellement un effet sur la répartition par sexe des revenus du ménage. Les hommes apportent la contribution la plus importante, même au Danemark où l'écart est relativement faible du point de vue de l'emploi à plein-temps et où les femmes apportent 70 % des ressources du ménage, au lieu de 44 % en Australie et de 26 % aux Pays-Bas. La formule en principe préférée dans ce pays « un emploi et demi », est en réalité plutôt « un emploi et quart » en termes de revenus du ménage.

Les données disponibles pour les trois pays indiquent que les hommes ont quelque peu augmenté leur participation aux travaux non rémunérés à la maison, mais que les mères gardent le rôle principal vis-à-vis des enfants. La participation accrue des femmes à la population active ne s'est pas encore traduite par une égalité des sexes dans tous les aspects de l'emploi.

Le fait d'avoir un emploi réduit le risque de pauvreté, en particulier pour les familles monoparentales. Le chômage chez les parents isolés est beaucoup plus important en Australie et aux Pays-Bas qu'au Danemark et le chapitre 6 analyse en détail les problèmes auxquels sont confrontés les parents isolés et les politiques publiques pour diminuer le chômage et le risque de pauvreté de cette catégorie.

# Annexe du chapitre 2

Tableau 2A.  **Emploi par ménage avec enfant(s)**
**AUSTRALIE**

A. Ménages avec enfants (tous les âges de 0 à 14 ans)

| | 2 parents | | | | | | 1 parent | | | Tous les ménages |
| | Sans emploi | Un seul avec un emploi | | Les deux avec un emploi | | | Sans emploi | Avec un emploi | | |
| | | TC | TP | 2TC | 1TC, 1TP | 2 TP | | TC | TP | |
|---|---|---|---|---|---|---|---|---|---|---|
| 1985 | 6.3 | 39.9 | 1.6 | 15.2 | 22.6 | 0.6 | 8.6 | 1.8 | 3.3 | 100.0 |
| 1990 | 5.9 | 34.6 | 1.9 | 20.3 | 20.2 | 0.8 | 9.1 | 3.0 | 4.2 | 100.0 |
| 1995 | 6.9 | 26.2 | 2.7 | 17.6 | 26.9 | 1.2 | 10.5 | 3.8 | 4.2 | 100.0 |
| 2000 | 5.9 | 25.6 | 3.0 | 17.2 | 26.0 | 1.4 | 11.0 | 5.1 | 4.8 | 100.0 |

B. Ménages dont le plus jeune enfant est âgé de 0 à 4 ans

| | 2 parents | | | | | | 1 parent | | | Tous les ménages |
| | Sans emploi | Un seul avec un emploi | | Les deux avec un emploi | | | Sans emploi | Avec un emploi | | |
| | | TC | TP | 2TC | 1TC, 1TP | 2 TP | | TC | TP | |
|---|---|---|---|---|---|---|---|---|---|---|
| 1985 | 5.4 | 50.9 | 1.2 | 8.2 | 15.9 | 0.5 | 13.3 | 1.7 | 2.8 | 100.0 |
| 1990 | 6.5 | 41.7 | 1.8 | 11.8 | 24.9 | 0.7 | 8.6 | 1.9 | 1.9 | 100.0 |
| 1995 | 7.6 | 35.1 | 2.9 | 12.2 | 25.3 | 1.0 | 11.7 | 2.3 | 2.0 | 100.0 |
| 2000 | 6.7 | 35.6 | 3.4 | 11.9 | 24.8 | 1.3 | 11.3 | 3.1 | 1.8 | 100.0 |

C. Ménages dont le plus jeune enfant est âgé de 3 à 6 ans

| | 2 parents | | | | | | 1 parent | | | Tous les ménages |
| | Sans emploi | Un seul avec un emploi | | Les deux avec un emploi | | | Sans emploi | Avec un emploi | | |
| | | TC | TP | 2TC | 1TC, 1TP | 2 TP | | TC | TP | |
|---|---|---|---|---|---|---|---|---|---|---|
| 1985 | 4.0 | 26.0 | 1.6 | 13.8 | 19.3 | 0.5 | 21.4 | 5.5 | 7.8 | 100.0 |
| 1990 | 4.4 | 24.6 | 1.4 | 21.8 | 31.5 | 0.7 | 7.9 | 3.5 | 4.2 | 100.0 |
| 1995 | 6.3 | 20.1 | 2.5 | 19.3 | 29.4 | 1.6 | 9.6 | 5.9 | 5.2 | 100.0 |
| 2000 | 5.6 | 18.7 | 3.1 | 18.4 | 28.6 | 1.5 | 11.3 | 6.7 | 6.2 | 100.0 |

Note :   TP = Temps partiel, moins de 35 heures hebdomadaires ; TC = Temps complet, 35 heures ou plus par semaine.
Source :   Australian Bureau of Statistics.

Tableau 2A.   **Emploi par ménage avec enfant(s)** (*suite*)
**DANEMARK**

A. Ménages avec enfants (tous les ages de 0 à 17 ans)

|      | 2 parents | | | 1 parent | | Tous les ménages |
|------|-----------|----------------------|----------------------|-------------|----------------|------------------|
|      | Sans emploi | Un seul avec un emploi | Les deux avec un emploi | Sans emploi | Avec un emploi | |
| 1991 | 1.7 | 7.9 | 72.4 | 3.3 | 14.6 | 100.0 |
| 1995 | 2.8 | 12.0 | 66.5 | 5.1 | 13.7 | 100.0 |
| 1999 | 3.1 | 11.6 | 66.9 | 5.2 | 13.3 | 100.0 |

B. Ménages dont le plus jeune enfant a moins de 3 ans

|      | 2 parents | | | 1 parent | | Tous les ménages |
|------|-----------|----------------------|----------------------|-------------|----------------|------------------|
|      | Sans emploi | Un seul avec un emploi | Les deux avec un emploi | Sans emploi | Avec un emploi | |
| 1991 | 2.1 | 9.4 | 77.4 | 3.9 | 7.2 | 100.0 |
| 1995 | 4.4 | 18.9 | 65.5 | 5.2 | 5.9 | 100.0 |
| 1999 | 4.7 | 17.5 | 67.5 | 5.0 | 5.2 | 100.0 |

C. Ménages dont le plus jeune enfant est âgé de 3 à 6 ans

|      | 2 parents | | | 1 parent | | Tous les ménages |
|------|-----------|----------------------|----------------------|-------------|----------------|------------------|
|      | Sans emploi | Un seul avec un emploi | Les deux avec un emploi | Sans emploi | Avec un emploi | |
| 1991 | 2.0 | 7.5 | 72.5 | 3.0 | 15.0 | 100.0 |
| 1995 | 2.3 | 10.5 | 66.3 | 6.2 | 14.8 | 100.0 |
| 1999 | 2.6 | 10.1 | 68.6 | 5.6 | 13.1 | 100.0 |

*Source :*   Informations provenant du Socialministeriet « Danish and Law model » plus que des statistiques sur les forces de travail.

Le graphique 2.13 montre la répartition du ratio femme/homme du revenu dans les couples avec au moins un enfant à charge. Strictement parlant, cette information n'est pas entièrement représentative car elle est basée sur les données disponibles pour tous couples dans lesquels l'homme travaille. On obtient une situation plus complète quand les données concernant les salaires couvrent tous les couples dans lesquels seule la femme travaille.

Les deux mesures sont présentées au graphique 2.A, qui montre que les rémunérations des femmes sont légèrement plus faibles, dans l'ensemble, que celles des hommes, mais dans l'ensemble la situation n'est pas très différente : la contribution des hommes est plus importante.

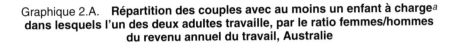

Graphique 2.A.    **Répartition des couples avec au moins un enfant à charge***a* **dans lesquels l'un des deux adultes travaille, par le ratio femmes/hommes du revenu annuel du travail, Australie**

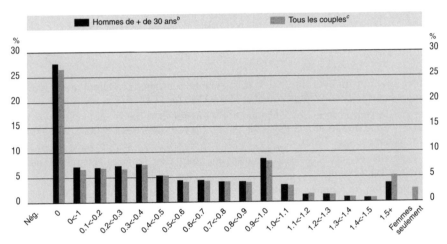

Ratios femmes/hommes du revenu annuel du travail

a)  Enfant à charge : enfant de 15 ans et moins ou étudiant à temps complet de moins de 25 ans.
b)  Cette colonne représente les données qui apparaissent le plus compatibles avec celles du Danemark et des Pays-Bas. Soit, partenaire masculin travaillant 30 heures ou plus par semaine. Ratio des salaires annuels féminins par rapport aux salaires annuels masculins. (Revenus provenant de salaires versés par un employeur ou du travail indépendant.) Exclut les ménages où l'un des partenaires enregistre un salaire négatif, ou les ménages dans lesquels le partenaire masculin enregistre un salaire nul.
c)  Cette colonne inclut les ménages pour lesquels l'un des deux partenaires travaille, et, par là même, les ménages dont le partenaire masculin ne travaille pas. Soit les ménages dans lesquels les femmes sont les seules à enregistrer un salaire. Identifiés sous « Femmes seulement ».
*Source :*   Enquête sur les salaires et les coûts du logement en Australie 1997-98.

# Notes

1. A leur premier anniversaire, 91 % des enfants australiens vivaient avec leurs deux parents et cette proportion tombait à 77 % à l'âge de 15 ans.

2. Une partie importante des enseignants – environ 3 % de la main-d'œuvre (OCDE, 2001e) – en Australie et aux Pays-Bas est employée dans des écoles privées indépendantes financées par l'État.

3. En Australie et aux Pays-Bas, environ un quart des femmes travaillent moins de 20 heures par semaine.

4. La proportion de femmes employées à temps partiel au Danemark, suivant les définitions nationales (d'après les déclarations de l'intéressé), était d'environ 45 % au cours des années 70.

5. En Australie, le taux d'emploi des mères ayant des enfants de 3 à 6 ans est inférieur de 9 points à celui de l'ensemble des mères ces dix dernières années, mais en 1985 l'écart était de 3 points seulement (voir annexe à la fin chapitre 2).

6. Le travail à temps partiel est moins fréquent chez les hommes avec enfants que chez les autres, aussi bien en Australie qu'aux Pays-Bas (OCDE, 2001d).

7. L'écart des rémunérations entre hommes et femmes est mesuré en utilisant le pourcentage des revenus des femmes par rapport à celui des hommes ; plus ce ratio est près de 1, moins il y a d'écart de rémunération entre hommes et femmes.

8. Bien entendu, il serait plus approprié de prendre en compte tous les couples ayant un emploi, y compris ceux dans lesquels la femme est la seule à apporter un revenu, mais comme le montre le graphique 2.A dans l'annexe du chapitre 2 pour l'Australie, cela ne change pas fondamentalement les résultats.

*Chapitre 3*
# La qualité de l'accueil des enfants dans des conditions abordables

Ce chapitre étudie la façon dont les politiques ont influencé l'offre de structures d'accueil de qualité pour les enfants afin de permettre aux parents d'équilibrer vie professionnelle et vie de famille.

Les mères de famille ne renoncent plus automatiquement à un travail rémunéré pour s'occuper de leurs enfants. Les mères danoises peuvent rester en activité, ce qui leur est facilité par de grandes possibilités de congé rémunéré. Le retrait temporaire du marché du travail est plus fréquent en Australie et aux Pays-Bas, mais de plus en plus de mères gardent un emploi en aménageant leurs horaires de travail. Ainsi, la formule traditionnelle de la garde de l'enfant à la maison est de plus en plus souvent abandonnée, ce qui signifie que les mères et pères en activité choisissent de recourir à des structures d'accueil pour la garde de leurs enfants. Il est clair que la disponibilité de structures de qualité joue un rôle essentiel pour faciliter ce choix.

Il n'est pas facile pour les parents de faire confiance à d'autres pour prendre soin de leurs enfants. Certains d'entre eux préféreront toujours en prendre soin eux-mêmes, plutôt que de les confier à d'autres en s'adressant ou non à des structures formelles. Mais il est essentiel que les parents qui souhaitent poursuivre une activité professionnelle soient satisfaits de la qualité de l'accueil et de ses conditions financières. En Australie comme aux Pays-Bas, les parents ont plutôt recours à des solutions informelles. Elles sont naturellement plus économiques et les parents font davantage confiance à un parent, un ami et/ou un voisin. Les considérations de qualité conduisent à évoquer un autre facteur de recours aux structures (formelles) d'accueil : le développement du petit enfant qui peut être amélioré grâce à l'extension des structures d'accueil de la petite enfance, en particulier au Danemark. Bien qu'il ne s'agisse pas de répondre aux problèmes de conciliation entre vie familiale et vie professionnelle, ces différents aspects ne sont cependant pas incompatibles.

Les politiques publiques ont une influence sur la qualité et sur le prix des services. Le recours à des structures formelles d'accueil s'est accru dans les trois pays, de différentes manières, ce qui a entraîné différentes modalités d'accueil des enfants. Le Danemark a un système d'accueil très étendu institutionnalisé depuis le plus jeune âge et, alors que les parents ont le choix de mettre leurs enfants en garde ou non, son utilisation est devenu la norme. Les dépenses publiques qui en résultent sont également très élevées par rapport à celles des deux autres pays. Les dépenses publiques en matière de garde d'enfants sont considérées comme « un investissement pour le futur », contribuant à de meilleurs résultats à travers une variété de facteurs incluant le développement de l'enfant, le succès scolaire, une meilleure parité et une offre sur le marché de l'emploi. En Australie également, on considère que les dépenses en matière de garde d'enfant contribuent au bon fonctionnement de la famille et de la communauté ainsi qu'à répondre aux besoins immédiats d'accueil des enfants, tandis qu'aux Pays-Bas, les dépenses publiques (et celles de l'employeur) sont surtout liées à l'état du marché du travail. En Australie et aux Pays-Bas, les inscriptions dans ces structures ont également augmenté, mais avec des modalités d'accueil, un niveau d'utilisation et des types d'organisation et de financement différents. Dans ces conditions, le débat concernant l'accueil des jeunes enfants se déroule dans des conditions différentes selon les pays. Au Danemark, l'accent est aujourd'hui principalement mis sur les problèmes de qualité. Ils jouent également un rôle en Australie, mais il s'y pose encore des problèmes de capacité d'accueil, en particulier en dehors des horaires de classe. Aux Pays-Bas, où les employeurs jouent un rôle majeur, les problèmes concernent la capacité d'accueil et le choix des parents, les questions de qualité venant moins au premier plan. Cependant, l'assurance de qualité à travers la réintroduction de normes de qualité définies au niveau de l'État et les procédures d'inspection constituent un des piliers des propositions de la nouvelle législation en matière d'accueil des enfants.

## 3.1. Accueil des enfants : objectifs des politiques publiques

### 3.1.1. Promouvoir l'équité entre hommes et femmes, l'activité des femmes et l'offre de travail

Le recours aux structures d'accueil des enfants dépend pour une part de ce que l'on en attend. Au Danemark, elles se sont développées pour satisfaire le désir des femmes de travailler et pour promouvoir l'équité entre les sexes (Socialministeriet, 2000). En Australie, la croissance des services d'accueil au cours des années 70 a répondu aux demandes des femmes qui souhaitent avoir le droit de chercher un emploi ou de le conserver (Press et Hayes, 2000). Le désir de travailler est lié chez les femmes à l'élévation du niveau d'éducation. Elles peuvent aussi être motivées par un besoin de revenus, ou par les aspirations de la famille. De toutes manières, ces aspirations vont dans le sens des préférences des employeurs qui souhaitent disposer d'une main-d'œuvre potentielle plus nombreuse. En Australie, le gouvernement a accordé ces dernières années davantage de ressources aux structures d'accueil des enfants, pour contribuer au maintien dans l'emploi. Aux Pays-Bas, l'accueil des enfants était jusqu'au début des années 90 l'objet de débats entre employeurs qui souhaitaient accroître l'offre de main-d'œuvre et salariés qui souhaitaient que leurs enfants puissent être accueillis pendant qu'ils travaillent. Le rôle de l'État s'est accru au cours des dernières années. Les services d'accueil ont été développés, grâce à une collaboration entre employeurs et syndicats, dans le cadre des conventions collectives (VWS et OC&W, 2000). La demande de main-d'œuvre a accru la pression sur les femmes pour qu'elles retournent travailler plus rapidement après la naissance. En fait, cette question est importante dans les trois pays étudiés, ce qui contribue, le cas échéant, à renforcer l'objectif éventuel d'une plus grande égalité entre sexes. La politique suivie au Danemark consiste à accroître le taux d'activité des femmes, grâce à un système complet d'accueil des enfants et de congé parental durant la première année suivant la naissance. L'objectif est d'offrir des possibilités d'accueil à tous les enfants à partir de 6 mois[1], bien que des contraintes de capacité d'accueil émergent à certains endroits, notamment à Copenhague. En général, les parents ont alors le choix : retourner travailler quand l'enfant a 6 mois ou bien l'un des parents (généralement la mère) reste à domicile environ un an puisqu'il existe des arrangements de congés payés (chapitre 4). En Australie et aux Pays-Bas, il s'agit d'offrir des possibilités d'accueil formel aux parents qui le souhaitent mais, dû aux contraintes de capacité d'accueil, ce n'est pas une norme aux Pays-Bas.

### 3.1.2. *Aider au maintien dans l'emploi de ceux qui bénéficient d'une allocation*

L'accueil des jeunes enfants a eu aussi pour objectif de faciliter la réintégration dans l'emploi de parents de jeunes enfants. Le recours à des mesures actives peut à court terme impliquer des dépenses supplémentaires, mais la justification de ces politiques se situe dans le long terme. Avec son programme *Jobs, Education and Training* (JET), l'Australie accorde des ressources supplémentaires – par des services d'accueil des enfants et la gratuité des services – aux demandeurs d'emploi qui en ont besoin, tandis que les travailleurs sociaux qui participent au nouveau programme *Transition to Work* étendent parfois leur rôle de placement professionnel pour s'occuper de l'accueil des enfants (chapitre 5). En outre, les mesures relevant du dispositif *Australians Working Together* ont accru les ressources pour la garde des enfants afin d'aider à réintégrer le marché du travail[2]. Aux Pays-Bas, un programme national (KOA) permet de financer des places d'accueil de jeunes enfants pour les parents isolés et pour d'autres familles qui en ont besoin pour résoudre leur problème d'emploi. Cependant, il n'y a pas au Danemark de financement spécifique de structures d'accueil des enfants pour les bénéficiaires de prestations sociales, étant donné qu'il existe déjà une couverture globale des

85

besoins en la matière et que les femmes sont généralement censées avoir un emploi.

### 3.1.3. Contribuer au développement de l'enfant et au renforcement de la famille

En Australie, un grand nombre de parents qui ont recours aux structures d'accueil des enfants considèrent qu'elles sont bénéfiques pour eux et 44 % de parents ont mentionné ce facteur comme la raison principale pour laquelle ils leur ont confié leur enfant (AIHW, 2001). Ce constat conduit à citer ce rôle des structures d'accueil parmi les objectifs des politiques visant à les promouvoir. De plus, des crédits supplémentaires ont été attribués au titre de l'initiative récente *Stronger Families and Communities*[3], ce qui indique que le développement de la communauté peut être l'un des objectifs de l'accueil des enfants. Plus d'un quart des parents néerlandais déclarent qu'ils ont recours aux structures d'accueil des enfants principalement pour le bien de ceux-ci (Commissie Dagarrangementen, 2002). Concernant le développement de l'enfant, l'Australie et les Pays-Bas offrent un enseignement pré-scolaire aux enfants plus âgés, mais pas encore en âge d'être scolarisés. Au Danemark, on considère qu'à cet âge, il est trop tôt pour suivre un enseignement formalisé et un programme d'études pour les structures d'accueil n'est pas explicite même si des directives sont en discussion. Mais on met principalement l'accent sur tout ce qui peut contribuer au développement de l'enfant, ce qui se reflète dans les objectifs définis par la législation sur les services sociaux : prendre soin des enfants, favoriser l'apprentissage et le développement social. Le poids de ces objectifs est considéré comme égal. Les structures d'accueil des jeunes enfants doivent contribuer au développement de « l'indépendance et de l'autonomie » des enfants. Une enquête récente a montré que la plupart des mères de famille pensent que leurs enfants doivent être confiés à ces structures, même si elles ne travaillent pas elles-mêmes (Christensen, 2000). En fait, c'est maintenant la norme et le débat porte sur l'âge auquel les enfants doivent bénéficier de l'accueil (6 mois, 12 mois ou autre), plutôt que de savoir si c'est bon pour eux[4]. Dans les trois pays, l'accueil des enfants est perçu comme un moyen de favoriser le développement de l'enfant, de mieux le préparer à la scolarité et à la vie et de renforcer les apprentissages et les progrès qui se font à la maison (VWS et OC&W, 2000 ; Socialministeriet, 2000 ; et Press et Hayes, 2000).

### 3.1.4. Aider les groupes prioritaires

Les trois pays offrent des places dans les structures d'accueil pour la protection sociale des enfants (lorsque l'on peut craindre un manque de soins). L'un des aspects les plus positifs du système danois est sa fonction sociale. Un large développement des structures d'accueil, des relations avec des travailleurs sociaux également employés par les collectivités locales et en relation avec des visiteurs chargés de suivre la santé de tous les enfants jusqu'à l'âge de 18 ans, tous ces éléments facilitent une identification précoce des enfants qui ont des besoins spéciaux et/ou qui sont négligés, ainsi que des interventions en conséquence. Dans ce type de situation, l'accueil des enfants peut être entièrement pris en charge, quand c'est approprié ou lorsque les parents n'accepteraient pas autrement d'envoyer leur enfant dans une de ces structures.

En Australie, le gouvernement fédéral a défini les groupes prioritaires d'enfants devant bénéficier d'un accueil : ceux qui appartiennent à des familles ayant des besoins spéciaux, qui ont besoin de faire garder leurs enfants pour pouvoir travailler ou se former et ceux qui relèvent des services s'adressant aux Aborigènes et aux habitants des îles du détroit de Torres (AIHW, 2001). Mais c'est à chaque institution de gérer ses recrutements et la priorité ne correspond pas nécessairement à la gestion des listes d'attente. Aux Pays-Bas, les collectivités locales peuvent financer des places pour les groupes d'enfants ayant des besoins spéciaux, par exemple les enfants d'immigrants pour aider à leur intégration et à celle de leurs parents. Mais ce financement est limité aux familles dans lesquelles aucun parent ne reste à la maison. Il existe aussi des financements spécifiques pour accueillir des enfants afin de promouvoir la réintégration dans l'emploi de leurs parents (comme on l'a vu plus haut). Au Danemark, la priorité est en général fonction de la durée de l'attente, quelles que soient la situation de la famille et ses conditions d'emploi. Toutefois, les enfants pour lesquels on observe des problèmes spécifiques sociaux ou de développement (intégration des immigrés et, dans certains cas, situation parentale vis-à-vis de l'emploi) peuvent être placés en début de liste.

## 3.2. Différents types d'accueil

Les services d'accueil des jeunes enfants peuvent être répartis en quatre grandes catégories[5] :

- accueil dans des centres parfois intégrés au système éducatif ;
- accueil par des assistantes maternelles qui gardent un ou plusieurs enfants chez elles ;
- gardes au domicile de l'enfant assurées par une personne qui n'est pas membre de la famille mais vit fréquemment avec elle (nurse) ; et
- accueil informel par des parents, des amis et des voisins.

Les politiques publiques concernent le plus souvent les deux premières catégories. Mais il existe une grande variété de type d'accueil (maternelles, jardins d'enfants, garde à domicile, etc.) et d'âge auquel les enfants peuvent accéder à ces différentes modalités (l'encadré 3.1 résume la situation dans les trois pays étudiés).

Encadré 3.1.   **Différents types de services d'accueil
de la petite enfance**

**Australie** (âge de la scolarité obligatoire : 6 ans)

*Accueil dans un centre* : Accueil dans un centre d'un groupe d'enfants, essentiellement de la naissance à l'âge d'entrer à l'école. Les centres peuvent être gérés par les pouvoirs publics (exemple par certaines municipalités dans l'État de Victoria), mais sont principalement privés à titre lucratif ou non.

*Assistantes maternelles* : principalement pour les enfants qui ne sont pas d'âge scolaire (éventuellement jusqu'à 12 ans) par des assistantes agréées. Des unités locales de coordination suivent le placement des enfants et le recrutement des assistantes.

*Éducation préscolaire* : écoles maternelles et jardins d'enfants pour les enfants de 4 à 6 ans. Suivent le calendrier scolaire. Font partie du système éducatif public non obligatoire. Peuvent se situer dans des centres pour l'accueil de jour, sont alors financés par l'administration de l'éducation.

*Accueil en dehors des heures de classe* : avant et après les heures de classe et pendant les vacances scolaires (centres de loisirs), avec une gestion proche de celle des centres pour l'accueil de jour.

*Haltes-garderies* : garderie en centres pour l'accueil de jour à des horaires souvent irréguliers et en prévenant dans un court délai, par exemple lorsqu'un parent au chômage est appelé pour un entretien, ou pour répondre à des besoins à court terme, comme la participation à une formation de courte durée.

L'Australie offre également une garde *In-Home Care* pour les familles en difficulté qui n'ont pas accès aux principaux services et d'autres dispositifs souples de garde tels qu'une « *garde mobile* » dans des cas inhabituels. Il existe également des *groupes récréatifs* qui proposent des activités pour des familles, les enfants étant habituellement accompagnés par un parent ou une personne qui s'occupe de l'enfant.

**Danemark** (scolarité obligatoire à partir de 7 ans)

Les institutions relevant des communautés locales et les centres autonomes comportent des :

- *crèches* : pour les enfants à partir de 6 mois jusqu'à 3 ans ;
- *jardins d'enfants* : pour les enfants plus âgés ayant de 3 à 6 ans ; et
- *institutions intégrant tous les groupes d'âge* : pour tous les enfants.

*Garderies* : pour les jeunes enfants après l'école, souvent dans les locaux de l'école ;

*Réseaux privés* : avec l'agrément de la municipalité, ils peuvent obtenir des subventions. Ils peuvent être créés à l'initiative d'entreprises (pour les enfants du personnel), d'organismes de logement, de conseils d'administration d'écoles indépendantes, etc. Ils peuvent être gérés par des entreprises privées, mais ne doivent pas faire de bénéfices.

---

Encadré 3.1. **Différents types de services d'accueil
de la petite enfance** (*suite*)

*Accueil chez une assistante maternelle* ; principalement pour les enfants de 6 mois à 3 ans. Les assistantes maternelles sont recrutées et contrôlées par la municipalité et aidées par des centres où elles se rencontrent (hebdomadairement, une demi journée ou une journée entière).

**Pays-Bas** (scolarité obligatoire à partir de 5 ans)

*Accueil dans un centre* depuis 6 semaines jusqu'à 4 ans, par des institutions privées (à caractère lucratif ou non).

*Assistantes maternelles* : placement par l'intermédiaire d'un organisme officiel (concerne 1.3 % des enfants de 0 à 4 ans).

*Centres d'éducation active* : pour les enfants de 2 à 3 ans qui jouent avec d'autres. La plupart suivent deux ou trois sessions de deux heures et demi à quatre heures chacune chaque semaine.

*Maternelle rattachée à une école primaire* : à partir de 4 ans jusqu'au début de la scolarité, dans les locaux de l'école primaire, elles font partie intégrante du système éducatif et accueillent les enfants pour cinq heures et demie par jour au maximum.

*Garderies en dehors des heures de classe* pour les jeunes enfants scolarisés, souvent en association avec les garderies.

---

L'accueil informel se situe généralement en dehors de tout cadre institutionnel et bénéficie rarement d'un financement public[6]. Il est moins fréquent qu'il y a quelques années, du fait de la modification des styles de vie – ce ne sont pas seulement les mères qui travaillent, mais aussi davantage de grands mères. De plus, les familles vivent plus fréquemment éloignées des possibilités d'aide d'une famille élargie. Néanmoins, l'accueil informel reste un élément important des comportements visant à concilier la vie familiale et la vie professionnelle.

### 3.3. Importance et mode d'utilisation des structures d'accueil dans les trois pays

#### 3.3.1. *Effectifs et capacité d'accueil*

Un simple chiffrage du nombre d'enfants accueillis dans des structures formelles donne une indication sur la fréquence avec laquelle les familles ont recours à ces services, qui relevaient il y a une génération d'activités familiales ou

89

---

© OCDE 2002

purement informelles. Des trois pays, c'est au Danemark que le recours à ces services est le plus fréquent, puisque deux très jeunes enfants sur trois y sont accueillis. Leur utilisation est beaucoup moins répandue en Australie et aux Pays-Bas[7] pour le même groupe d'âge. Pour les enfants plus âgés mais pas encore scolarisés, la comparaison est compliquée par les différences d'âge de début de la scolarité obligatoire[8]. Non seulement cet âge est précoce aux Pays-Bas (5 ans), mais aussi la grande majorité des enfants de 4 ans sont scolarisés [puisque depuis les années 80 les écoles pré-primaires (4 à 6 ans) et primaires (à partir de 6 ans) ont été intégrées]. Ainsi les taux de participation sont élevés aux Pays-Bas à partir de l'âge de 4 ans, tout comme au Danemark, et plus faibles en Australie (voir tableau 3.1).

Néanmoins, l'évaluation du niveau de participation est plus complexe qu'un simple chiffrage des effectifs, étant donné les grandes différences de durée de présence des enfants dans les structures d'accueil. Le tableau 3.1 montre qu'au Danemark, elles sont utilisées à plein-temps par la plupart des enfants (de 7 à 8 heures par jour). En Australie, environ 9 % des enfants sont accueillis pendant plus de 35 heures par semaine, la plupart des autres ne l'étant que de 5 à 19 heures par semaine. Aux Pays-Bas également, la plupart des enfants sont accueillis à temps partiel. Les chiffres concernant la participation masquent donc des différences importantes puisque les structures formelles en Australie et aux Pays-Bas sont plus fréquemment utilisées à temps partiel.

Au Danemark, les structures d'accueil se sont développées au cours des années 60 et 70 (voir graphique de l'encadré 2.3). En 1950, l'accueil des jeunes enfants de moins de 2 ans concernait environ 25 % des enfants, chiffre passé à 38 % en 1980 (Rostgaard et Fridberg, 1998). Les progrès ont continué à partir de ce haut niveau de participation et d'accueil tout au long des années 90. En Australie, les capacités d'accueil des enfants pour la journée entière ont été multipliées par quatre au cours des années 90[9], tandis que la croissance de l'accueil chez une assistante maternelle était un peu plus faible. Aux Pays-Bas, la capacité d'accueil a augmenté de 22 000 places en 1990 à 126 000 en 2001 (VWS et OC&W, 2000).

### 3.3.2. Accueil en centres et garde à domicile

L'accueil en centres représente la majorité de l'accueil formel dans les trois pays. La garde chez une assistante maternelle joue un rôle important en Australie, où elle représente un peu moins du quart des cas d'accueil formalisé pour les moins de 3 ans et 10 % des enfants de 3 et 4 ans (ABS, 2000b). Au Danemark, la garde à domicile est suivie par les municipalités et représente environ les deux tiers des capacités de garde des enfants de moins de 3 ans ; par la suite, elle diminue au profit de l'accueil en centres (Socialministeriet, 2000). A l'opposé, cette formule n'est utilisée que pour 10 500 enfants seulement aux Pays-Bas (pour

Tableau 3.1.  **Importance et caractéristiques des structures d'accueil :
principaux indicateurs**

| | Australie (1999) | Danemark (1999) | Pays-Bas (1997) |
|---|---|---|---|
| **Taux de participation** | | | |
| % d'enfants dans des structures d'accueil pré-scolaire par âge | 0-3 ans    31 %<br>4 ans et plus    47 %<br>4 ans    73 %<br>5 ans    21 % | ½-2 ans 64 %<br>3-5 ans 91 % | 0-3 ans 17 %<br>4 ans 98 %<br>5 ans 99 % |
| Taux annuel moyen d'augmentation de l'âge de fréquentation en institutions pré-scolaires | 0-11 ans 7.3 % par an (1991-2000) (sauf jardins d'enfants) | 0-2 ans 0.8 % par an (1989-1999)<br>3-5 ans 1.7 %par an | 0-3 ans 32.5 % par an (1989-1997)<br>4-7 ans 13.8 % (sauf jardins d'enfants) |
| % d'enfants accueillis hors des heures scolaires | 5-11 ans 8.2 % | 6-9 ans 81 % | 4-13 ans 2.9 % (1999) |
| Accueil informel | 42 % ont moins de 6 ans (26 % seulement font appel à l'accueil informel) | Peu de confiance en tant que premier accueil post-domicile. | Plus de 50 % font appel à l'accueil informel |
| **Taux de capacité** | **2000** | | **2001** |
| Nombre de places en % d'enfants, par âge | – de 6 ans    16.8 % | .. | – de 6 ans    13.3 %<br>4 et 5 ans    98.5 % |
| Nombre de places en accueil hors heures de classe | 44 400        179 800 | .. | ..        31 000 |
| Indicateurs de l'usage temps partiel/ plein-temps pour les enfants d'âge pré-scolaire | Majoritairement temps partiel :<br>0-5 heures    13 %<br>5- 9 heures    25 %<br>10-19 heures    38 %<br>20-34 heures    16 %<br>35 et plus    9 % | Le temps complet prédomine : seulement 3 % de la population faisait appel à la garde à mi-temps en 1998 | Majoritairement temps complet :<br>Approx. deux enfants fréquentent le jardin d'enfants pour chaque place offerte en 1997. La plupart fréquente le jardin d'enfants 3-4 jours par semaine |
| **Type de services (2001)** | | | |
| Pour les moins de 4 ans | 19 % assistante maternelle , 64 % en centres (73 % des centres sont privés, à but non lucratif) : | (moins de 3 ans)<br>⅔ assistante maternelle ⅓ en centres<br>70 % des centres sont municipaux ainsi que la plupart des assistantes maternelles. | Essentiellement accueil dans un centre. Principalement dans le secteur privé. |
| De 4 ans à l'âge scolaire | 7 % assistante maternelle, 29 % en centres, 65 % maternelle (secteur de l'éducation) | (de 3 ans à l'âge de scolarité)<br>Principalement en centres (hors secteur de l'éducation) | Principalement en centre (secteur de l'éducation) |
| **Dépenses publiques (2001)** | | | |
| Dépenses publiques pour la garde des enfants (jardin d'enfants inclus) en pourcentage du PIB | 0.2 % | 2.1 % | 0.24 % |

.. Données non disponibles.

*Source :*   Australie : ABS (1999 et 2000b) ; AIHW (2001) ; DFACS (1999) et communications supplémentaires ;
Danemark : Socialministeriet (2000) ; Pays-Bas : OCDE (1999a) ; et VWS et OC&W (2000).

200 000 naissances annuelles), ce qui correspond à une préférence pour des centres d'accueil, ou pour l'absence de garde.

En Australie comme aux Pays-Bas, l'accueil en centre est partagé entre les institutions qui relèvent de l'accueil et celles qui font partie du secteur éducatif – financé et supervisé par les autorités responsables de l'enseignement. En Australie, environ 14 % des enfants de la naissance à 4 ans sont dans des institutions d'enseignement pré-scolaire ou des jardins d'enfants. Cela représente 36 % des enfants accueillis dans des structures formelles, essentiellement âgés de 3 ans et plus. Aux Pays-Bas, les structures équivalentes représentent la quasi-totalité de l'accueil des enfants de 4 et 5 ans. Elles fonctionnent comme l'école primaire et font souvent partie d'une école, suivent les mêmes vacances et sont plutôt utilisées une partie de la journée que toute la journée. Beaucoup d'enfants inscrits dans ces institutions sont accueillis par ailleurs dans d'autres dispositifs en dehors de ces heures. Le Danemark n'a pas d'enseignement préscolaire de ce type.

### 3.3.3. Accueil informel

L'accueil informel est important, en particulier en Australie et aux Pays-Bas, où la capacité d'accueil formel est limitée. Aux Pays-Bas, plus de la moitié des familles avec deux salaires ont recours à cette formule, alors que 30 % utilisent les structures formelles (Keuzenkamp *et al.*, 2002). En Australie, 26 % seulement des enfants de moins de 6 ans sont accueillis d'une manière informelle, 42 % le sont partiellement, proportion supérieure à celle des enfants dans des structures formelles (38 %). Les grands-parents représentent la plus grande partie de l'accueil informel et pour l'essentiel (61 %) pour une durée inférieure à dix heures par semaine (ABS, 2000b). L'accueil informel joue un moindre rôle au Danemark, mais dans tous les pays, il peut représenter un complément à l'accueil formel.

### 3.3.4. Structures publiques et privées

Le type d'institution d'accueil varie également suivant les pays. Les collectivités locales jouent un rôle prédominant au Danemark avec environ 70 % du total, le secteur non lucratif (structures autonomes ou indépendantes) comptant pour 30 % (encadré 3.2). Les structures indépendantes sont habituellement gérées par un groupe de parents localement, mais elles peuvent également être assurées par des entreprises (pour les enfants de leurs salariés), des associations de locataires, etc. Les pouvoirs publics jouent un rôle beaucoup plus limité aux Pays-Bas, où les municipalités subventionnant l'accueil gèrent parfois elles-mêmes des centres, ou subventionnent des organismes à but non lucratif. Mais les trois quarts des capacités d'accueil sont gérées par le secteur privé éducatif. Il existe des structures publiques en Australie, mais de manière très limitée (quelques centres

Encadré 3.2.   **Institutions d'accueil publiques ou privées ?**

Au Danemark, les collectivités locales sont les principaux prestataires, tandis qu'en Australie et aux Pays-Bas, c'est le secteur privé. On considère généralement au Danemark que les institutions publiques, avec une gestion par des collectivités locales et une supervision par un conseil de parents sont les plus aptes à garantir des capacités suffisantes et la qualité (voir ci-dessous). Les Danois estiment en général qu'il est inacceptable de faire des bénéfices en accueillant des enfants. Les centres à caractère lucratif jouent donc un rôle très limité dans ce pays et ils sont soumis à des contraintes fortes. Ils ne sont pas autorisés à faire de bénéfices à partir de ces services (par exemple en élevant les droits d'inscription), leur financement est assuré par un droit correspondant aux frais de gestion et par les bénéfices provenant de services complémentaires (blanchisserie par exemple). En fait, les prestataires privés sont plutôt des gestionnaires de structures publiques que d'une entreprise privée cherchant à répondre aux demandes du marché. Les résultats ont été mitigés jusqu'ici, avec une faible augmentation des capacités d'un côté, mais aussi des préoccupations de qualité et de viabilité du système. Il est probable que les contraintes strictes imposées continueront à rendre difficilement viable la participation du secteur privé à l'accueil des enfants.

En Australie et aux Pays-Bas, les organismes d'accueil sont principalement privés. Cela s'explique pour une part du fait que le rôle des municipalités en Australie est traditionnellement limité et qu'il n'existe souvent pas d'infrastructures pour un accueil public local. Il y a quelques exceptions notamment dans l'État de Victoria. Aux Pays-Bas, le rôle des municipalités est traditionnellement plus important, notamment pour subventionner leurs propres institutions ou des centres non lucratifs avec des crédits de l'administration centrale.

De plus, dans ces deux pays, on constate une résistance vis-à-vis de la charge budgétaire représentée par le coût élevé de l'accueil des enfants, alors que ce domaine est habituellement considéré comme relevant de la responsabilité des parents. Les prestations privées sont orientées vers la demande des usagers (voir ci-dessous) et peuvent aussi favoriser des pratiques innovantes. Le temps est un facteur important : lorsque la demande d'accueil est apparue, une réponse rapide était nécessaire et le développement du secteur privé a été jugé plus adapté qu'une croissance explosive des budgets publics et des impôts. De fait, la participation du secteur privé a permis une croissance significative des capacités d'accueil dans les deux pays et a représenté environ 90 % de leur croissance entre 1991 et 2000 en Australie (Purcell, 2001). En outre, la tradition de ce pays consiste à assurer une subvention avec des fonds publics à un niveau tel que l'investissement privé total pour la garde des enfants soit plus important. Aux Pays-Bas, la quasi-totalité de la croissance est également venue du secteur privé, pour partie par une certaine privatisation des services, les municipalités achetant des places dans des centres dont elles étaient précédemment propriétaires. Le secteur privé joue donc un rôle majeur et de plus en plus important aux Pays-Bas, comme pour les autres « marchés » des services aux personnes

93

---

Encadré 3.2.   **Institutions d'accueil publiques ou privées ?** (*suite*)

(exemple, personnes âgées et handicapées). Bien souvent, ces activités ne sont pas rémunératrices (ou ne sont pas autorisées à l'être) pour les investisseurs ou autres parties prenantes, mais elles correspondent à une ré-affectation du surplus à l'activité principale de l'entrepreneur. En ce sens, la garde des enfants peut être considérée comme une activité non lucrative (Bovengerg et Gradus, 2001).

De plus, et par opposition aux deux pays précédents, aux Pays-Bas, les employeurs doivent également partager le coût de l'accueil des enfants avec les parents et avec les pouvoirs publics. Bien que cette participation n'exclue pas les contributions publiques, elle favorise certainement les prestations privées.

Le développement du secteur privé est lié à une réforme concernant le finance-ment par les utilisateurs (voir ci-dessous), plutôt que par les prestataires, permettant aux usagers de choisir le service qui répond le mieux à leurs besoins et à leurs préfé-rences (Press et Hayes, 2000). Dans ce contexte, les politiques publiques qui aident les parents stimulent l'offre et garantissent l'équité pour les parents qui ont recours au secteur privé. Cette évolution est parfois perçue comme le passage de l'accueil des enfants du domaine des services à celui de l'entreprise (*op. cit.*). En Australie, le développement d'un système d'assurance qualité innovant est un élément de réponse à ces préoccupations (voir section 3.5 ci-dessous).

---

municipaux principalement dans l'État de Victoria). Le secteur privé représente 98 ou 99 % du total, dont les trois quarts à caractère lucratif et le reste sous la responsabilité de la communauté[10].

### 3.3.5. *Dépenses publiques pour l'accueil et l'éducation des jeunes enfants*

Étant donné les différences considérables de capacité d'accueil dans des structures formelles dans les trois pays étudiés, il n'est pas étonnant que les dépenses publiques dans ce domaine soient beaucoup plus élevées au Danemark (à 2.1 % du PIB) qu'en Australie et aux Pays-Bas (tableau 3.1). Après la mise en route du programme public proposant des mesures de stimulation, les dépenses publiques ont augmenté pour passer à 0.1 % du PIB en 2001 aux Pays-Bas. Avec les dépenses du secteur éducatif pour la pré-scolarité, les dépen-ses publiques pour la garde des enfants combinant le secteur éducatif et le sec-teur social s'élèvent à environ 0.24 % du PIB. L'augmentation de la capacité d'accueil en Australie au cours des années 90 était liée à un accroissement du financement public consacré à une journée de garde d'enfants en institution de 0.06 % en 1992 0.2 % du PIB en en 1999 (DFACS, 1999 ; ABS, 1999 ; et OCDE, 2001h).

Comme aux Pays-Bas, l'Australie finance aussi certains services par le secteur éducatif, mais sur une bien plus petite échelle – à près de 20 % du niveau des dépenses
des services sociaux.

Dans chaque pays, ces modalités se reflètent dans les dépenses moyennes
publiques par enfant n'ayant pas atteint l'âge de la scolarité et ayant recours à un
service d'accueil. Si l'on inclut les services préscolaires financés par l'éducation,
mais si l'on exclut les services à l'âge de la scolarité, le Danemark dépense
approximativement 6 300 $US par enfant par an, quatre fois plus que les Pays-Bas
(1 500 $US). L'Australie dépense plus que les Pays-Bas, mais moins de 2 200 $US.
La différence explique en partie le nombre élevé d'enfants gardés à plein-temps
au Danemark, alors qu'ils le sont à temps partiel dans les deux autres pays
comme on l'a vu plus haut.

### 3.4. Coût de l'accueil des enfants

Le choix entre le maintien des enfants à domicile et la cessation d'activité
des parents, ou leur accueil dans un dispositif formel ou informel, ou encore
une combinaison des deux, est fortement influencé par le coût de l'accueil. Le
tableau 3.2 montre les différences de coût annuel entre pays pour une garde à
plein-temps dans des centres, ou chez une assistante maternelle. Ces données doivent être interprétées avec prudence, en raison des différences régionales et de classification, ainsi que de la variabilité des coûts de garde pour
des horaires tardifs. Mais une chose est claire : l'accueil des jeunes enfants
n'est pas bon marché.

Tableau 3.2.  **Coût annuel moyen de l'accueil des jeunes enfants**
$US PPA

| | Australie (2001) | Danemark (2000) | Pays-Bas (2001) |
|---|---|---|---|
| En centres ($US PPA) | 6 945.8 | 14 214.5 | 12 206.9 |
| *Ratio enfant par membre du personnel* | 5 :1 (0-2 ans) | 3 :1 | 4 :1 à 6 :1 |
| | 8 :1 (2-3 ans) | | |
| | 10 :1 (4-5 ans) | | |
| Maternelles ($US PPA) | .. | 6 592.0 | |
| *Ratio enfant par membre du personnel* | | 6 :1 | |
| Garde à domicile ($US PPA) | 6 388.7 | 8 822.7 | |
| *Ratio enfant par membre du personnel* | | 3 :1 | |

PPA : parité de pouvoir d'achat.
.. : données non disponibles.
Au Danemark, la crèche est un centre d'accueil pour les enfants de 6 mois à 2 ans, la maternelle est réservée aux
enfants de 3 ans jusqu'à l'âge de la scolarité.
*Source* :   Autorités nationales.

C'est en Australie que le coût d'une place dans un centre est le plus faible : environ 7 000 $US à parité de pouvoir d'achat (PPA), c'est le double au Danemark et aux Pays-Bas. Mais l'écart n'est pas si important en réalité. Le nombre d'enfants par membre du personnel détermine largement le coût par place. Ce chiffre est plus élevé pour les très jeunes enfants. En Australie, les centres accueillent aussi bien des enfants de la naissance à 3 ans que des groupes d'enfants plus âgés (3-5 ans). Suivant une estimation grossière du coût moyen pondéré de l'accueil des enfants de la naissance à 3 ans et au jardin d'enfants, on aboutit à un coût d'environ 9 000 $US à PPA au Danemark, par comparaison avec 7 000 $US à PPA pour un service comparable en Australie. Les taux d'encadrement des structures d'accueil sont relativement élevés aux Pays-Bas (les dépenses ne comprennent pas l'enseignement pré-scolaire), ce qui contribue au coût assez élevé de l'accueil dans ce pays.

Ce coût dépend dans une large mesure des charges de personnel. En Australie, celui-ci est relativement mal payé. Le salaire se situe autour des deux tiers du salaire moyen et celui des assistantes est très variable, mais à un niveau nettement inférieur. Le personnel qualifié aspire aux rémunérations des enseignants du pré-primaire. Au Danemark, le personnel des centres publics d'accueil est mieux rémunéré. Les assistantes gagnent les deux tiers du salaire moyen, les éducateurs environ 85 % et les directeurs de centre à peu près l'équivalent de ce salaire. Aux Pays-Bas, les rémunérations sont comparables à celles de l'Australie : le salaire des assistantes est d'environ 50 % du salaire moyen, celui d'un responsable de groupe les deux tiers (calculs du Secrétariat de l'OCDE fondés sur les données de Press et Hayes, 2000 ; Socialministeriet, 2000 ; et VWS et OC&W, 2000). Bien entendu, le taux d'encadrement et la rémunération du personnel n'ont pas seulement un impact sur le coût, mais aussi sur la qualité du service, question abordée ci-dessous.

Un autre facteur contribue au coût relativement élevé de l'accueil aux Pays-Bas : le recours limité à la garde à domicile par des assistantes maternelles sous supervision. Cette formule, largement utilisée en Australie et au Danemark, est plus économique en termes de personnel et de locaux. Au Danemark, elle est beaucoup moins chère que l'accueil en centre, bien que les taux d'encadrement soient comparables. De toute manière, peu de ménages – en particulier ceux qui ont un faible revenu –, peuvent se permettre de payer le coût total d'une place d'accueil. Mais en réalité cela ne leur est pas demandé. En Australie les coûts sont partagés entre les parents et les pouvoirs publics alors qu'au Danemark ils sont partagés entre les parents et les autorités locales. Aux Pays-Bas, les employeurs prennent aussi en charge une part non négligeable du coût. En Australie, certains employeurs prennent les coûts en charge et peuvent obtenir ainsi certaines exonérations d'impôts.

### 3.4.1. Financement

Les modes de financement sont très variables suivant les pays. Aux Pays-Bas, le financement est partagé entre les parents, les employeurs et les crédits publics.

Les parents salariés reçoivent de leur employeur une contribution au coût de l'accueil de leurs enfants. Ceux qui ne bénéficient pas de cette allocation (voir ci-dessous) peuvent en recevoir une de la collectivité locale. Certains parents prennent eux-mêmes en charge la totalité du coût. Au Danemark et en Australie, les employeurs n'ont qu'un rôle très limité en matière de financement qui est partagé dans une grande mesure entre parents et crédits publics. Les modes de financement public sont également très variés. Si l'aide aux parents est partout liée à leur revenu, cela se fait de différentes manières. Au Danemark et aux Pays-Bas, les crédits sont attribués directement aux prestataires, cette formule étant marginale en Australie[11]. Les flux financiers font également apparaître le nombre d'acteurs concernés, ce qui peut soulever des problèmes de cohérence.

C'est au Danemark que le système de financement public est le plus simple. L'administration locale finance les prestataires grâce aux impôts locaux et à d'autres ressources municipales, dont les subventions forfaitaires de l'administration centrale. Chaque collectivité locale peut décider du montant qu'elle souhaite consacrer à la garde des enfants. La contribution des parents est fixée en proportion des coûts (au maximum à concurrence de 30 % – voir ci-dessous), le reste étant payé directement aux prestataires (voir graphique 3.1). L'administration locale chargée de la famille gère à la fois l'accueil en centre et à domicile dans le secteur et collabore si nécessaire avec les travailleurs sociaux et les personnels de la santé, pour intervenir lorsque le développement de l'enfant est en danger.

L'Australie diffère à la fois du Danemark et des Pays-Bas, car le niveau fédéral et celui des États participent au financement, mais la plus grande partie des crédits publics provient du premier. L'éducation préscolaire est financée par l'administration de l'enseignement des États et des Territoires. La plus grande partie des financements publics pour les autres formes d'accueil prennent la forme de subventions,

Graphique 3.1. **Le financement de l'accueil des enfants au Danemark**

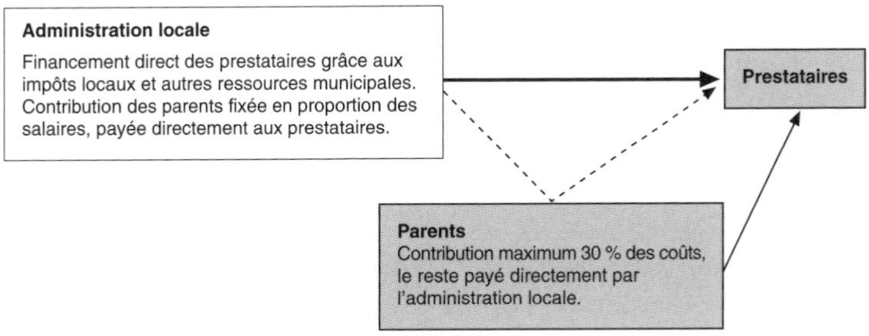

*Source :* Autorités danoises.

accordées par la fiscalité générale, tenant compte de la situation de la famille et payées directement au prestataire choisi par les parents. Des crédits limités pour des dépenses opérationnelles ou autres – venant en partie des États – servent aussi à financer directement les prestataires (voir graphique 3.2). La situation de l'Australie est compliquée du fait que si l'éducation préscolaire se situe dans les écoles, certains centres d'accueil reçoivent aussi des financements pour cette éducation s'adressant aux enfants de 4 ans ou à ceux qui sont dans l'année précédant l'entrée à l'école. Bien qu'il y ait trois niveaux d'administration concernés en Australie, les flux financiers sont raisonnablement bien gérés, mais les parents peuvent rencontrer des difficultés pour trouver des places, en particulier dans certaines localités (voir ci-dessous).

Le système de financement public aux Pays-Bas est le plus complexe (graphique 3.3). L'éducation préscolaire est financée directement par l'administration centrale (ministère de l'Éducation) et elle est gratuite. Pour les autres formes d'accueil, un département de l'administration centrale (VWS) affecte des crédits à certains groupes particuliers – par exemple les réfugiés (financement souvent directement aux prestataires) et aux centres d'accueil en général. Un autre département (Affaires sociales) finance les parents isolés (programme KOA)[12] et l'intégration dans l'emploi. Ces deux ministères financent 75 % de la contribution publique à l'accueil des enfants. Les 25 % restants proviennent du budget général de la municipalité (le « fonds municipal » provenant du ministère de l'Intérieur). Avec ce financement central, la municipalité finance les prestataires pour un certain nombre de places. Ce processus est évidemment lourd sur le plan administratif (les règles comptables sont différentes suivant les administrations) et

Graphique 3.2. **Le financement de l'accueil des enfants en Australie**

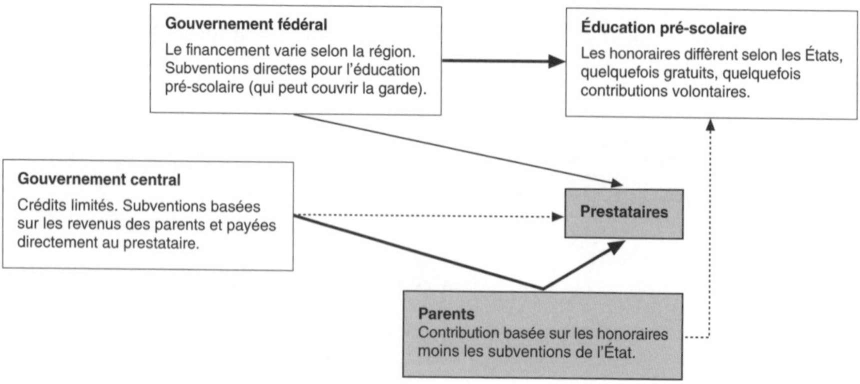

*Source :* Autorités australiennes.

Graphique 3.3. **Le financement de l'accueil des enfants aux Pays-Bas**

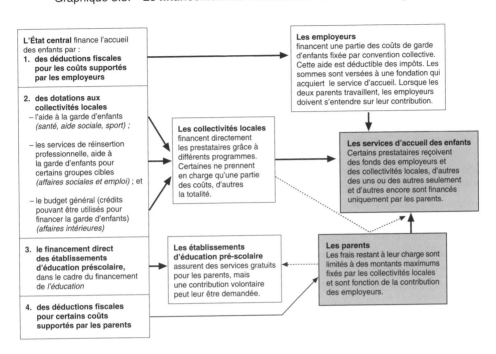

*Source :* Autorités néerlandaises.

entraîne inévitablement une déperdition. La complexité des modes de financement crée aussi un risque de transfert des coûts. Elle rend également difficile de s'assurer du montant de ressources publiques consacrées effectivement à l'accueil des enfants à un moment donné. Le système est enfin compliqué du fait de sa dépendance d'une contribution des employeurs.

### 3.4.2. Contribution des employeurs au financement de l'accueil des enfants aux Pays-Bas

Aux Pays-Bas, le rôle des employeurs dans le financement et l'organisation de l'accueil (mais non de l'enseignement préscolaire) institutionnel[13] au bénéfice des salariés n'a pas d'équivalent au Danemark[14], ni en Australie. Cette situation a son origine à l'époque où le gouvernement ne souhaitait pas être impliqué. Les employeurs étaient confrontés à un manque de main-d'œuvre et, en collaboration avec les syndicats, ils ont encouragé les femmes à rester au travail, en répondant à leurs besoins de garde des enfants. Cela se concrétise par une contribution au coût de cette garde qui est prévue dans les conventions collectives. La contribution représente habituellement une proportion du salaire et est souvent versée à une fondation créée par les employeurs et les syndicats pour financer des places auprès de prestataires privés[15]. La contribution des employeurs se situe ordinairement entre 0.1 et 0.5 % des salaires[16]. Ce type de participation des employeurs pose un problème pour l'augmentation du coût du travail, encore que, si elle est efficace pour accroître l'offre de main-d'œuvre, elle puisse exercer une certaine pression dans le sens de la baisse des rémunérations.

Depuis le début des années 90, l'État est davantage impliqué : des crédits sont ouverts au profit des collectivités locales, pour aider les parents qui ne bénéficient pas d'une allocation de leur employeur et pour accroître les capacités d'accueil. Mais il continue à soutenir fermement le principe d'un financement tripartite. A l'heure actuelle, environ 65 % des conventions collectives prévoient une aide à la garde des enfants. Le gouvernement souhaite que ce chiffre passe à 90 %. Tous les employeurs concernés par une convention collective participent au partage des coûts, sauf quelques grandes entreprises qui préfèrent avoir leur propre dispositif. Les coûts étant partagés dans le cadre de chaque secteur d'activité, un accord de financement de la garde des enfants risque d'être plus coûteux pour les employeurs dans les secteurs qui emploient surtout une main-d'œuvre féminine, comme la santé par exemple. Par le passé, les employeurs ne contribuaient qu'aux frais de garde des enfants des femmes qu'ils employaient, mais désormais ils ne font plus cette distinction : les employeurs des deux parents dans différents secteurs apportent leur contribution. En pratique, beaucoup d'entre eux retiennent sur la feuille de paie de leurs salariés une part correspondant à la contribution de ceux-ci (ce qui réduit leurs cotisations sociales jusqu'à concurrence de 20 %) et versent ce montant à l'institution qui assure la garde.

Comme on peut s'y attendre, la part du coût prise en charge par les employeurs a augmenté avec le nombre d'accords prévoyant une participation aux frais de garde. Cette part est passée de 7 % en 1989 à 25 % en 1996 et est restée depuis à ce niveau. L'État finance de son côté environ un tiers du coût (par les mécanismes décrits ci-dessus) et les parents le reste soit 42 % (voir OCDE, 1999a).

Pour que les employeurs néerlandais soient incités à contribuer à la charge de la garde des enfants, ils peuvent déduire 30 % de cette contribution de leurs impôts et cotisations sociales sur les rémunérations. En Australie, le coût de la prise en charge par les employeurs de la garde des enfants, lorsqu'elle est organisée sur le lieu de travail, est déductible de leur impôt. Ce dispositif est l'équivalent d'un sacrifice sur les salaires, par lequel le salarié échange une part de son salaire contre la prise en charge de la garde par l'employeur. Mais cette aide fiscale est relativement faible et de plus les parents ne peuvent utiliser les allocations familiales (*Child Care Benefit*, voir ci-dessous) pour financer le coût de la garde de leurs enfants. C'est une raison pour laquelle la garde assurée par les employeurs n'est pas répandue en Australie. Au Danemark, il n'y a pas de déductions fiscales pour l'utilisation d'un dispositif de garde privé.

### 3.4.3. Financement public et choix des parents

*Financer les institutions ou les usagers ?*

Dans les trois pays étudiés, le coût de la garde pour les parents est réduit par des financements publics – soit par l'administration centrale (Australie), soit par les collectivités locales (Danemark et Pays-Bas). Au Danemark, les collectivités locales financent la garde des enfants, principalement de manière directe en subventionnant des institutions indépendantes. Les collectivités locales décident du montant qu'elles sont prêtes à payer directement à ces institutions. Elles demandent ensuite aux parents de prendre en charge une partie du coût (de 30 à 33 %)[17]. Aux Pays-Bas, le financement par les collectivités locales est également direct, pour acheter des places au profit des parents qui ne reçoivent pas d'aide de leur employeur. Là aussi, les parents doivent contribuer.

Au Danemark, il s'agit dans une large mesure de financer les prestataires. Mais le Danemark a un système de libre choix, suivant lequel les parents peuvent bénéficier d'une aide au placement chez une assistante maternelle qu'ils organisent eux-mêmes. Le niveau de la subvention est fixé par la municipalité, mais ne peut dépasser 70 % du coût supporté par les parents sur justificatif, ni 85 % du coût le moins élevé d'une place dans une institution pour le même groupe d'âge. Autrement dit, le dispositif ne peut coûter à la municipalité plus que si l'enfant était dans le secteur public et il est plafonné à un taux plus faible. Cette formule a été adoptée pour les mêmes raisons que la réforme australienne : pour donner aux parents une possibilité de choix alors que les capacités du secteur public sont limitées. Mais cela ne représente qu'une part très faible de l'ensemble des possibilités d'accueil des jeunes enfants.

En outre, le gouvernement danois a récemment proposé une option qui autorise les municipalités à verser une allocation aux parents pour garder eux-mêmes leurs enfants. Les municipalités n'ont pas à procurer obligatoirement ce choix. Ce système fonctionnera comme le « libre choix », mais le financement qui aurait été destiné aux parents s'ils avaient mis leurs enfants en garde, leur sera versé directement. Il peut être versé pendant un an[18], à n'importe quel moment avant que l'enfant ne commence l'école. Pour en bénéficier, l'enfant ne doit pas être en garde et l'un des parents doit être sans emploi (et ne doit pas percevoir de congé rémunéré par l'employeur) afin de pouvoir s'occuper de l'enfant. Le programme commencera probablement à partir du milieu de l'année 2002.

En Australie, le gouvernement fédéral a financé jusqu'en 1997 des subventions directes aux prestataires locaux. Par la suite, ce financement direct a été suspendu dans une large mesure, pour qu'il y ait une plus grande équité, car les services à but lucratif n'en bénéficient pas. L'accent a été mis sur un dispositif d'aide financière aux parents pour participer aux frais de garde et donner ainsi des possibilités de choix aux parents (encadré 3.3). S'il y a eu des critiques au

Encadré 3.3.  **Réforme du mode de financement de l'accueil :
offrir un plus grand choix**

Avec 17 % d'enfants âgés de 0 à 3 ans en structure d'accueil, les Pays-Bas affichent une forte proportion de parents qui préfèrent garder leurs enfants à domicile. Toutefois, ce choix est pour beaucoup soumis à une capacité d'accueil limitée. Même si, ces dernières années, des fonds spéciaux ont été attribués pour augmenter la demande, seulement 13 % des moins de 4 ans trouvent une place (voir tableau 3.1). Cette capacité limitée d'accueil restreint le choix de mères. Le nouveau programme néerlandais d'aide à l'accueil des enfants suit approximativement l'exemple du modèle australien : il s'agit d'offrir des possibilités de *choix* aux parents. Par conséquent, comme le prévoyait la réforme australienne il y a quelques années, l'aide financière sera ré-orientée vers les parents, au lieu des prestataires, pour permettre aux parents de choisir, plutôt que de rester dans l'incertitude sur la possibilité d'obtenir une place dans un centre municipal subventionné.

Conformément aux recommandations des partenaires sociaux, les objectifs explicites de la réforme aux Pays-Bas consistent à « stimuler le fonctionnement du marché », de sorte que « les prestataires auront à répondre aux demandes des parents » (VWS, 2001). Les conditions formulées par la loi sur l'aide à l'enfance doivent entrer en application en 2004 et changeront le mode de financement et de contrôle des institutions d'accueil (y compris en-dehors des heures de classe). Le principe d'un financement tripartite est conservé et l'on continue à compter sur les employeurs pour y contribuer. Mais les subventions aux collectivités locales pour leur permettre d'acheter des places dans les garderies seront versées aux utilisateurs, par l'intermédiaire de l'administration fiscale. Les parents recevront une allocation fondée sur leur revenu et sur le coût du mode d'accueil utilisé et les employeurs adresseront également leur contribution directement aux parents, pour tenir compte de leur choix. Les parents pourront utiliser ces crédits pour n'importe quel établissement agréé et ne seront plus obligés de recourir aux services de la municipalité ou à ceux choisis par leur employeur. Lorsqu'il n'existe aucune contribution d'employeur (soit parce que ce n'est pas prévu par la convention collective, soit parce que le parent n'est pas salarié), l'État verse une allocation supplémentaire.

Ces nouvelles modalités proposées affecteront le financement de l'accueil des enfants pour la plupart des parents en emploi. La réforme représentera une simplification partielle de la multitude actuelle des modes de financement. A l'avenir, le financement s'adressera essentiellement aux parents (par la fiscalité), plutôt que d'impliquer différents ministères et environ 500 collectivités locales. De plus, tous les salariés auront accès à ces avantages et pas seulement ceux qui sont couverts par des conventions collectives qui les prévoient (environ 60 % de l'ensemble des salariés). Cependant, les collectivités locales bénéficieront quand même de crédits pour répondre aux besoins de groupes de population particuliers et les crédits de type KOA pour les parents isolés resteront inchangés.

---

Encadré 3.3.    **Réforme du mode de financement de l'accueil :
offrir un plus grand choix** (*suite*)

Par ailleurs, le gouvernement est en train d'intégrer des normes de base de qualité dans la législation sur l'accueil des enfants, avec la loi qui se fonde sur le principe d'après lequel « l'accueil des enfants contribue à un développement harmonieux de l'enfant dans un environnement protégé » (VWS, 2001).

---

moment du changement de dispositif, elles tenaient pour une grande part au fait que le total des dépenses publiques consacrées à l'accueil des enfants a diminué à cette occasion (de 6 % entre 1996-97 et 1998-99). Le recours à l'accueil de jour a diminué pendant cette période et un certain nombre de centres ont fermé. Dans l'État du Queensland, 57 d'entre eux ont fermé à la fin des années 90 ; dans l'État de l'Australie occidentale, où les financements de l'État avaient également diminué, c'était aussi le cas de 96 institutions sur un total de 350. L'augmentation ultérieure des ressources[19], par l'introduction de l'allocation *Child Care Benefit* a entraîné un accroissement important de l'utilisation de ces services.

### 3.4.4. *Subventions aux usagers*

Il existe dans les trois pays des subventions aux usagers qui opèrent selon des modalités différentes. En Australie, elles consistent en une allocation de garde (*Child Care Benefit* – CCB) fixée par la loi. Le marché détermine le prix de la garde. Au Danemark, une législation fixe le prix maximum qui peut être demandé aux parents et il existe également des exonérations pour les familles dont le revenu est modeste. Aux Pays-Bas, ce sont les collectivités locales qui sont responsables de la politique concernant les exonérations. Un ensemble de directives[20] sont préparées par le ministère de la Santé, de la Protection sociale et des Sports (VWS) avec l'Union des municipalités, mais celles-ci sont libres d'y apporter des modifications. Comme en Australie, le coût de la garde n'est pas limité. Mais le plafond des subventions accordées par le ministère est fixé par celui-ci. Si les municipalités décident d'acheter des places qui coûtent plus que ce plafond, elles perdent les crédits du ministère pour ces places. Les détails du fonctionnement des subventions figurent au tableau 3.3.

Des subventions sont également accordées à la garde en-dehors des heures de classe. En Australie, l'allocation de garde peut être utilisée à cette fin et aux

103|

---

Tableau 3.3. **Subventions publiques aux parents pour le coût de la garde**

| | Australie (2001) | Danemark (2001) | Pays-Bas |
|---|---|---|---|
| Nature du financement | *Allocations de garde d'enfants* : éligibilité basée sur le revenu familial, versées directement aux prestataires pour réduire les frais d'honoraires. | Honoraires réguliers et allégés pour les familles à bas revenus. | Contribution parentale maximum recommandée |
| Contribution parentale maximum | Pas de maximum. Paiement maximum des allocations :<br>– 129 $A par semaine pour le 1er enfant pour les enfants placés 50 heures par semaine[a] ou<br>– 21.70 $A pour les enfants placés 50 heures par semaine[b] pour les familles dont les revenus n'excèdent pas 29 857 $A ou qui sont support de famille.<br>Il y a un minimum de 21.70 $A à acquitter par famille pour les familles dont les revenus dépassent 85 653 $A (pour un enfant, montants supérieur lorsque plusieurs enfants). | La contribution maximum parentale est établie selon leurs besoins pour les assistantes maternelles et les centres d'accueil. Pas de maximum SFO. La municipalité ne peux pas taxer les parents de plus de 30 % des coûts, sauf si elle peut garantir à leur enfant une place de 6 mois à l'âge de la scolarité, auquel cas, les honoraires peuvent s'élever à 33 % du coût. | Paiement maximum recommandé pour une garde de cinq jours par semaine = 1 100 NLG par mois pour un salaire familial de 5 154 NLG ou plus. |
| Contribution parentale minimum | Aucune. Des allocations de garde d'enfants spéciales peuvent couvrir la totalité des honoraires selon certaines circonstances (enfant à problème, graves problèmes financiers des parents. A reconsidérer toute les 13 semaines. Géré par Centrelink. | Les honoraires peuvent être pris totalement en charge pour les parents avec un enfant dont les revenus n'excèdent pas 116 901 DKK par an. Les parents dont les revenus sont compris entre 116 901 DKK et 362 701 DKK par an ont droit à une réduction des honoraires. | Contribution parentale minimum de 101 NLG par mois pour cinq jours de garde par mois pour les familles aux revenus inférieurs à 1 683 NLG. |

Tableau 3.3.  **Subventions publiques aux parents pour le coût de la garde** (*suite*)

|  | Australie (2001) | Danemark (2001) | Pays-Bas |
|---|---|---|---|
|  | Le financement dépend du nombre effectif d'heures de garde utilisé. | Les parents paient selon si la garde est partielle ou à temps complet. Toutefois une petite garde à temps partielle est considérée. Il n'y a qu'un rapport indirect entre le montant des honoraires et la quantité de garde utilisée. | Les parents peuvent payer à la demi-journée. Frais liés à la quantité de garde utilisée. |
| Enfants supplémentaires | Le paiement s'acquitte par enfant sur les bases suivantes (maximum par enfant) 1 enfant 129.00 $A 2 enfants 269.64 $A 3 enfants 420.86 $A plus 129.00 $A + 11.29 $A pour chaque enfant supplémentaire De plus, the CCB income test taper rates increase for extra children | Pour deux enfants ou plus, il y a une réduction supplémentaire de 50 % sur la garde la moins onéreuse utilisée. Pour les ménages à bas revenus, des allègements supplémentaires s'ajoutent pour chaque enfant supplémentaire. | Les honoraires pour chaque enfant supplémentaire sont proportionnels à ceux pratiqués pour le premier enfant (généralement 33 %). |

*a)* *Approved care* représente la garde journalière, l'assistante familiale, certaines gardes occasionnelles et quelques gardes à domicile.
*b)* *Registered care* est la garde rémunérée des grands-parents, parents, ou amis et quelques écoles maternelles privées ou jardin d'enfants.
Source :   Autorités nationales ; Press and Hayes (2000) ; Socialministeriet (2000) ; VWS et OC&W (2000).

Pays-Bas, ces prestations sont incluses dans les accords CAO et dans les directives concernant la contribution des parents. Au Danemark, la garde en dehors des heures de classe peut être assurée dans les écoles ou dans les structures d'accueil des enfants. Dans le premier cas, il n'y a pas de limite à la contribution des parents, qui est en moyenne de 37 %.

En Australie, le nombre d'heures pour lesquelles il est possible de bénéficier d'une subvention est variable, suivant que la garde est nécessitée par l'activité professionnelle des parents ou non. Dans la négative, le nombre maximum d'heures subventionnées est fixé à 20 ; dans l'affirmative, à 50. Cela reflète l'idée que l'un des principaux objectifs est de faciliter l'emploi, mais que d'autres objectifs sont également visés, tels que le développement de l'enfant. Ni le Danemark, ni l'Australie ne font cette distinction.

### 3.4.5. Péréquation des subventions

Dans chacun des trois pays, les allocations aux utilisateurs varient suivant le revenu, la place de l'enfant, mais non son âge. Au Danemark, comme on l'a vu, les municipalités déterminent les droits d'inscription en fonction des coûts mais elles peuvent demander aux parents le même prix pour la garde, qu'elle soit à domicile ou dans une institution en réduisant le prix à payer pour les services les plus coûteux. Cela contribue à expliquer l'importance de la garde à domicile. Les directives aux Pays-Bas, et l'allocation de garde en Australie ne font pas de différence suivant l'âge des enfants, avant celui de la scolarité obligatoire. Mais la structure des coûts n'est pas la même que celle des droits d'inscription. Dans les institutions australiennes (conformément à la législation) le personnel de garde des enfants jusqu'à 3 ans est à peu près deux fois plus nombreux que celui qui garde ceux de 3 à 5 ans. Comme les frais de personnel représentent environ 80 à 90 % du coût total, les prestataires doivent assurer une péréquation des coûts. Pour cela, la plupart des institutions accueillent moins d'enfants de moins de 3 ans. Aux Pays-Bas, ce problème se pose moins, car le ratio varie entre 4 :1 et 6 :1 et la garde est coûteuse, en particulier dans les centres non subventionnés (voir ci-dessous).

### 3.4.6. Coût après subvention

Pour les trois pays, la question se pose de savoir si le coût de la garde est abordable. Au Danemark, les droits demandés aux parents ont été ramenés à 30-35 % du coût de la place en 1991, lorsqu'une réduction de 50 % pour l'accueil d'un frère ou d'une sœur a également été accordée. Ces deux mesures ont contribué à augmenter la participation des enfants à ces gardes au cours des années 90 (tableau 3.1 et graphique de l'encadré 2.3, chapitre 2). En septembre 1999, 35 % (soit 25 % de plus qu'en 1990) des Australiennes en âge de travailler pour lesquelles la garde des enfants était la principale raison de ne pas chercher du travail considéraient que le coût était trop élevé pour elles (ACOSS, 2001). L'autre raison majeure était la préférence pour garder soi-même les enfants à la maison (54 %), la qualité et la disponibilité de places (7 %), ces derniers chiffres en baisse de 25 % depuis 1990, ce qui indiquait une amélioration (voir ci-dessous).

Avec la création de l'allocation de garde (CCB) en juillet 2000 (remplaçant les dispositifs précédents) le montant maximum des versements aux parents avec un seul enfant dans une structure institutionnelle de garde a augmenté d'environ 7 % (Costello, 1998). Le taux maximum de l'allocation pour garde d'enfants (CCB) couvrirait environ 75 % du coût moyen de la garde d'enfants. Les dépenses en faveur des enfants ont augmenté d'environ 25 % (Whiteford, 2001). Les calculs du DFACS montrent qu'avec la création de cette allocation, l'écart des coûts (soit les coûts bruts moins l'aide du gouvernement) ont diminué pour toutes les familles et pour tous les types de garde. Par exemple, pour un couple disposant d'un revenu moyen et ayant recours pendant 40 heures à une structure privée, les droits d'inscription représentaient environ 10.4 % du revenu disponible en 1998 et seulement 98.3 % en 2000.

Aux Pays-Bas, la capacité d'accueil est restée limitée, la croissance des dépenses publiques pour la garde des enfants au cours des années 80 a permis une augmentation du nombre de places subventionnées, mais le secteur privé joue un rôle majeur et il est coûteux (voir ci-dessous).

Au Danemark, on estime qu'environ un tiers des parents bénéficient d'une réduction grâce à l'aide liée au revenu, en plus de l'effet du plafonnement à 30 % du coût. Pour un revenu moyen, une famille paie seulement 72 % des droits. Il en résulte que même si le coût de la garde est relativement élevé au Danemark, le coût pour les parents reste modéré. En Australie, l'aide au paiement de droits d'inscription – bien qu'elle soit fonction du revenu – est attribuée à un grand nombre de parents avec un seuil plus élevé pour le maximum d'aide qu'au Danemark et aux Pays-Bas (tableau 3.4, échantillon A). En Australie, il existe aussi une limite au-delà du double du salaire moyen pour la garde d'enfants à plein-temps. Dans les trois pays, les subventions aux utilisateurs jouent un rôle important pour rendre abordable la garde des enfants. Aux Pays-Bas et en Australie, les ménages à faible revenu doivent payer 5.7 à 8 % de leur revenu pour la garde de leurs enfants, si elle est à plein-temps. Au Danemark, le coût peut être nul pour les familles dont le revenu est inférieur à 40 % du revenu moyen. Mais cette situation a peu de chances de se produire, compte tenu de la répartition égalitaire des revenus. Une contribution au coût de l'aide (par réduction des droits, plafonnement ou autres modalités) peut aussi aider les familles dont le revenu est plus élevé, notamment au Danemark et en Australie.

Le coût de la garde d'un deuxième enfant est réduit au Danemark et aux Pays-Bas (50 % de réduction au Danemark ; aux Pays-Bas, le montant recommandé des droits pour le deuxième enfant est le tiers de celui qui est payé pour le premier). Les réductions accordées pour plusieurs enfants aident à limiter le coût pour les familles. Au Danemark et aux Pays-Bas, cela représente une autre forme de péréquation et le coût est moins lié au nombre d'heures d'utilisation de la garde. En Australie, l'allocation pour garde d'enfants (CCB) comporte une subvention supplémentaire, le taux réduit pour plusieurs enfants, qui abaisse le coût de la garde lorsque les enfants suivants sont confiés à une garde.

De manière générale, il apparaît que le coût de la garde des enfants n'est pas très dissuasif en Australie par suite de l'accroissement du financement public depuis juillet 2000, et au Danemark, surtout lorsqu'il ne s'agit que d'un enfant ; mais les coûts sont beaucoup plus élevés aux Pays-Bas (tableau 3.4, échantillons B et C). Ce qui est plus important, c'est que les directives concernent

107

Tableau 3.4.  **Contribution des parents au coût de la garde à plein-temps en pourcentage de leur revenu, 2001**

A. Seuil de contribution sociale au frais de garde

| | Seuil : maximum d'aide aux ménages dont les revenus annuels sont inférieurs à | Seuil en % du salaire brut moyen d'un ouvrier | Contribution de parents en part du salaire net au seuil | |
| --- | --- | --- | --- | --- |
| | | | 1 enfant | 2 enfants |
| Australie | 29 857 $A | 69 % | 7.8 % | 14.5 % |
| Danemark | 116 901 DKK | 40 % | 0 % | 0 % |
| Pays-Bas | 20 196 NLG | 31 % | 5.7 % | 10.3 % |

B. Familles avec un enfant

| | Salaire | Contribution de parents en part du salaire net au seuil | | |
| --- | --- | --- | --- | --- |
| | | Australie | Danemark | Pays-Bas |
| Parent isolé, 1 enfant | ⅔ du salaire moyen d'un ouvrier | 7.8 | 10.3 | 20.3 |
| Parent isolé, 1 enfant | 1 du salaire moyen d'un ouvrier | 9.9 | 15.5 | 25.9 |
| Couple, 2 salaires, 1 enfant | 1 ⅔ du salaire moyen d'un ouvrier | 11.4 | 12.7 | 17.1 |

C. Familles avec deux enfants

| | | | | |
| --- | --- | --- | --- | --- |
| Parent isolé, 2 enfants | ⅔ du salaire moyen d'un ouvrier | 12.3 | 12.4 | 25.7 |
| Parent isolé, 2 enfants | 1 du salaire moyen d'un ouvrier | 15.9 | 20.1 | 33.1 |
| Couple, 2 salaires, 2 enfants | 1 ⅔ du salaire moyen d'un ouvrier | 18.1 | 28.3 | 22.1 |

Suppose des centres intégrés au système éducatif à temps complet.
Australie : les coûts correspondent à une moyenne des frais dans une garderie privée, au Danemark, ils correspondent aux coûts de crèche. Les calculs pour les couples suppose deux deux salariés, un salaire d'ouvrier moyen et les ⅔ d'un salaire d'ouvrier moyen. Calculations uses fees relief formula applicable in Denmark, CCB formula in Australia and VWS guidelines for parental contributions – these are used by the majority of municipalities only apply to services which municipalities fund.
*Source* :   Estimations du Secrétariat.

les droits d'inscription dans la majorité des centres municipaux subventionnés, et *ne concernent pas* tous les organismes privés. Les droits demandés par ces derniers peuvent être beaucoup plus élevés (1.5 ou 2 fois plus) et la recommandation concernant les frères ou sœurs n'est pas toujours prise en compte. Bien que les parents puissent, dans certains cas, demander un abattement d'impôt supplémentaire[21], le coût de la garde dans ces centres est très élevé pour les parents (pour une part au moins par suite du faible nombre de possibilités de garde subventionnée ; voir encadré 3.4 et chapitre 5).

Si le coût d'une garde d'enfants institutionnalisée, même avec une subvention publique, est élevé, Dobbelsteen *et al.* (2000) suggèrent que cela n'a eu qu'un

Encadré 3.4.  **Coût de garde dans une structure formelle
et incitation à l'emploi du second parent aux Pays-Bas**

Le tableau 3.5 illustre le rôle décisif du coût de garde des enfants dans la décision de travailler que peut prendre un deuxième adulte dans le ménage, aux
Pays-Bas. Suivant l'échantillon A, si le second revenu se situe au niveau minimum
et permet de financer cinq jours de garde dans un secteur non subventionné, cela
représente 84 % du supplément de revenu après impôt. Avec un salaire moyen, le
gain de revenu est encore plus faible. Autrement dit, il n'existe pas vraiment d'incitation à travailler pour une seconde personne. Le fait qu'un supplément de rémunération rapporte moins appelle des explications. Deux effets doivent être pris en
compte. D'abord, même dans le secteur non subventionné, les institutions tiennent compte du revenu familial pour déterminer les droits d'inscription. En second
lieu, le gain en valeur *absolue* après prise en charge du coût de la garde est d'autant
plus grand que le revenu est élevé. A noter que si le second revenu ne demande
que de payer deux jours de garde, le bénéfice net devient plus important.

Aux Pays-Bas, le fait de bénéficier de places subventionnées représente une
différence considérable pour inciter une seconde personne à prendre un emploi.
Même dans ce cas, comme l'indique l'échantillon B, environ la moitié des gains
nets apportés par une seconde personne doivent être affectés à la garde. Suivant
les échantillons C et D, le fait d'avoir un deuxième enfant à faire garder diminue
nettement l'avantage que peut représenter un emploi (mais ne l'annule pas s'il
est possible de trouver une garde subventionnée).

Tableau 3.5.  **Coût de garde en pourcentage des gains après impôts
de second apporteur de revenu aux Pays-Bas**

|  | Garde de 2 jours | Garde de 5 jours |
|---|---|---|
| A.  Un enfant dans un secteur non subventionné | | |
| Salaire minimum | 65 | 84 |
| Salaire moyen | 70 | 91 |
| B.  Un enfant dans un secteur subventionné | | |
| Salaire minimum | 24 | 40 |
| Salaire moyen | 41 | 59 |
| C.  Deux enfants dans un secteur non subventionné | | |
| Salaire minimum | 126 | 161 |
| Salaire moyen | 132 | 170 |
| D.  Deux enfants dans un secteur subventionné | | |
| Salaire minimum | 31 | 52 |
| Salaire moyen | 54 | 77 |

*Note* :   Concerne les enfants de moins de 4 ans.
*Source* :   NYFER (1999).

effet limité sur l'activité des femmes aux Pays-Bas. Lorsque les femmes ont un emploi, il est plutôt à temps partiel. Ils pensent qu'il est probable que le coût élevé de la garde d'enfants incite les parents à opter pour une garde informelle plutôt qu'à les faire renoncer à un emploi.

## 3.5. Problèmes de qualité

### 3.5.1. Préférences des parents

La décision de garder ou non les enfants à la maison est influencée par les attitudes sociales vis-à-vis de la garde (chapitre 2), qui sont elles-mêmes liées au débat sur la formule qui est la meilleure pour l'enfant. En 1999, 54 % des Australiennes en âge de travailler, pour lesquelles la garde des enfants était la principale raison pour ne pas chercher un emploi, indiquaient qu'elles préféraient s'occuper de leur enfant à la maison (pour des raisons autres que financières)[22]. En d'autres termes, ce n'est ni le manque de places, ni la qualité (mentionnée par 2.2 % des femmes) qui posent un problème (ACOSS, 2001). Aux Pays-Bas, on ne dispose pas de données précises sur les préférences des parents, mais la différence de qualité des structures de garde suivant les municipalités semble avoir une influence (Trouw, 2001). Au Danemark, d'après une enquête menée en 2000 par l'Institut Gallup (pour le gouvernement), le contenu de l'éducation est apparu comme essentiel, aussi bien à l'école que dans les institutions pré-scolaires. Les jardins d'enfants ont obtenu 4.17 sur 5 sur une échelle de satisfaction et les assistantes maternelles 4.37, ce qui indique que l'accueil des enfants est jugé très satisfaisant (Finansministeriet, 2000).

### 3.5.2. Qu'est-ce que la qualité et comment l'assurer ?

Le recours aux services de garde des enfants est aussi déterminé par la perception qu'ont les parents de leur qualité. La notion de qualité reflète un contexte social et culturel particulier et évolue dans le temps. Mais Kamerman (2001) voit l'émergence d'un consensus sur les principaux facteurs qui déterminent la qualité : taux d'encadrement ; dimension des groupes ; dimension des locaux ; qualifications et formation du personnel ; rémunérations et rotation du personnel. Les travaux de l'OCDE sur ce thème (voir OCDE, 2001i) prennent également en compte le niveau des investissements ; les dispositifs de coordination et de régulation ; l'existence d'organes de gestion efficients et coordonnés ; le cadre et les orientations pédagogiques ; et une supervision régulière. Les conséquences de la durée passée dans les institutions de garde (et de l'activité professionnelle des deux parents) font l'objet de vifs débats dans tous les pays. L'encadré 3.5 aborde les problèmes qui se posent dans ce nouveau domaine.

Encadré 3.5. **Le développement de l'enfant**

Il existe un consensus sur le fait que les premières années de la vie sont cruciales pour le développement cognitif, physique, social et émotionnel de l'enfant (OCDE, 1996b). Comment la participation à des programmes d'accueil des jeunes enfants et le travail des parents influent sur le développement de l'enfant pendant ces années ? Ces questions préoccupent les parents, les professionnels, les chercheurs et les responsables des politiques publiques. Elles font l'objet de grands débats et des opinions tranchées s'expriment. On hésite beaucoup à généraliser les résultats d'un pays à l'autre. Il est cependant utile d'examiner brièvement certaines des questions qui se posent.

En Australie, le *Centre for Community Child Health* (CCCH, 2000) décrit un modèle transactionnel du développement de l'enfant étudiant l'interaction entre les facteurs biologiques qui affectent l'enfant et le milieu dans lequel il est élevé. Le modèle suggère que « le développement de l'enfant résulte d'une interaction complexe entre les facteurs intrinsèques à l'enfant (exemple, les données génétiques, le développement du système nerveux central, le tempérament) et les facteurs environnementaux (exemple, la manière de faire de ceux qui l'élèvent, les stimulations qu'il reçoit, le contexte socio-économique) ». Certains facteurs biologiques peuvent être considérés comme des facteurs de risque créant une vulnérabilité (mais n'affectant pas nécessairement le niveau de développement) ; ces facteurs peuvent être aggravés ou leur effet peut être réduit du fait de l'environnement.

La qualité de cet environnement est influencée par les caractéristiques des parents ; les données socio-économiques ; le niveau de stress qui prévaut dans la famille et le soutien qu'elle apporte au développement de l'enfant ; le niveau et l'intensité des premiers apprentissages de l'enfant ; la manière dont il est élevé et dont la famille fonctionne ; et la santé mentale des parents.

Le CCCH a passé en revue un ensemble d'études consacrées aux facteurs de risque et aux interventions* qui peuvent influer sur son développement ; tout en mettant en garde contre l'application de résultats étrangers au contexte australien, il aboutit à un certain nombre de conclusions. Elles s'inspirent de la synthèse de Boocock (1995) sur l'accueil des enfants aux États-Unis et en Suède, pour conclure que : *a*) la participation à des activités pré-scolaires est profitable en termes de développement cognitif et de réussite scolaire, en particulier pour les enfants de familles dont les revenus sont modestes ; et *b*) l'emploi de la mère et le placement de l'enfant dans des structures d'accueil contrôlées et de qualité, même durant la petite enfance, ne paraît pas nuisible et peut être bénéficiaire. Ce qui est déterminant pour que les conséquences d'une garde hors du domicile soient positives, c'est que l'accueil soit de qualité.

---

* Les interventions concernaient la garde de l'enfant et l'enseignement pré-scolaire, la surveillance de sa santé, les visites à son domicile, l'éducation des parents et les programmes s'adressant aux enfants souffrant d'un retard de développement ou d'un handicap.

Encadré 3.5.  **Le développement de l'enfant** (*suite*)

Les résultats de l'étude australienne comprise dans cette synthèse – sur le développement de la petite enfance en Australie, publiée au début des années 70 – sont cohérents avec ces conclusions générales : le milieu familial affecte le développement social et affectif de l'enfant autant ou plus que son expérience de la garde.

Russell et Bowman (2000) ont passé en revue la littérature consacrée à l'effet de l'emploi des parents sur la famille et sur les enfants ; ils ont conclu qu'il semble y avoir un accord général sur le fait que le travail de la mère ne pose pas de problème sérieux de développement des enfants. Ils citent les recherches de Broom (1998) concluant que le fait pour les mères de prendre rapidement un emploi peut diminuer leur stress et ainsi les rendre encore plus attentives à leurs jeunes enfants. Mais il note aussi que les conditions de travail ont une incidence directe sur la satisfaction au travail, la tension et l'humeur, donc sur le comportement des parents et, par là, celui des enfants (Stewart et Barling, 1996). En accord avec les conclusions de la littérature étudiée par le CCCH, Russell et Bowman concluent que les études montrent que la qualité de l'accueil est le facteur déterminant du résultat positif ou non de la garde des enfants.

Harrison and Ungerer (2000), dans une étude longitudinale australienne, s'intéressent aux développements et à l'utilisation des gardes d'enfants hors structure familiale de la naissance à 6 ans. Ils ont démontré que la garde d'enfants contribuait à un développement positif chez l'enfant. La garde formelle donne de meilleurs résultats de développements que la garde informelle en termes de facteurs tels que relations avec les autres, indépendance, concentration et moins de difficultés à apprendre à l'âge scolaire.

A partir des recherches danoises, Christoffersen (2000a, 2000b et 2000c) tire la conclusion que la longueur des horaires de garde et de travail des parents ne joue pas un rôle aussi important que la satisfaction que les parents trouvent à leur travail pour déterminer si de longues heures de travail ont un effet négatif ou positif sur le développement de l'enfant. L'auteur suggère qu'un stress important au travail suscite vraisemblablement de l'anxiété chez l'enfant, ou davantage de conflits, ou moins de confiance en soi, etc. Il semble que les enfants de chômeurs aient plus de chances de souffrir de ces mauvaises conditions que ceux dont les parents les ont confiés pendant de longues heures à un dispositif de garde pendant qu'ils travaillaient. Les enfants de chômeurs de longue durée sont particulièrement vulnérables :

- la moitié des enfants vivant dans ce type de familles sont confrontés à des ruptures dans leurs familles deux fois plus souvent que les autres ; et

- 7 % des enfants de ces familles sont confrontés au suicide ou à une tentative de suicide de l'un des parents (3 à 4 fois le taux des enfants de parents en emploi).

Ces effets sont réduits, mais non éliminés, si l'on tient compte de l'éducation des parents et d'autres éléments d'ordre social.

Encadré 3.5.   **Le développement de l'enfant** (*suite*)

Selon Nederlandse Gezinsraad (2001), 5 à 15 % des enfants de 120 000 familles qui ont depuis longtemps un faible revenu risquent de ne pas bien se développer, pourcentage beaucoup plus élevé que pour presque tous les autres ménages (pour les parents isolés par exemple, le pourcentage n'est que de 1 à 2 %).

En résumé, certaines recherches suggèrent que les jeunes qui commencent de bonne heure à être confiés à une institution de garde ou d'éducation pré-scolaire de qualité ont des chances de développer une meilleure capacité de rai-sonnement et de résolution de problèmes ; d'être plus coopératifs ; d'avoir davantage confiance en eux-mêmes, même si des gains directs, concernant par exemple la mesure de leur QI, ne sont pas durables. Le développement de l'enfant est influencé par la manière dont on prend soin des enfants – à la maison et à l'extérieur. Une garde de qualité peut améliorer la capacité des parents à élever leurs enfants. Le chômage et en particulier le chômage de longue durée peut avoir un impact sur le développement de l'enfant. Lorsque l'on cherche à équilibrer la vie professionnelle et la vie de famille, il faut se demander dans quelle mesure le développement de l'enfant est influencé par la garde des enfants, ou par l'incidence de l'emploi ou du chômage des parents, combien de temps les enfants doivent bénéficier d'une garde de qualité, et l'âge optimum pour commencer à bénéficier d'un accueil.

L'accent a été davantage mis sur les questions de qualité en Australie et au Danemark qu'aux Pays-Bas, où les problèmes de capacité d'accueil restent la principale préoccupation. Dans les trois pays, les établissements sont agréés sur des critères de santé et de sécurité[23]. Mais plus encore que les normes de sécu-rité, ce sont les normes concernant la qualité de la prise en charge de l'enfant et la nature des activités organisées qui sont au premier plan. Au Danemark et aux Pays-Bas, une législation donne la responsabilité de la détermination des normes aux collectivités locales. Au Danemark, c'est le cas depuis que les collectivités locales ont pris la responsabilité de l'accueil des enfants en 1973, mais aux Pays-Bas, cela ne date que de 1997[24]. Dans ce pays, les institutions d'accueil doivent répondre à ces exigences pour obtenir l'agrément, qui est un préalable pour bénéficier d'avantages fiscaux (VWS et OC&W, 2000). Il est intéressant de noter que dans les deux pays européens des questions de qualité sont définies dans les conventions collectives intéressant le personnel qui travaille dans ces centres. A l'opposé de cette approche très décentralisée, l'Australie a maintenant défini au niveau central les procédures suivies pour s'assurer que les institutions

113|

d'accueil sont habilitées à bénéficier de subventions. De plus, les États et les Territoires sont aussi impliqués dans la réglementation de l'accueil des enfants (Press et Hayes, 2000)[25]. Ce point sera analysé plus en détail dans la section suivante. En Australie comme aux Pays-Bas, la réglementation de l'enseignement pré-primaire relève du système éducatif. En Australie, c'est la responsabilité des États, tandis qu'aux Pays-Bas, les écoles sont autonomes, mais doivent respecter la législation nationale et sont soumises à l'inspection de l'Éducation nationale.

### 3.5.3. Les Pays-Bas : *directives de l'administration centrale*

Aux Pays-Bas, le secteur de l'accueil des enfants définit dans une large mesure ses propres règles et élabore ses normes de qualité conformément aux normes internationales ISO[26]. Il a aussi déterminé un ensemble de normes modèles, élaborées avec l'Association des municipalités néerlandaises et acceptées par 75 % des municipalités (VWS et OC&W, 2000). Les directives actuelles concernent principalement les normes minimales de santé et de dimension, plutôt que le développement de l'enfant (tableau 3.6). Bien que les Pays-Bas aient décidé récemment de décentraliser les normes de qualité, on a l'impression que cela ne durera pas. La législation sur l'accueil des enfants actuellement en discussion (voir ci-dessus) définira des normes de qualité détaillées, que les prestataires devront respecter. Les directives proposées mettent l'accent sur le développement de l'enfant plutôt que sur la simple garde et ont déjà suscité les critiques des employeurs qui craignent une augmentation inutile des coûts (VNO/NCW, 2001). L'administration locale de la santé sera responsable du contrôle de la qualité. La proposition concernant la nouvelle législation sur l'accueil des enfants a alimenté les débat sur la façon de procurer avec succès un accueil de qualité aux enfants et initié un programme de recherche sur les effets de l'accueil sur les jeunes enfants.

Tableau 3.6.    **Les facteurs de qualité aux Pays-Bas**

| Ensemble de normes modèles élaborées avec l'Association des municipalités néerlandaises : | Cadre national proposé : facteurs présagés pour l'inclusion |
|---|---|
| – dimension des groupes<br>– ratio enfant/professionnel<br>– logement<br>– hygiène<br>– sécurité<br>– utilisation de supports éducatifs certifiés<br>– qualification et formation du personnel<br>– implication parentale | – rémunération et rotation du personnel<br>– développement professionnel<br>– qualité des locaux<br>– bien-être de l'enfant<br>– pédagogie<br>– implication parentale<br>– procédures de plaintes |

*Source :*   OCDE (1999a) et autorités nationales.

### 3.5.4. Danemark : le rôle des parents

Il n'existe pas actuellement de directives nationales de qualité au Danemark. La législation centrale définit les exigences auxquelles doivent répondre les collectivités locales. Elles doivent s'assurer que les enfants sont aidés par « l'acquisition et le développement de compétences sociales et d'ordre général ». La législation établit, qu'entre autres choses, l'accueil des enfants doit faciliter les expériences et les activités pouvant stimuler l'imagination, la créativité et les compétences linguistiques de l'enfant. Avec son accent mis sur la décentralisation des responsabilités concernant la qualité, le modèle danois présente deux caractéristiques intéressantes. Plus encore qu'aux Pays-Bas, les municipalités collaborent sur les questions de qualité et font participer des fonctionnaires de l'administration centrale et des représentants des syndicats à leurs projets. Grâce à des projets communs, tels que le projet sur le développement de l'enfant et le perfectionnement du personnel d'encadrement, les collectivités locales améliorent la qualité des services d'accueil (VWS et OC&W, 2000).

Mais ce qu'il y a de plus remarquable dans le modèle danois, c'est le rôle que jouent les parents. Depuis 1993, ce pays a mis davantage l'accent sur la participation des parents et sur leur contribution à l'amélioration de la qualité. Depuis lors, l'accueil des enfants est sous le contrôle de conseils des parents (en même temps que des autorités municipales), qui définissent les principes que doivent respecter les services d'accueil, dans le cadre de la législation. Les conseils de parents sont élus et disposent d'un certain pouvoir de décision sur les activités des centres et sur la gestion de leur budget. Ils peuvent faire des recommandations

Tableau 3.7. **Danemark : Les facteurs de qualité dans la collectivité locale de Lyngby-Taarback**

*Plan de la garde à domicile de la Commune de Lyngby-Taarbaek.* Les propositions énoncés ci-après sont les lignes directrices du plan de 2001 développé afin d'orienter la fourniture de services de garde à domicile :

Principes destinés aux enfants :
– Implication individuelle
– Environnement agréable
– Identification précoce des problèmes sociaux
– Apprentissage et développements de certaines tâches (s'habiller, se servir de ciseaux, etc.)
– Développement de la confiance en soi
– Socialisation : comment se comporter avec d'autres enfants

Principes destinés aux parents et professionnels :
– Collaboration étroite entre parents et professionnels
– Création d'un cadre de travail agréable
– Développement des compétences (formations)

*Source :* Commune de Lyngby-Taarbaek.

sur les questions de personnel. Ils jouent un grand rôle dans la définition des plans annuels pour les services d'accueil des enfants, qui sont le meilleur moyen de veiller sur la qualité et sont soumis aux autorités locales pour obtenir le financement. Les conseillers pédagogiques des municipalités guident le personnel et les parents pour mettre au point les plans d'activité et pour déterminer les procédures permettant de contrôler la qualité. L'exemple du plan pour la garde à domicile de la commune de Lyngby-Taarbaek (tableau 3.7) montre la similitude des principes définis par les systèmes de qualité en Australie (voir ci-dessous). L'implication des parents est un aspect positif du système, mais en l'absence de repères définis à l'extérieur, le système met les professionnels dans une position très dominante par rapport aux parents.

### 3.5.5. L'approche australienne : les systèmes de qualité et l'agrément

Le gouvernement fédéral australien a élaboré des systèmes d'assurance qualité, à la fois pour les centres pour l'accueil de jour et pour l'accueil par des assistantes maternelles. Il a conditionné le financement des institutions par l'allocation de garde (et les dispositifs précédents) à une participation satisfaisante au système d'assurance qualité (encadré 3.6). Mais l'élaboration de ce système a suivi plutôt que précédé la croissance rapide du secteur privé depuis 1990. Le *Quality Improvement and Accreditation System* (QIAS) a été mis en place en 1994 pour les centres d'accueil de jour et le *Family Day Care Quality Assurance* (FDCQA) a été instauré en juillet 2001 pour les services d'accueil familial. Tous deux sont gérés par le *National Care Accreditation Council* (NCAC), agence fédérale sous la responsabilité du ministre fédéral compétent. Un travail est en cours pour mettre en place un système semblable pour des services en dehors des heures de classe.

Les domaines de qualité pour l'accueil de jour et les éléments de qualité pour l'accueil par une assistante maternelle sont les suivants :

| Domaines de qualité pour l'accueil de jour | Éléments de qualité pour l'accueil par une assistante maternelle |
| --- | --- |
| 1. Relations avec les enfants<br>2. Respect des enfants<br>3. Partenariat avec les familles<br>4. Relations entre les membres du personnel<br>5. Planification et évaluation<br>6. Apprentissages et développement<br>7. Caractère protecteur de l'accueil<br>8. Santé<br>9. Sécurité<br>10. Mode de direction favorisant la qualité | 1. Relations humaines<br>2. Environnement physique<br>3. Apprentissages et développement de l'enfant<br>4. Santé, hygiène, nutrition, sécurité et bien-être<br>5. Éducateurs et personnel de coordination<br>6. Direction et administration |

*Source :* NCAC (2001 et 2001a).

---

Encadré 3.6. **Les systèmes d'assurance qualité en Australie**

Le *National Child Care Accreditation Council* a été créé (en 1994 et révisé en 2002) pour administrer le *Quality Improvement and Accreditation System* pour les centres d'accueil de jour et le système *Family Day Care Quality Assurance* pour les services d'accueil par des assistantes maternelles (2001). Le financement fédéral des institutions suppose l'éligibilité à l'allocation de garde en liaison avec ces deux dispositifs. Tous deux suivent un processus en cinq étapes auquel les institutions doivent se conformer pour être agréées et pour le rester :

- 1ʳᵉ *étape* : enregistrement – les services d'accueil doivent payer un droit d'enregistrement et une contribution annuelle ;
- 2ᵉ *étape* : auto-évaluation et amélioration continue – chaque service est tenu de réaliser une étude sur son fonctionnement et d'élaborer un plan d'amélioration continue de manière périodique, en soumettant un rapport au NCAC pour chaque période de deux ans et demi. Les parents, le personnel et la direction participent à ces auto-évaluations ;
- 3ᵉ *étape* : validation – l'institution est visitée par des représentants d'autres institutions qui préparent un rapport de validation fondé sur leurs observations et sur l'examen d'une documentation. Ce rapport est soumis au NCAC ;
- 4ᵉ *étape* : pondération – les évaluations données par ces visiteurs font l'objet d'une pondération pour s'assurer que les évaluations sont cohérentes au niveau national ; et
- 5ᵉ *étape* : décision d'agrément – le NCAC prend une décision sur l'agrément et conseille les prestataires. Il existe une procédure d'appel et les institutions dont la demande d'agrément a été refusée doivent soumettre un autre rapport d'étude dans les six mois suivant la décision du NCAC.

Les systèmes d'assurance qualité se réfèrent à un ensemble de facteurs pris en compte pour l'évaluation. Pour l'accueil de jour, il y a dix aspects à prendre en compte recouvrant 35 rubriques. Pour l'accueil par des assistantes maternelles, on compte six aspects et 32 rubriques différents. C'est par référence à ces domaines et à ces rubriques que les institutions s'évaluent elles-mêmes et sont jugées par les examinateurs. L'agrément exige une note au moins satisfaisante sur l'ensemble des aspects et des rubriques. Une documentation définit des indicateurs de qualité pour chaque facteur.

---

Alors que le système d'accueil de jour est très récent, le QIAS et le FDCQA proposent une approche globale pour garantir la qualité. Le QIAS a bénéficié d'un soutien satisfaisant, en partie parce qu'il met l'accent en même temps sur l'amélioration et sur l'agrément. Le recours innovant à l'évaluation par des pairs (plutôt que par une inspection centrale) et l'accent mis sur l'amélioration de la qualité

117|

plutôt que sur des normes minimales méritent particulièrement d'être notés. Est-ce que les normes peuvent être réellement appliquées, alors qu'il existe une liste d'attente pour faire garder les enfants, c'est le test dont dépend la réussite des systèmes. A ce jour, le bénéfice de l'allocation de garde n'a été refusé temporairement qu'à quelques organismes seulement.

En plus des dispositifs fédéraux concernant la qualité, chaque État ou Territoire australien peut prendre des décisions sur les conditions de l'agrément des services de garde et d'accueil. Ils n'ont pas tous choisi de le faire, mais ceux qui l'ont fait se sont préoccupés des mêmes aspects que les dispositifs fédéraux. Dans le Queensland par exemple, l'agrément des centres suppose le contrôle des installations matérielles, du type de programme proposé, de la qualification du personnel, de la dimension et de l'âge des groupes d'enfants, des aptitudes des responsables et du personnel (des vérifications par la police sont exigées) et des questions de sécurité et de santé. L'agrément doit être renouvelé tous les deux ans. L'État de Queensland compte réviser sa législation pour améliorer les liens entre les dispositifs. Si le gouvernement central considère qu'il y a complémentarité entre les deux niveaux de régulation, en fait les procédures de conformité impliquent beaucoup de doubles emplois, qui pourraient être évités.

De plus, dans l'État de Victoria, les centres pour l'accueil des enfants peuvent recevoir des fonds des autorités de l'éducation pour les enfants d'âge préscolaire dont ils ont la charge. Les prestataires de services doivent alors se plier à une autre série de règles.

### 3.5.6. Problèmes de personnel affectant la qualité

La qualité de l'accueil des enfants dépend des effectifs et de la composition du personnel. Le taux d'encadrement, les qualifications et la formation, les salaires et le taux de rotation sont les critères essentiels (Kamerman, 2001). Ce sont les aspects qui sont pris en compte dans les trois pays. Aux Pays-Bas et en Australie, le personnel chargé de la garde (à la différence de celui de l'éducation préscolaire) a généralement un niveau de formation et de rémunération plus faible que celui de l'enseignement. Et le niveau de celui qui assure la garde à domicile est probablement plus bas que celui qui travaille dans une institution (voir tableau 3.8). Tous les pays rencontrent des problèmes pour attirer et pour retenir des personnes compétentes, étant donné la faiblesse des rémunérations et le statut dont elles bénéficient (OCDE, 2001i).

Au Danemark, des éducateurs très qualifiés, au même niveau de formation et de rémunération que les enseignants, sont employés pour l'accueil de jour. Les Pays-Bas exigent que ce personnel ait une qualification professionnelle intermédiaire ou supérieure. Dans tous les pays, les éducateurs qualifiés des institutions d'accueil de jour sont assistés par un personnel moins qualifié ou sans qualification,

Tableau 3.8. **Qualifications exigées pour la garde des enfants**

|  | Type de personnel | Formation initiale |
|---|---|---|
| Australie | Professeur de maternelle | 3-4 années d'université |
|  | Professionnel de l'accueil en centre | 2 années après 18 ans – 4 années d'université |
|  | Assistante maternelle | Pas de qualification requise |
| Danemark | Pédagogue en accueil de jour ou coordinateur assistante maternelle | 3.5 ans d'études supérieures professionnelles |
|  | Assistant et assistantes maternelle | Pas de qualification requise |
| Pays-Bas | Maternelle | 4 ans d'études supérieures professionnelles |
|  | Garde d'enfants | 3-4 années de formation dans le tertiaire (en dehors de l'université) |
|  | Assistante maternelle | Pas de qualification requise |

*Source* : OCDE (2001i).

dont la rémunération est plus faible. En Australie, ces assistants peuvent être temporaires, soit en raison d'un manque de personnel, soit pour minimiser les coûts. Le recours à du personnel temporaire pose des problèmes d'instabilité du personnel et de continuité vis-à-vis des enfants. Au Danemark, les coordinateurs de l'accueil auprès d'assistantes maternelles sont habituellement des éducateurs qualifiés. Ils sélectionnent des nourrices qui suivent des stages et ont la possibilité de participer à une formation continue institutionnelle. En Australie, les exigences de formation du personnel varient suivant les administrations responsables et suivant le type de service. Dans certains États, il existe une relation explicite entre la qualification exigée et le nombre d'enfants que l'éducateur peut avoir en charge[27]. Les assistantes maternelles n'ont pas besoin d'une qualification spécifique, mais certains dispositifs peuvent exiger qu'elles suivent des stages et leur proposer une formation continue. Comme aux Pays-Bas, les enseignants de l'éducation pré-scolaire doivent avoir une qualification d'enseignement. En Australie[28] comme aux Pays-Bas, on reste préoccupé du statut médiocre des personnels chargés de la garde, qui ne sont pas considérés comme des professionnels de l'éducation ou de l'accueil des enfants. Bien qu'il existe des possibilités de formation continue, le fait que l'on puisse travailler dans ce secteur sans qualification contribue à son image négative.

Le nombre d'enfants par membre du personnel est plus élevé en Australie pour les plus petits enfants et aux Pays-Bas pour les plus âgés (tableau 3.2). Les taux d'encadrement sont définis par la réglementation des États en Australie. Au Danemark et aux Pays-Bas, les règles dans ce domaine sont fixées localement. Dans ce dernier pays, des principes généraux sont déterminés par les conventions collectives, ce qui est un moyen de garantir les conditions d'emploi, plutôt que la qualité du service aux enfants. Il existe aussi des règles pour déterminer la dimension des groupes d'enfants suivant leur âge – soit 12 enfants pour un groupe de la naissance à 1 an et 20 de 4 à 12 ans. Au Danemark, le nombre d'enfants par assistante maternelle est fixé de manière centrale, avec un maximum de cinq enfants et une moyenne entre trois et quatre.

Des problèmes particuliers de recrutement et de maintien en poste se posent dans les régions rurales et isolées de l'Australie et dans les zones économiquement défavorisées des Pays-Bas. Dans tous les pays, du fait de la croissance des services d'accueil ces dernières années, on constate ou on prévoit des problèmes de manque de main-d'œuvre. S'ils ne sont pas résolus, il est probable qu'une part plus grande de l'accueil des jeunes enfants sera assurée par un personnel non qualifié, ce qui entraînera une baisse de la qualité, ou un manque de places, avec des conséquences négatives pour les familles.

Bien entendu, il faut trouver un équilibre entre la qualité des services, leur coût et le fait qu'ils doivent être abordables (voir ci-dessus), ce qui crée des tensions. Par exemple, les relations entre les enfants et le personnel de garde seront d'autant moins enrichissantes que le nombre d'enfants à garder par personne sera plus élevé. A l'inverse, le coût et le nombre de ménages qui n'auront pas les moyens d'accéder à une garde seront d'autant plus élevés que le nombre d'enfants par personne sera faible et que la part de personnel qualifié sera importante.

### 3.6. Contraintes à surmonter

Dans les trois pays, la capacité d'accueil est limitée, mais de différentes manières. En Australie, d'après une enquête, il existe une demande non satisfaite représentant environ 9 % des enfants de moins de 5 ans, soit pour davantage d'heures, soit pour un plus grand nombre d'enfants (ABS, 2000b). L'enquête fait toutefois apparaître une baisse significative de la demande non satisfaite de 1993 à 1999 (tableau 3.9).

On ne dispose pas d'une information comparable au Danemark et aux Pays-Bas, mais les liste d'attente donnent une indication sur le nombre de places supplémentaires demandées. Au Danemark, les listes d'attente existent (au moins 1 % des enfants de 6 mois à 9 ans) surtout dans quelques municipalités (par exemple Copenhague), en particulier lorsqu'il est difficile de trouver un logement convenable (il s'agit aussi bien de garde par une assistante maternelle qu'en institution) et que l'on manque de main-d'œuvre dans ce secteur. Mais les chiffres figurant au tableau 3.9 ne représentent qu'une faible proportion des effectifs déjà inscrits. Au contraire, aux Pays-Bas, bien que les listes d'attente soient moins longues, elle représentent toujours une proportion importante par rapport au nombre de places disponibles (25 % pour les enfants de la naissance à 3 ans et 21 %

Tableau 3.9.  **Demande de places supplémentaires par les parents**

| | Australie | | |
|---|---|---|---|
| | Âge | Nombre de personnes voulant plus de services | En % d'enfants |
| Demande de places supplémentaires 1993 | 0-4 ans | 279 200 | 22 % |
| | 5-11 ans | 210 100 | 12 % |
| Demande de places supplémentaires 1999 | 0-4 ans | 114 100 | 9 % |
| | 5-11 ans | 87 000 | 5 % |

| | Danemark (2000) | | Pays-Bas (1997) | |
|---|---|---|---|---|
| | 0-2 ans | 3-5 ans | 0-3 ans | 4-7 ans |
| Listes d'attente 1993/94 | 10 775 | 5 440 | 51 896 | 8 466 |
| Listes d'attente (dernières données) | 4 037 | 1 223 | 32 237 | 5 562 |

*Source :*   Australie : ABS (2000b) ; Danemark : Socialministeriet (2000) ; Pays-Bas : OCDE (1999), VWS et OC&W (2000).

pour ceux de 4 à 7 ans). Suivant une enquête récente, 26 % des parents dont les enfants n'étaient pas encore scolarisés étaient inscrits depuis plus de dix mois sur une liste d'attente (Commissie Dagarrangementen, 2002). Cela confirme que la garde des enfants aux prix actuels n'est pas abordable pour beaucoup de parents et que pour beaucoup d'autres, qui ont les moyens, la capacité d'accueil est trop limitée. Lorsque les services sont gratuits – éducation pré-scolaire – ils sont très largement utilisés.

Si la garde des enfants est généralement abordable au Danemark et en Australie, grâce aux financements publics, et s'il existe une demande de places supplémentaires, comme le montrent les listes d'attente et les enquêtes auprès des parents, pourquoi n'y a-t-il pas davantage d'offre ? Au Danemark, la question ne se pose que dans certaines régions où les listes d'attente sont relativement longues, ce qui est surtout le cas dans des zones urbaines où l'espace est limité et/ou le développement est très coûteux.

Dans les trois pays, l'augmentation de la capacité d'accueil se heurte à des difficultés à trouver ou à aménager les installations matérielles, à répondre aux exigences de l'agrément, et à recruter du personnel. Puisque l'Australie semble avoir en grande partie réussi à rendre les services abordables et à créer un marché de la garde des enfants, pourquoi l'offre est-elle limitée ? Cela résulte en partie des contrôles de l'accueil des assistantes maternelles et des places de garde en dehors des heures de classe (voir ci-dessous). Une planification nationale permet de localiser les emplacements où des places supplémentaires peuvent et

121

devraient être créées. Elle doit cibler les nouvelles zones à développer pour répondre aux besoins les plus urgents. Dans chaque État, un Comité consultatif de planification comportant des représentants des administrations fédérales, des États et des collectivités locales, utilise ces données pour recommander les zones dans lesquelles il faudrait créer des places. Un dispositif semblable a existé pour l'accueil des enfants dans des institutions[29]. La planification limite l'offre aux régions dans lesquelles la croissance est nécessaire. Ce peut être un frein dans certains cas, mais cela n'explique pas pourquoi les places manquent parfois.

Le fait que l'allocation de garde soit payée au même taux pour les jeunes enfants et pour les plus âgés peut avoir une influence sur le développement du marché. La garde des plus jeunes enfants est plus coûteuse puisqu'elle nécessite davantage de personnel. Les prestataires de services doivent donc trouver un équilibre entre les groupes d'âge des enfants pour assurer leur rentabilité. Ils pourraient différencier leurs tarifs en fonction des coûts et faire payer davantage pour les plus jeunes enfants, mais ce serait plus coûteux pour les parents, étant donné le taux d'uniforme de l'allocation, et donc cela réduirait la demande.

Ces facteurs n'expliquent pas pourquoi le recours à la garde des enfants en Australie est tellement plus faible qu'au Danemark. L'obtention de l'agrément et l'approbation par le plan peuvent tout au plus avoir un effet retardateur, mais ne constituent pas des contraintes de fond. Le niveau de satisfaction est plus élevé et les services d'accueil sont plus abordables. Mais tout au long des années 90, alors que la capacité d'accueil augmentait de manière importante, les préférences des parents pour une garde de leur enfant à domicile sont restées constantes. Comme on l'a vu plus haut, en 1999, un peu plus de la moitié des mères non actives et qui ne cherchent pas un emploi à cause de leur enfant déclaraient qu'elles préféraient garder leur enfant à la maison. Ce n'est pas très différent du chiffre de 1990 (tout juste un peu moins de la moitié ; voir ACOSS, 2001). Au Danemark, on s'attend à ce que les enfants soient mis en garde de bonne heure, ce qui est possible grâce à de larges financements publics. Il n'en va pas de même en Australie, ni aux Pays-Bas. En Australie et plus encore aux Pays-Bas, il est probable que la demande augmenterait si le prix pour l'usager baissait davantage. Mais à ce stade il est peu probable qu'elle atteindrait les niveaux constatés au Danemark, sans modification des préférences des parents vis-à-vis de la garde au plus jeune âge.

### 3.6.1. Garde à plein-temps et à mi-temps

Comme on l'a vu plus haut dans ce chapitre, au Danemark la garde des enfants est surtout utilisée à plein-temps, alors que le temps partiel prédomine en Australie et aux Pays-Bas. Étant donné le taux élevé d'activité des femmes au Danemark, la prédominance du plein-temps n'est pas surprenante et on peut s'attendre à ce que le temps partiel soit plus important dans les deux autres pays.

En théorie, les deux possibilités sont offertes dans les trois pays. Mais le choix est déterminé par différentes contraintes.

Au Danemark, le nombre de places disponibles à temps partiel a diminué au cours des dernières années. On considère que cela s'explique par l'absence de demande et par le fait que, pour un même niveau de revenus et pour les collectivités locales, il n'y a pas d'avantages financiers – ou même un coût supplémentaire pour la prise en charge de davantage d'enfants à temps partiel, qui exige une gestion supplémentaire. De plus, le prix du service n'est pas si sensible au nombre d'heures effectivement utilisées, en particulier – lorsque plusieurs enfants d'une même famille sont en garde – par suite des réductions pour plusieurs enfants en garde. Du fait de la multiplicité de ces tarifs qui rend les services plus abordables, de même que de l'absence de flexibilité pour les parents qui ne demandent pas un plein-temps, la contribution des parents correspond mal au nombre d'heures effectivement utilisées. Cela signifie que dans certaines municipalités, les parents demandent plus de temps de garde que nécessaire. Le cadre politique général semble donner aux municipalités davantage de flexibilité que ce qui se pratique le plus souvent. L'absence de correspondance entre les tarifs et l'utilisation réelle a été reconnue par certaines municipalités, qui cherchent une solution pour un meilleur ajustement. Une plus grande souplesse des horaires disponibles et du nombre d'heures qui peuvent être payées, ainsi qu'une meilleure adaptation des tarifs à l'utilisation réelle permettraient une meilleure efficience de l'offre et de son utilisation (OCDE, 2002e ; Socialministeriet, 2000 ; et communications avec l'Association des collectivités locales).

Aux Pays-Bas, il est possible de payer pour des périodes de garde d'une demi-journée et d'une journée. Si la garde à plein-temps pour des journées entières est possible, son coût est prohibitif pour la plupart des familles (voir ci-dessus). En Australie, il est possible de payer des gardes à l'heure pour l'accueil familial, ce qui permet d'adapter le coût à l'utilisation réelle. La garde dans une institution n'est possible que par périodes d'une demi-journée, ce qui peut obliger à payer au-delà de ses besoins. Il y aussi d'autres contraintes : il peut être difficile pour les institutions de passer d'une garde à temps partiel à une garde à plein-temps si les parents ont besoin d'heures supplémentaires, à moins qu'il n'existe des capacités inutilisées dans le centre. De plus, le fait qu'une grande partie des gardes soit à temps partiel pose le problème de l'attrait de la profession pour un personnel qualifié et de l'amélioration de son image. L'Australie reconnaît que la garde à temps partiel entraîne des coûts supplémentaires et que les tarifs ont des chances d'être plus élevés que pour la garde à plein-temps. L'allocation de garde comporte donc un supplément « temps partiel ».

### 3.6.2. Heures d'ouverture

Une diversité accrue des horaires de travail signifie que les services de garde peuvent être ouverts pendant une période de temps plus longue. Au Danemark, les horaires sont établis par les collectivités locales qui peuvent laisser aux conseils de parents le soin de déterminer les heures d'ouverture. Différents types de gardes peuvent suivre des horaires différents – certains ouvrant plus tôt et d'autres fermant plus tard – pour répondre à la différenciation accrue des horaires. Mais en pratique il y a moins de garderies ouvertes après 17 heures. En 1989, c'était le cas de 32 % d'entre elles, en 1994 de 24 % et en 1998 de 17 % (DA – Confédération patronale). Cela résulte à la fois de contraintes budgétaires et d'accords avec le personnel. C'est un problème à la fois pour les employeurs et pour les parents, qui doivent chercher leur enfant à la garderie après leur travail. En Australie et aux Pays-Bas, les garderies déterminent leurs propres horaires, en fonction de la demande, des possibilités du personnel et du coût. En Australie, elles doivent ouvrir au moins huit heures par jour, cinq jours par semaine, 48 semaines par an. Comme au Danemark, il y a un problème de coût et de disponibilité de garderies pour ceux qui ont besoin d'horaires plus longs, en particulier pour la nuit. Cela concerne particulièrement les parents en travail posté, notamment les infirmières. En 2000, le gouvernement australien a annoncé un financement supplémentaire de 65.4 millions de dollars australiens sur quatre ans pour 7 700 places de garderies, afin de répondre aux besoins de ceux qui ont un travail posté, ou des horaires de travail atypiques. Ce programme doit aussi aider les parents d'enfants malades et ceux des zones rurales et isolées qui ont des problèmes pour trouver des services adaptés (DFACS/DEWR, 2002).

Suivant les statistiques australiennes pour l'année 2000, 13 % des mères d'enfants âgés de moins de 12 ans ont un travail posté et 11 % travaillent le week-end[30]. Si le travail posté est moins fréquent aux Pays-Bas, le travail de nuit est plus répandu – 15 % des mères travaillent la nuit. Bon nombre de ces parents ont trouvé une solution informelle pour la garde, ou bien l'un des parents travaille quand l'autre garde les enfants à la maison. Il est probable que la demande de places dans des garderies organisées pendant ces heures de travail augmentera avec la flexibilité croissante de l'emploi. Cela représentera une pression accrue à laquelle les services de garde devront s'adapter (informations fournies par les autorités nationales). Le coût va vraisemblablement s'élever, car il faudra trouver du personnel pour des horaires atypiques et la demande restera relativement faible dans un lieu donné.

S'agissant de faciliter le travail des parents, ceux-ci doivent s'arranger avec les horaires de garde qu'ils peuvent trouver. Il leur faut aussi du temps pour accompagner leurs enfants et aller de la garde à leur lieu de travail. Dans tous les pays, la plupart des parents préfèrent que la garde soit proche de leur domicile plutôt que de leur lieu de travail. Le fait d'avoir plusieurs enfants à garder, ou un enfant à garder et l'autre à l'école, complique les problèmes de transport. En Australie, les efforts pour assouplir les horaires de garde et pour augmenter le nombre de places visent à répondre aux problèmes posés par la rigidité des horaires de service.

Encadré 3.7.   **Garde des enfants et avantages offerts
aux familles d'Aborigènes australiens**

Les avantages offerts aux familles des Aborigènes et de la population des îles du détroit de Torres sont très différents de ceux qui bénéficient à l'ensemble de la population australienne, étant donné les différences démographiques, socio-économiques et géographiques (voir tableau ci-dessous). La population Aborigène représentait 2.1 % de la population totale en 1996, mais son taux de croissance (2.3 %) était près du double de celui de la population totale. Les mères sont généralement plus jeunes, comme l'ensemble de cette population, mais l'espérance de vie est plus courte (ABS, 1999a). La dimension des ménages est plus importante (une personne de plus en moyenne) et l'accent est très fortement mis sur les liens de parenté.

Tableau encadré 3.7.   **Statistiques concernant les populations Aborigènes
et insulaires du détroit de Torres en Australie**

|  | Aborigènes et insulaires du détroit de Torres | Population australienne totale |
| --- | --- | --- |
| Nombre d'enfants par femme, 2000 | 2.2 | 1.7 |
| Moyenne d'âge de la mère à la naissance, 2000 | 24.5 ans | 29.8 ans |
| Part de la population de moins de 25 ans, 2000 | 60 % | 34.6 % |
| Taux de participation dans l'éducation à 15 ans, 1996 | 73 % | 91.5 % |
| Taux de participation sur le marché de l'emploi, 2000 | 52.9 % | 64 % |
| Taux de chômage, 2000 | 17.6 % | 6.6 % |
| 90 % de la population concentrée, 1996 | 25 % du continent | 2.6 % du continent |

*Source :*   ABS (1999a, 2000c et 2000d) et *www.workplace.gov.au*.

Ces populations ont des taux de scolarité et d'activité inférieurs à la moyenne et sont plus souvent au chômage. Elles vivent davantage dans des zones rurales et isolées, où le marché du travail est très étroit et où les transports et l'accès aux services publics posent un problème majeur. Le revenu des populations indigènes est très inférieur à la moyenne – la médiane se situant à 65.1 % de la médiane australienne en 1996 et le revenu de plus de la moitié des familles avec enfants se situait entre 80 et 100 % du seuil de pauvreté (Butler, 2000).

Pour ces populations, l'équilibre entre l'emploi et la vie de famille se pose essentiellement en termes de développement économique et communautaire, pour réduire leur handicap social. Des programmes ciblés prévoient une aide accrue à la protection de l'enfance. Des services polyvalents comportent des soins et une éducation des enfants dans les populations isolées spécifiquement ceux de la naissance à 12 ans qui appartiennent aux populations Aborigènes et des îles du détroit de Torres*. Les services polyvalents peuvent aussi veiller à la

125

Encadré 3.7.  **Garde des enfants et avantages offerts
aux familles d'Aborigènes australiens** (*suite*)

santé et à la nutrition des enfants. Bien que les populations indigènes préfèrent
avoir recours à une garde des enfants informelle (AIHW, 2001), les recherches ont
montré que dans les communautés comportant des centres polyvalents, les
enfants apprennent mieux et sont mieux préparés à l'école (Butler, 2000). Un centre de ce type existe à Coolabaroo en Australie occidentale. Créé pour permettre
aux parents de suivre une formation, il offre davantage qu'un accueil. Il s'efforce
de conseiller une population confrontée à de graves problèmes de pauvreté, de
drogue et de violence. Les financements proviennent de programmes fédéraux
et des États, notamment les programmes CCB et JET.

Pour ce qui est de l'accès aux services publics, *Centrelink* s'efforce d'améliorer
l'accès aux prestations de garantie de revenu, par une politique de services aux
populations indigènes. Celle-ci implique le renforcement des moyens de *Centrelink*
et de ceux de la communauté locale, en faisant connaître à celle-ci les possibilités
existantes et peut mettre en œuvre différents modes de prestations de services.

L'approche mise en œuvre vise aussi à favoriser l'éducation et l'emploi, deux
éléments essentiels, pour répondre aux besoins des populations indigènes. Les
*Community Development Employment Projects* (CDEP) constituent un important programme de promotion de l'emploi, géré par l'*Aborigenal and Torres Strait Islander
Commission*. Si ce programme n'existait pas, le taux de chômage des populations
indigènes serait d'environ 40 % (Butler, 2000). Il existe aussi une politique de
l'emploi des Aborigènes, qui comporte des programmes d'aide aux employeurs,
de formation et de préparation militaire pour les diplômés du premier cycle
supérieur. Au titre du dispositif *Australians Working Together*, le gouvernement vise à
s'appuyer sur les projets CDEP pour qu'ils jouent le rôle de centre pour l'emploi
des populations indigènes en leur apportant une aide intensive.

---

\*    En plus des services multifonctionnels aux enfants et des services mobiles aux enfants
des zones rurales.

## 3.7. Horaires de classe et de garde

Les horaires de cours sont plus longs en Australie (996 heures par an) que
dans tout autre pays de l'OCDE. Ils représentent 930 heures aux Pays-Bas et seulement 644 au Danemark (OCDE, 2001h). De ce point de vue, ces horaires *peuvent*
poser plus particulièrement un problème aux parents danois, mais ce n'est pas le
cas vu le grand nombre d'heures de garde en dehors des horaires scolaires (voir
ci-dessus). En pratique, ce sont les parents néerlandais qui sont confrontés aux

plus grandes difficultés d'horaire de travail et d'horaire de classe, car ceux-ci sont imprévisibles.

Au cours des années 80, il y avait aux Pays-Bas, un surplus d'enseignants et ceux-ci ont bénéficié de vacances supplémentaires (ADV-dagen ou réduction de la durée du travail), tandis que des dispositifs généreux de retraite anticipée étaient également proposés. Aujourd'hui, on manque d'enseignants aux Pays-Bas, mais les 14.5 journées ADV existent toujours en plus des 55 jours de vacances des instituteurs primaires. Si l'on ajoute le taux d'absentéisme pour maladie qui est supérieur à la moyenne (CBS, 2001b), il n'est pas surprenant que les écoles rencontrent des difficultés pour assurer le nombre d'heures programmées. En l'absence d'enseignants remplaçants, les écoles ferment fréquemment pour une journée (souvent une demi-journée pour les enfants plus âgés), avec un court préavis, laissant les parents se débrouiller pour trouver des solutions rapides pour la garde de leurs enfants. Au cours de l'année 2000-2001, 35 % des écoles ont dû renvoyer les enfants à la maison du fait du manque d'enseignants (Van Langen et Hulsen, 2001) et cette proportion dépassait 50 % dans les écoles des centres ville.

### 3.7.1. *Garde des enfants en dehors des heures de classe*

En Australie et aux Pays-Bas, les services d'accueil qui font partie du secteur éducatif sont ouverts durant les heures de classe, à partir de 8 heures 30 ou de 8 heures 45 aux Pays-Bas pendant 5 heures et demi et à partir de 9 heures en Australie pour une durée de 6 heures. Ils fonctionnent dans les deux pays cinq jours par semaine, mais sont limités aux trimestres scolaires. Au Danemark, les écoles fonctionnent de 20 à 25 heures par semaine. Pour les trois pays, ces horaires de classe impliquent que les enfants d'âge préscolaire ont besoin d'une autre formule à partir du début de l'après-midi. Cela signifie également que beaucoup d'enfants d'âge préscolaire et scolaire ont également besoin d'une garde avant la classe. Ce besoin est de plus en plus satisfait par des services de garde en dehors des heures de classe, qui sont particulièrement développés au Danemark. Aux Pays-Bas, 63 % des parents employés ayant un enfant en âge d'être scolarisé ont répondu à une enquête récente qu'ils avaient des problèmes entre le début des horaires de travail et de classe. De même une majorité massive de 87 % souhaitait davantage de souplesse des horaires d'accueil (Commissie Dagarrangementen, 2002).

Au Danemark, quatre enfants sur cinq bénéficient de ce type d'accueil (au lieu de trois sur cinq au milieu des années 90), alors qu'en Australie, ils bénéficient à 145 000 enfants soit 6.8 % seulement[31]. Aux Pays-Bas, ce pourcentage est encore plus bas (2.9 %), le développement de ces services étant encore dans l'enfance (informations fournies par les autorités nationales). En Australie, des places supplémentaires d'accueil en dehors des heures de classe sont considérées comme le besoin le plus urgent en matière d'accueil : il y a une demande de

20 % de places supplémentaires (ABS, 2000b). Aux Pays-Bas, 39 % des parents doivent attendre plus de dix mois une place dans ce type de service (Commissie Dagarrangementen, 2002).

Dans les trois pays, l'accueil en-dehors des heures de classe est considéré comme relevant de la garde et non de l'éducation, bien qu'au Danemark il soit souvent organisé dans le cadre des écoles primaires. Les centres récréatifs, qui sont les plus importants dans ce domaine, sont situés dans les écoles sous la responsabilité du principal de l'établissement. De même que pour l'accueil de jour des enfants qui ne sont pas encore scolarisés, ils sont sous le contrôle d'un conseil de parents[32] et sont financés par le budget local des services scolaires et culturels. On attend des parents qu'ils participent, mais à la différence de ce qu'on leur demande pour la garde, il n'y a pas de contribution maximale. Néanmoins, les parents ne prennent en charge que 37 % des coûts en moyenne. Aux Pays-Bas, le financement de l'accueil en dehors des horaires de classe est comparable au service de garde et un nombre croissant de centres élargissent leur accueil pour s'adresser aux enfants d'âge scolaire. Les directives suggèrent que les droits d'inscription pour cet accueil représentent 50 ou 66 % de ceux qui sont demandés pour la garde des enfants suivant les horaires. Dans les deux pays, la qualité est régulée de la même manière que pour les services s'adressant aux plus jeunes enfants. En Australie, l'allocation de garde peut contribuer aux coûts, mais elle est fixée au maximum à 85 % de celle qui concerne les plus jeunes enfants. Les normes de qualité sont définies de la même manière que pour le QIAS mentionné plus haut et la localisation des services suit les mêmes principes que pour l'accueil par une assistante maternelle (des comités de planification régionale décident de la localisation, pour encourager une offre là où il existe des besoins).

### 3.7.2. Accès des familles à d'autres services

L'organisation de l'emploi et de la vie familiale est affectée par un autre aspect qui concerne les heures d'ouverture des commerces et des services. Dans les pays étudiés, la tendance est à l'allongement des horaires d'ouverture des commerces. Les familles peuvent faire leurs courses le soir ou le week-end. Mais cette libéralisation n'a pas touché toutes les professions, ni tous les services publics. Les parents peuvent donc être obligés de prendre sur leur temps de travail pour effectuer différentes démarches. Le *Centrelink* australien s'efforce d'élargir les heures de service. Le recours aux transactions par téléphone est aussi largement utilisé pour soulager la pression sur les parents qui travaillent. Mais c'est aux Pays-Bas que les problèmes quotidiens des familles ont été abordés de la manière la plus large. En collaboration avec les employeurs, les syndicats et d'autres partenaires, le gouvernement a créé le projet *Dagindeling* en 1998 pour étudier les problèmes quotidiens rencontrés par la population. Ce projet a montré que les problèmes de relation avec le secteur éducatif étaient particulièrement importants. Une des questions étudiées est celle du

Encadré 3.8.  **Autres services sociaux**

Si l'accueil des enfants est l'un des principaux services à caractère social, il en existe beaucoup d'autres pour les familles dans les trois pays. Ils sont pour l'essentiel assurés à un niveau inférieur au niveau national. En Australie, ce sont les États et les Territoires qui financent et assurent les services de protection sociale, auxquels participent également les collectivités locales dans certaines régions. Aux Pays-Bas, les collectivités locales financent la plupart des services sociaux, mais l'administration centrale prend occasionnellement des initiatives. En 2000 par exemple, le ministère de la Justice a lancé une campagne de sensibilisation sur les violences familiales. L'administration centrale participe également aux services concernant l'adoption et les demandeurs d'asile.

Au Danemark, les autorités locales sont responsables du développement de l'enfance et de l'adolescence et assurent un ensemble de services à cet effet, notamment un conseil aux parents. Les comtés jouent également un rôle dans les services sociaux, quand il faut offrir des services spécialisés à une population plus importante et pour le placement des enfants enlevés à leur famille pour leur protection (ministère des Affaires sociales).

En Australie, si les services sociaux ont été traditionnellement la responsabilité des États, le gouvernement fédéral s'est impliqué récemment dans des débats sur la famille et la collectivité et a attribué des financements limités à un certain nombre d'initiatives pour aider la famille. En 2000, le gouvernement a annoncé l'ouverture d'un crédit de 240 millions de dollars australiens sur une période de quatre ans (« Pour une politique d'aide aux familles et aux collectivités ») comportant une intervention précoce et une prévention dans différents domaines. Cette politique couvre trois domaines prioritaires : la petite enfance et les besoins des familles avec de jeunes enfants ; le renforcement des relations matrimoniales et familiales ; et l'équilibre entre vie professionnelle et vie familiale. Tout en visant la famille, elle cherche à promouvoir la participation à l'emploi et accompagne le dispositif *Australians Working Together*. On se préoccupe beaucoup d'encourager les partenariats. L'objectif consiste à inciter davantage de secteurs à réfléchir et à agir dans le domaine social plus que cela n'a été le cas jusqu'ici en Australie. Les rubriques pouvant justifier un financement portent notamment sur l'« animation des communautés locales » et sur les « solutions locales aux problèmes locaux ». Des questions plus concrètes sont également prises en compte : les financements sont assurés pour faciliter la liberté de choix des services de garde (DFACS, 2000). La politique de renforcement des familles et des communautés doit résoudre des problèmes, notamment en ce qui concerne le suivi de son impact et la garantie que l'aide va à ceux qui en ont le plus besoin. Mais il n'y a guère de doutes qu'une série de questions portant sur l'équilibre entre vie familiale et vie professionnelle échappent à l'influence des pouvoirs publics et une approche visant à impliquer davantage de groupes dans la discussion de ces questions représente un progrès.

129

regroupement dans un même lieu de services publics, qui faciliterait l'accès aux services, notamment aux parents de jeunes enfants. Cela peut aller des bibliothèques aux services de santé et aux services sociaux (encadré 3.8).

## 3.8. Conclusions

L'accueil des enfants répond à une multiplicité d'objectifs, mais on constate que dans les trois pays l'objectif premier est d'aider les femmes à exercer une activité professionnelle. C'est en effet un facteur important pour le choix que font les familles avec de jeunes enfants. Bien que les mêmes facteurs aient joué historiquement dans les trois pays pour le développement des services d'accueil, on constate des différences significatives. Des contraintes telles que coûts et capacité d'accueil motivent le choix des parents de faire garder leurs enfants. Toutefois, la nature de ces contraintes diffèrent d'un pays à l'autre. Au Danemark, 68 % des enfants âgés d'un an sont placés en garde (pour la plupart en temps complet) et le système temps à fournir des places aux enfants de 6 mois lorsque les parents le désirent. Les danois dépensent le plus en garde d'enfants afin de subvenir à l'offre et à un prix abordable, considérant que c'est très important pour le développement des enfants. En Australie et aux Pays-Bas, le choix des parents est contraint à une capacité d'accueil formel moindre. Aucun des pays n'a les mêmes attentes quant au développement personnel des enfants mais ils ont tous accru leurs crédits ces dernières années, mais ils restent nettement inférieurs à ceux consacrés au Danemark.

La qualité est un facteur essentiel si les parents souhaitent recourir à l'accueil de leurs enfants ; elle préoccupe davantage le Danemark et l'Australie que les Pays-Bas. La participation des parents est importante au Danemark et la législation fixe des exigences de qualité, mais sans repères externes entre municipalités, le système est extrêmement dépendant des professionnels locaux de l'accueil (au sein des services d'accueil des enfants et de l'administration municipale). A cet égard, les systèmes australiens d'assurance qualité offrent un modèle : l'examen par les pairs constitue une manière innovante de contrôler la qualité, qui pourrait intéresser le Danemark et les Pays-Bas. Les systèmes de qualité de ce pays contribuent à maintenir une participation très active et efficace du secteur privé à l'accueil des enfants, bien que celle-ci résulte plus d'une pression morale que d'une obligation. Cependant, le système d'agrément par les États et d'habilitation pour bénéficier de financements de la part du Commonwealth entraîne des doubles emplois et des coûts pour les prestataires qui pourraient être évités. La question de la qualité est liée à celle du développement de l'enfant. Un consensus commence à se faire jour sur le fait que la garde des enfants ne leur nuit pas et peut leur être bénéfique, pourvu qu'elle soit d'une qualité satisfaisante. Mais on ne peut pas dire quelle doit être l'importance de cet accueil, pour que le développement de l'enfant en bénéficie.

Les Pays-Bas pourraient envisager de recourir davantage à l'accueil chez des assistantes maternelles, pour pouvoir augmenter les possibilités d'accueil à un coût réduit. Le dispositif de financement est complexe, mais les changements prévus pour 2004 y remédieront en partie et donneront aussi davantage de possibilités de choix aux parents. Si le type de garde dépend des préférences de chaque pays en matière d'emploi, l'absence virtuelle de garde à temps partiel au Danemark limite ces possibilités de choix. Il faut que le Danemark étudie la manière de mieux adapter le coût de la garde pour les parents aux horaires effectivement utilisés et que plus de municipalités comme de parents soient conscients de la plus grande souplesse qui est offerte et puissent réellement l'utiliser. Une participation plus active du secteur privé est improbable, à moins d'une libéralisation des règles qui l'autorise.

Dans tous les pays, et en particulier au Danemark, l'accueil des enfants est coûteux. Mais les subventions abaissent le coût pour les utilisateurs, afin qu'il soit accessible à la plupart des Danois et des Australiens, avec des dispositions particulières en faveur des plus pauvres, grâce à des politiques de contribution des parents et d'exonérations. Le coût net après exonération reste relativement élevé aux Pays-Bas, en particulier si l'on considère que l'accès à des services de garde subventionnés est limité et que les droits d'inscription dans les établissements privés peuvent être sensiblement supérieurs aux directives. Cette situation, ainsi que la capacité d'accueil limitée, constituent probablement les principales contraintes auxquelles sont confrontés les parents lorsqu'ils doivent choisir entre emploi à plein-temps et à temps partiel. Ces contraintes n'existent pas pour la plupart des Australiens, et pourtant le niveau d'utilisation de l'accueil est relativement faible, ce qui reflète une forte préférence de beaucoup de mères pour la garde de leurs enfants à la maison. Le principe adopté au Danemark, suivant lequel la garde des enfants à l'extérieur est un élément important de leur développement, n'est pas répandu en Australie et aux Pays-Bas.

Les trois pays étudiés ne font pas de différence entre les niveaux de subvention, alors que le coût de la garde est plus élevé pour les très petits enfants et cela pourrait expliquer en partie le fait que le recours à la garde des enfants de moins de 3 ans est plus limité en Australie et aux Pays-Bas. Le niveau des subventions et de la participation des parents au coût de la garde est essentiel pour déterminer si celle-ci est abordable : les parents seront d'autant plus incités à faire garder leurs enfants que la contribution qui leur sera demandée sera faible. Mais comme l'offre de main-d'œuvre dépend de nombreux facteurs, il est beaucoup plus difficile de lier une augmentation de cette offre au niveau des droits d'inscription. Par exemple, la diminution de la participation des parents au coût au Danemark en 1991 a entraîné un recours plus fréquent aux gardes. Néanmoins, les taux d'activité des femmes ont diminué de 1991 à 1995 pour remonter ensuite.

131|

La possibilité de faire garder les enfants en-dehors des heures normales de travail pose un problème dans tous les pays. Si les tendances au développement de formes atypiques d'emploi et d'horaires se poursuivent, ce problème se posera de plus en plus à l'avenir. La question de la rigidité des horaires de garde concerne aussi la population scolarisable et la demande de garde en dehors des heures de classe va probablement augmenter. Aux Pays-Bas, les parents sont en plus confrontés au problème de l'incertitude des horaires de classe, ce qui rend une planification à terme pratiquement impossible. Les politiques et les pratiques actuelles dans ce domaine sont particulièrement peu favorables aux familles. Par ailleurs, les Pays-Bas ont commencé à réfléchir à toute une série de questions concernant l'équilibre entre vie professionnelle et personnelle, ce qui pourrait conduire à des solutions au problème posé par le manque de coordination entre les différents services intéressant les enfants.

# Notes

1. Les municipalités sont tenues de placer les enfants de 12 mois et sont encouragées à offrir des places aux enfants à partir de 6 mois. Si elles le font, elles peuvent demander une contribution plus importante des parents (33 % au lieu de 30 % du coût) pour l'ensemble des services d'accueil.

2. A partir du 1er juillet 2001, le dispositif *Australians Working Together* a financé des services supplémentaires de garde en dehors des heures de classe, en particulier dans les zones qui en ont spécialement besoin, telles que les zones rurales et certaines régions. Il a accru le montant de l'aide au paiement de la garde pour les familles de faibles revenus et pour celles qui ont des besoins spéciaux de garde.

3. En 2001, le Premier ministre et le ministre de la Famille et des Services d'intérêt collectif ont annoncé l'ouverture d'un crédit de 65.4 millions de dollars australiens sur une période de quatre ans pour pouvoir offrir davantage de choix de structures d'accueil des enfants, notamment pour les employés travaillant en équipe, les familles qui travaillent en dehors des heures habituelles, celles dont les enfants sont malades et celles vivant dans des zones rurales et régionales, au titre de la politique pour le renforcement des familles et des communautés (DFACS, 2000b). Les soins aux enfants à la maison dispensés par un professionnel et les aides à des centres privés dans le zones rurales font partie des approches utilisées.

4. Ces points de vue sur le développement de l'enfant et sur le rôle des femmes ne vont peut-être pas de soi pour les « nouveaux Danois », les immigrés récents, mais ils sont considérés comme importants pour l'intégration des enfants comme des parents.

5. L'accueil résidentiel spécialisé peut être considéré comme une cinquième catégorie. Il répond à un objectif de protection sociale, pour la protection et le suivi des enfants et des jeunes sous la responsabilité de l'État ou pour des problèmes de santé ou de handicap. Le recours à ces structures a diminué dans beaucoup de pays, la préférence étant donnée au maintien des enfants dans leurs familles plutôt que dans les structures résidentielles. Cela pose des problèmes d'équilibre entre vie professionnelle et familiale qui dépassent le cadre de cette étude.

6. En Australie, les personnes qui gardent de manière informelle les enfants peuvent être enregistrées et les parents peuvent alors bénéficier d'une aide minimum par l'intermédiaire du *Child Care Benefit*.

7. Mais il faudrait prendre en compte le fait que près de 52 % des enfants danois de 2 ou 3 ans passent environ deux heures par semaine dans un centre d'éducation active (OCDE, 1999).

8. Fixé à 5 ans aux Pays-Bas (mais les enfants peuvent rester dans un cycle « préscolaire » jusqu'à 6 ans), 6 ans en Australie et 7 ans au Danemark.

9. La participation a augmenté de 19 % (en prenant en compte l'enseignement présco-laire), mais la croissance a été relativement plus rapide dans l'accueil proprement dit, alors que les effectifs de l'enseignement préscolaire diminuaient de 13 % (ABS, 2000b).

10. Les institutions communautaires d'accueil ont été créées depuis longtemps en Australie où elles ont été à l'origine de la croissance de l'accueil des enfants au cours des années 70. Leur part relative a diminué avec la progression du secteur privé ces dernières années.

11. Il existe encore quelques programmes modestes de financement par le Commonwealth en Australie, lorsqu'il y a des besoins que l'utilisateur a peu de chan-ces d'être en mesure de prendre en charge. Par exemple, le *Supplementary Services Pro-gram* apporte une aide à l'élaboration de programmes, le *Special Needs Subsidy Scheme* (SNSS) permet d'aider les enfants qui ont un besoin permanent d'aide, en particulier les handicapés, grâce au financement de personnel supplémentaire ; des ressources limitées sont aussi disponibles pour la formation continue. Des financements sont éga-lement accordés aux services multifonctionnels s'adressant aux Aborigènes, à des cen-tres d'accueil occasionnels et à des unités de coordination de l'accueil familial, ainsi qu'à des services dans les zones défavorisées pour une durée limitée. Les États et les Territoires financent également un enseignement préscolaire, directement aux presta-taires, comme pour le financement de l'éducation.

12. Aux Pays-Bas, les municipalités peuvent utiliser librement la part qu'elles destinent à l'accueil des enfants sur le fonds municipal ; elles peuvent décider également la part du fonds de réintégration destiné à cet accueil. En revanche, elles ne peuvent décider de l'affectation des fonds du programme KOA. Il est à craindre que si de nouveaux cré-dits sont ouverts au bénéfice de groupes particuliers, comme dans le cas du pro-gramme KOA, les dépenses en faveur de ces groupes venant des financements à la discrétion des municipalités soient simplement réduites, ce qui annulerait l'effet des nouveaux financements. Une nouvelle initiative peut donc garantir un minimum de res-sources au bénéfice d'un groupe, mais pas nécessairement une augmentation réelle des dépenses pour l'accueil des enfants.

13. En général, le financement par les employeurs *ne couvre pas* l'accueil par les assistantes maternelles. L'accueil familial privé (*Gastoudergezinnen*) existe aux Pays-Bas, mais n'est pas réglementé. Les employeurs ne pourraient donc pas vérifier que les enfants béné-ficient de cet accueil (ou par exemple de la garde par les grands-parents), alors que cette formule est souvent plus économique et est préférée par beaucoup de parents.

14. Au Danemark, les entreprises privées et publiques peuvent créer des structures d'accueil dans l'entreprise pour leur personnel. Les enfants des employés auront droit à une partie ou la totalité des places. Il peut s'agir d'installations autonomes pour l'accueil de jour, ou elles peuvent résulter d'un accord avec les autorités locales et être soumises à un financement ordinaire. L'entreprise peut apporter un financement complémentaire.

15. Les employeurs ont recours à différents systèmes (Arbeitsinspectie, 2001). Le type de contribution mentionné plus haut est répandu, mais certains employeurs fixent un pla-fond à leurs dépenses, ce qui contribue aux différences de niveau d'aide apportée aux parents suivant les secteurs. Il est également possible que de nouveaux parents (ou de nouveaux salariés) faisant une demande de subvention apprennent que le budget est déjà épuisé, ce qui signifie qu'il leur faudra attendre une nouvelle année (ou que d'autres salariés sortent du système) avant de pouvoir obtenir une aide.

16. Ce type d'accord était originellement prévu pour les enfants de la naissance à quatre ans. Il est maintenant étendu pour la garde des enfants en dehors de l'école jusqu'à l'âge de 12 ans. Avec cette extension, le coût des subventions va augmenter.

17. Au Danemark, les municipalités peuvent aussi diminuer la contribution des parents si elles souhaitent différencier les prix des divers types de garde. Les droits d'inscription peuvent aussi varier suivant l'âge des enfants, pour répondre aux différences de coût suivant l'âge.

18. Le financement est versé pour un minimum de 8 semaines et un maximum de 12 mois. La garde à la maison doit être se dérouler sur une période continue. La subvention ne peut dépasser le montant de l'allocation journalière et ne peut concerner plus de trois enfants à un moment donné.

19. Les dépenses actuelles s'élèvent à 1.36 milliards de dollars australiens (2000-2001). Le gouvernement a dépensé 4.7 milliards de dollars de 1997 à 2001, ce qui représente une augmentation de 36 % sur les quatre années précédentes. Pour l'année 2001-2002, le projet de dépenses s'élève à 1.52 milliard de dollars australiens (DFACS).

20. Également utilisées par certains employeurs pour déterminer le niveau des subventions qu'ils attribueront au titre de l'allocation CAO.

21. Le coût de la garde des enfants de moins de 13 ans est déductible de l'impôt sur le revenu, lorsqu'il dépasse le niveau des directives. L'organisme de garde doit être agréé et la déduction ne peut dépasser 19 393 NLG (Ministerie van Financien, 2001).

22. Suivant la même enquête, au début des années 90, 47 % des 194 000 femmes en âge de travailler considéraient que la garde de enfants était la principale raison pour laquelle elles ne cherchaient pas un emploi et disaient préférer garder leur enfant à la maison (ACOSS, 2001).

23. La collectivité locale de Zoetermeer, aux Pays-Bas, a défini des normes d'hygiène et de sécurité, dont le contenu comporte 17 titres et 143 critères.

24. Le décret temporaire sur la qualité de l'accueil des enfants (1996) n'est plus valide depuis 2001. Il définissait les responsabilités des municipalités pour la réglementation de la santé et de la sécurité des enfants, le taux d'encadrement, la dimension des locaux et des espaces de jeux, les dortoirs, la réglementation concernant les assistantes maternelles, le rôle des parents, les procédures de réclamation et les politiques pédagogiques mais il n'évoquait pas le développement de l'enfant.

25. En Australie, l'accueil de jour est réglementé par tous les États et Territoires, alors que le placement auprès d'assistantes maternelles est réglementé par certains États et par le Territoire fédéral de Canberra. La garde en dehors des heures de classe est réglementée dans le Territoire fédéral de Canberra et certains autres États vont dans ce sens. Plusieurs États élaborent, revoient ou mettent en place des programmes pour la petite enfance (Australie méridionale, Queensland, Australie occidentale, Nouvelles Galles du Sud et Territoire fédéral de Canberra).

26. Les normes ISO sont enregistrées par l'Organisation internationale de normalisation – organisation non gouvernementale créée en 1947 pour promouvoir la standardisation et d'autres activités proches dans le monde. La participation est volontaire.

27. Par exemple, dans le Territoire fédéral de Canberra, le personnel doit posséder au moins un diplôme acquis après deux ans d'enseignement post-secondaire pour surveiller jusqu'à 18 enfants. Un diplôme complet d'éducation de la petite enfance nécessite quatre ans d'études supérieures et permet de surveiller 33 enfants.

28. En Australie, le Conseil consultatif fédéral pour la garde des enfants a noté dans son rapport intitulé *Child Care : Beyond* 2001 que ces facteurs contribuent au peu de confiance en soi dont faisait preuve le personnel travaillant à l'accueil de jeunes enfants et a souligné la nécessité urgente de résoudre les questions de statut et les différents problèmes qui se posent pour ce personnel.

29. Mais la législation permettant de remettre ce dispositif en route existe toujours.

30. En Australie en 2000, le pourcentage d'hommes ayant des enfants de moins de 12 ans et travaillant en travail posté ou les week-ends était plus élevé que celui des femmes.

31. Le dispositif *Australian Working Together* a prévu en 2001 un financement supplémentaire de 5 300 places pour un montant de 16 millions de dollars australiens sur quatre ans.

32. C'est le même conseil qui suit l'école dans laquelle se situent les groupes récréatifs.

Chapitre 4

# Le congé parental

Dans ce chapitre, on examinera les diverses formules de congé parental dont peuvent bénéficier les parents pour s'occuper de leurs très jeunes enfants après la naissance, leur coût et leur apport en termes de qualité et d'efficacité.

Ces dispositifs de congés sont particulièrement précieux pour les parents, mais ils ont peu d'influence sur les solutions qu'ils adoptent quand les enfants grandissent (chapitres 5 et 6)[1]. Néanmoins, les congés après la naissance sont ou ont été récemment au premier plan des politiques des trois pays. En Australie et au Danemark, le débat sur les politiques publiques a porté sur la garantie de revenu qui accompagne les congés parentaux. Aux Pays-Bas, les discussions ont concerné les congés accordés à tous les travailleurs ayant un enfant à charge.

Ce chapitre présente les différents dispositifs pratiqués, par référence à un certain nombre de critères essentiels (on trouvera des détails sur les dispositifs dans l'annexe générale à la fin de cet ouvrage) : type de congés ; leur utilisation par les hommes et par les femmes ; et dépenses entraînées par ces dispositifs. Dans le reste du chapitre, on analysera les raisons (offre de main-d'œuvre, pauvreté et lissage du revenu familial, équité entre les sexes) qui justifient l'attribution de ces congés, ainsi que leurs conséquences du point de vue de l'efficience et de l'équité, dans le contexte des débats actuels consacrés à ce thème en Australie et au Danemark.

## 4.1. Caractéristiques des types de congé parental dans les différents pays

Pour avoir une vue d'ensemble sur les différents systèmes, le plus simple est de décrire les principales modalités, présentées de manière succincte au graphique 4.1. Il ne s'agit pas de décrire toutes les possibilités offertes à une famille de deux adultes, car elles dépendent en définitive de la décision de la mère d'utiliser toutes les options possibles et de celle du père de bénéficier ou non des congés auxquels il a droit. Par ailleurs, les *familles à faible revenu* peuvent bénéficier d'autres prestations qui ne sont pas spécifiquement liées à des congés. Le graphique 4.1 doit donc être interprété en tenant compte de ces réserves qui

137|

Graphique 4.1.    **Congés que peut prendre la mère : représentation simplifiée**

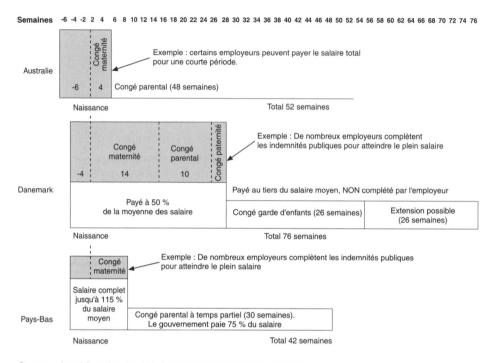

*Source :*   Autorités nationales. Voir également l'annexe à la fin de l'ouvrage.

sont analysées plus en détail ci-dessous. Les critères qui doivent être remplis pour avoir droit à un congé et à une allocation sont analysés en annexe.

En Australie, il est prévu un droit à un congé non rémunéré de 52 semaines à partir de la naissance. Certains salariés sont rémunérés par leur employeur pour une partie de ce congé – par exemple lorsque c'est prévu par une convention collective, pour beaucoup de salariés du secteur public (quatre semaines d'après le graphique et ce n'est qu'un exemple). Jusqu'à six semaines de congés peuvent aussi être accordées avant la naissance. Bien que la grande majorité des employés ne soient pas payés par leur employeur lorsqu'ils sont en congé parental/de maternité, l'allocation (*Family Tax Benefit* B) est accordée à la plupart des ménages ne comportant qu'un seul revenu et elle représente 6 % de la rémunération moyenne, et l'allocation de maternité (*Maternity Allowance*) se présente sous forme d'une somme forfaitaire en fonction des revenus (voir l'annexe générale à la

138

fin de l'ouvrage pour les modalités). Le gouvernement a annoncé des plans pour permettre aux familles d'obtenir le remboursement d'une partie des impôts payés les années précédentes lorsqu'elles ont des enfants (voir ci-dessous).

Au Danemark, la mère a droit à 18 semaines de congé de maternité (dont quatre semaines avant la date prévue de la naissance). La mère a aussi droit pendant cette période à une allocation à taux fixe (environ 55 % du salaire moyen). Mais suivant les conventions collectives, beaucoup d'employeurs apportent un complément jusqu'au niveau du salaire. Par la suite, un congé parental de dix semaines avec la même allocation forfaitaire (et les conventions collectives prévoient aussi souvent que les employeurs apportent ce complément). Après dix semaines de congé parental que peuvent prendre l'un ou l'autre des parents, une période de deux semaines « à prendre ou à laisser » peut être utilisée par les pères. Par la suite, il est possible d'obtenir un congé de 26 semaines pour la garde des enfants, avec une allocation forfaitaire plus faible que les précédents (environ un tiers du salaire moyen). Les conventions collectives peuvent étendre cette période de 26 semaines supplémentaires, mais les employeurs ne financent pas le congé de garde. Comme on le verra ci-dessous, la législation va changer ces dispositifs.

Suivant le système néerlandais, le congé de maternité s'élève à 16 semaines, avec une rémunération de l'État légèrement supérieure au salaire moyen. La législation permet seulement par la suite de prendre un congé non rémunéré à temps partiel (voir ci-dessous). Le cas type est celui d'une mère qui recommence à travailler, mais pendant seulement la moitié des heures qu'elle effectuait auparavant durant six mois. Avec certaines conventions collectives, par exemple dans le secteur public, elle recevrait néanmoins 75 % de son salaire précédent.

Vers l'époque de la naissance, les pères ont droit à un congé d'une durée limitée : une semaine sans salaire en Australie, deux semaines de congé de paternité et deux semaines supplémentaires dans le cadre du « quota du père » au Danemark et enfin deux jours de congés aux Pays-Bas[2]. En 2001, les pères danois pouvaient rajouter deux semaines de congés (le fameux « quota-père ») mais il a été supprimé.

Comme ils sont accordés à titre individuel, le congé parental néerlandais et le congé de garde de l'enfant danois donnent la possibilité d'une utilisation simultanée d'un congé par les deux parents. A l'exception de la première semaine de congé parental, le droit concerne la famille en Australie. Par exemple, au Danemark, les pères pourraient prendre jusqu'à 26 semaines de congés de garde alors que la mère est en congé de maternité. De même, les parents néerlandais dans une famille de deux adultes peuvent prendre un congé au même moment, en travaillant à temps partiel pour garder leurs enfants pendant une période de six mois.

139|

### 4.1.1. Utilisation des congés

C'est au Danemark que l'utilisation des congés est la plus importante. La proportion de femmes salariées en congé de maternité ou en congé parental y est d'environ 3 % et de 1.2 % aux Pays-Bas, ce qui est considérablement plus important qu'en Australie (tableau 4.1). Le taux d'emploi des mères avec de jeunes enfants est comparable à la proportion de mères qui prennent un congé de paternité ou un congé parental au Danemark et aux Pays-Bas (ce taux d'emploi est plus faible en Australie, car un nombre important de mères cesse de travailler à la naissance, voir chapitre 2). Les 37 000 mères ayant recours au congé parental aux Pays-Bas ne représentent qu'une fraction des 125 000 mères qui utilisent le congé de maternité[3]. Cela tient au fait que les critères d'éligibilité sont très stricts (les employés doivent travailler pour le même patron au moins 12 mois alors que les congés de maternités est un droit à toutes les femmes, travailleurs indépendants inclus. En 2000, seulement 10 000 mères de très jeunes enfants ont pris un congé de garde d'enfants (et 80 000 un congé parental). La limite du nombre de femmes prenant un congé de garde d'enfants est certainement due au fait qu'il est sans solde, et à la disponibilité de places d'accueil dans de nombreuses municipalités lorsque l'enfant a 6 mois (chapitre 3).

Les hommes ont droit à un congé, mais ils en profitent peu. La plupart des Australiens et des Néerlandais prennent seulement quelques jours au moment de la naissance. La plupart des pères danois utilisent le congé de paternité de deux semaines et dans environ 20 % des cas, le père s'occupe des enfants pendant les 25e et 26e semaines (période dite « quota-père »). En dehors de ces périodes, ils ont peu de chances de prendre un congé, au même titre que les hommes des deux autres pays.

Tableau 4.1. **Taux d'emploi des femmes et utilisation du congé de maternité ou parental, 1999-2000**

|  | Australie (2000)[a] | Danemark (1999) | Pays-Bas (1999) |
|---|---|---|---|
| Taux d'emploi des femmes | 61.6 | 71.6 | 61.3 |
| Taux d'emploi des mères avec de jeunes enfants[b] | 45.0 | 71.4 | 60.4 |
| Nombre de femmes bénéficiant d'un congé maternité rémunéré d'un an comparé à l'ensemble des naissances | .. | 73.0 | 62.5 |
| Proportion des femmes répertoriées comme employées en congé de maternité ou parental | 0.3 | 3.0 | 1.2 |

.. Données non disponibles.
a) Les données sur le congé parental comportent les congés de garde.
b) En dessous de 3 ans pour l'Australie et le Danemark ; en dessous de 6 ans pour les Pays-Bas.
Source : ABS (2001d) ; OCDE (2001g) ; et calculs du Secrétariat de l'OCDE basés sur les informations communiquées par les autorités nationales.

### 4.1.2. Dépenses pour la rémunération des congés

En Australie, un congé rémunéré est plus souvent accordé par les plus grandes entreprises et dans les secteurs (services financiers, secteur public) qui emploient une grande proportion de femmes qualifiées. Les estimations sur l'importance des congés de maternité rémunérés varient entre 15 et 23 % dans les entreprises du secteur privé qui emploient plus de 20 salariés (Morehead *et al.*, 1997 ; WFU, 1999), mais on ne dispose pas d'informations sur les dépenses des employeurs.

Au Danemark, les dépenses publiques consacrées à la garantie de revenus pendant les congés représentent un peu plus de 0.5 % du PIB (tableau 4.2). La garantie de revenus financée par les crédits publics pendant le congé de maternité ou paternel est complétée jusqu'au niveau de la rémunération complète pour environ 80 % des salariés et représente environ à 0.2 % du PIB[4]. Les dépenses publiques pour le congé de maternité s'élèvent à 0.2 % du PIB aux Pays-Bas et étant donné son niveau élevé, les employeurs doivent seulement payer des compléments aux femmes qui ont les rémunérations les plus élevées.

Tableau 4.2.  **Dépenses publiques pour le financement des congés parentaux et de maternité**
Pourcentages du PIB

| | |
|---|---|
| **Danemark** | |
| Indemnités publiques de congé maternité, congé paternité et congé parental | 0.36 |
| Indemnités publiques de garde d'enfant(s) | 0.13 |
| **Pays-Bas**[a] | |
| Congé maternité | 0.21 |

*a)* En 2001, le gouvernement néerlandais accordait des taxes avantageuses d'environ 11 millions d'euros aux employeurs qui allouaient un congé parental rémunéré à leurs employés.
*Source :*   Autorités nationales.

### 4.2. Équité et efficience

Une période de repos avant et près la naissance est médicalement souhaitable[5], mais il se pose également des problèmes sociétaux qui ont une influence sur les politiques publiques et qui concernent l'offre de main-d'œuvre, l'équité entre les sexes, la garantie de revenu et le développement de l'enfant. On peut également plaider en faveur d'un congé rémunéré s'il réduit la demande de services de garde très subventionnés et déjà sous pression (chapitre 3). Tous ces facteurs ont des conséquences sur les politiques concernant les congés parentaux, mais celles-ci doivent aussi tenir compte des autres utilisations possibles des ressources publiques, qui peuvent être plus efficaces pour atteindre les objectifs souhaités.

### 4.2.1. *Point de vue des employeurs*

Pour les employeurs, un congé payé à l'occasion d'une naissance peut trouver une justification dans la mesure où il peut contribuer à améliorer la motivation des salariés et leur maintien dans l'emploi et/ou à attirer d'autres candidats (chapitre 6). Certains employeurs, en particulier dans le secteur public, peuvent aussi accorder des congés parce qu'ils considèrent qu'ils ont des obligations vis-à-vis de la collectivité. Le coût correspondant comporte trois éléments : la perte de production résultant de l'absence du travailleur ; le versement d'une rémunération (partielle) pendant son absence ; et le coût du recrutement d'un remplaçant. Comme les coûts d'ajustement de l'emploi s'élèvent avec le niveau de qualification, les employeurs sont davantage incités à donner un congé aux plus qualifiés, pour lesquels il est plus difficile et plus coûteux de trouver un remplacement. A l'inverse, l'incitation est moins forte durant les périodes de sous-emploi de la main-d'œuvre, pendant lesquelles il est relativement facile de trouver des remplaçants. En l'absence d'une législation qui étendrait à tous les travailleurs la possibilité de bénéficier de congés rémunérés, la répartition de ceux-ci entre les salariés serait très inégale.

Ces arguments n'ont pas été suffisants pour susciter un important développement des congés de maternité en Australie. Dans les deux autres pays, les employeurs ne sont pas supposés payer une rémunération complète, puisque des allocations sont attribuées par les pouvoirs publics, mais ils apportent souvent un complément. Ce n'est toutefois pas le cas général et les employeurs du secteur privé aux Pays-Bas financent rarement un congé parental.

### 4.2.2. *Impact sur l'offre et la demande de main-d'œuvre*

Comme on l'a vu, si le congé parental n'est pas rémunéré, il est pris moins souvent et pour moins longtemps. Les congés effectivement pris ne donnent cependant pas une bonne indication du coût du remplacement pour les employeurs, car ils ne prennent pas en compte les femmes qui se retirent du travail à la naissance de l'enfant. Et si leur nombre est limité au Danemark, près de 50 % des Australiennes en emploi pendant leur grossesse ne reprennent pas un emploi dans les 18 mois qui suivent la naissance (chapitre 2). L'utilisation d'un congé rémunéré et non rémunéré et la sortie temporaire du marché du travail entraînent des coûts de remplacement pour l'employeur, alors que la nécessité de trouver des travailleurs de remplacement accroît la demande de main-d'œuvre. En termes de coûts de remplacement, les dispositifs de congé rémunéré n'entraînent pas *a priori* des besoins de main-d'œuvre de remplacement différents du congé non rémunéré ou de la cessation d'activité.

Mais en dehors des coûts de remplacement et de la perte de production due à l'absence d'un travailleur, le congé rémunéré est différent du congé non rémunéré et de la cessation d'activité dans la mesure où il entraîne des coûts supplémentaires pour l'employeur, soit en accroissant le poids des prélèvements obligatoires, soit par le versement de la rémunération du salarié absent. Le congé rémunéré accroît donc le coût horaire du travail, ce qui aura un effet négatif sur l'importance de la demande de main-d'œuvre. Cela dit, cet accroissement du salaire horaire effectif peut attirer une offre de main-d'œuvre supplémentaire, qui à son tour exercera une pression dans le sens de la baisse des salaires. L'effet de la rémunération des congés sur l'emploi est incertain.

Le système danois de congés a contribué au maintien constant d'un taux d'activité élevé des femmes au cours des 25 dernières années. En Australie et dans une moindre mesure aux Pays-Bas, les allocations sont sensiblement moins généreuses. Dans ces conditions, le fait de relever les prestations liées à la naissance et donc d'inciter les femmes à reprendre un travail pourrait accroître l'offre de main-d'œuvre féminine. Mais comme les taux d'emploi des jeunes femmes (sans enfants) sont déjà élevés dans les deux pays (chapitre 2) il est probable que cet effet ne serait pas très prononcé.

### 4.2.3. Garantie de revenu par les ressources publiques

Dans les trois pays, des prestations publiques sont attribuées aux familles avec enfants. Les trois pays veulent éviter que le fait d'élever des enfants ne soit un facteur de pauvreté, ce que doivent permettre ces prestations (chapitre 2 et annexe générale à la fin de l'ouvrage). Un congé rémunéré contribue aussi à une répartition du revenu des ménages entre les périodes hautes et basses. C'est là l'une des fonctions traditionnelles des systèmes d'assurances sociales et il n'est pas surprenant que l'on trouve certains dispositifs de congé rémunéré aux Pays-Bas, où le système d'assurances sociales est public, et au Danemark, où il est géré par les partenaires sociaux, mais non en Australie, où cette tradition n'a jamais pris racine et où le système d'imposition et d'allocation permet de financer par l'impôt une allocation sous conditions de revenu.

#### 4.2.3.1. Danemark : le congé rémunéré, élément d'un système institutionnel global

Le système actuel de congé parental au Danemark est le plus généreux parmi les trois pays, et son extension est en cours. Les réformes récentes ne modifient pas les congés paternels et de maternité, mais le droit de la famille à un congé parental de dix semaines a été individualisé et étendu à 40-46 semaines au taux actuel des allocations publiques[6]. Mais le droit concernera la famille, de sorte qu'un seul des deux parents pourra bénéficier d'une allocation pendant la totalité du congé (les parents peuvent prendre ensemble un congé, mais l'ensemble des paiements ne peut excéder le montant payé à un parent prenant un congé d'une durée maximum). Cependant, le congé de garde de l'enfant sera supprimé[7], de sorte que la durée maximale des congés (dont un nombre limité seulement de femmes bénéficiaient) sera réduite. Mais en supposant que les employeurs financent un complément d'allocation pour cette durée plus longue de congé *parental*, la plupart des femmes dans l'emploi seront tentées de prendre 60 semaines de congé après la naissance.

L'abolition des congés pour la garde des enfants et l'extension du congé parental reflètent la prise de conscience de certaines faiblesses du système. Comme le congé de garde peut permettre de prolonger sensiblement la période totale de congé, il est possible que certaines mères soient « prises au piège » si un autre enfant naît après un an ou 18 mois. Il devient possible de passer beaucoup de temps en dehors de l'emploi, en particulier lorsque le congé se combine avec une période d'allocations chômage. L'abolition du congé pour la garde de l'enfant réduit les chances de tomber dans ce piège.

L'extension du congé parental rémunéré s'explique de plus par la difficulté rencontrée par certaines collectivités locales au Danemark pour trouver assez de places de garde pour tous les enfants à partir de l'âge de 6 mois (chapitre 3). Dans le système actuel, la rémunération cesse d'être substantielle après 6 mois, mais s'il n'y a pas de place de garde, un parent (habituellement la mère) est obligé de rester à la maison pour garder son enfant, avec un revenu réduit, jusqu'à ce qu'une place se libère. La prolongation proposée du congé abolira cette baisse de revenu et permettra à la majorité des femmes qui choisissent de reprendre leur emploi précédent de conserver un revenu stable.

De nouvelles propositions du gouvernement autorisent (ce n'est pas obligatoire) les collectivités locales à payer l'équivalent des allocations pour garde d'enfants aux parents qui élèvent eux-même leur enfant chez eux pendant 12 mois. Cela aidera les collectivités locales (en particulier à Copenhague) pour lesquelles l'offre n'est pas en mesure de garantir une place à tous les enfants à partir d'un an. Ce choix consistant à résoudre la question par une extension des congés et par le droit aux parents, habituellement la mère, de garder l'enfant à la maison, ou de payer une personne pour garder l'enfant à la maison plutôt que de développer les services de garde, implique une préférence pour la garde d'enfants à la maison qui n'apparaissait pas dans les politiques suivies ces dernières années[8].

### 4.2.3.2. *Le congé à temps partiel et le retour à l'emploi aux Pays-Bas*

Étant donné le coût élevé de la garde et les limites de la capacité d'accueil aux Pays-Bas, les dispositifs de garde formels sont utilisés – quand ils le sont – à

temps partiel, de même que les modes informels (chapitre 3). De plus, la législation facilite de plusieurs manières l'emploi à temps partiel. L'égalité des droits
entre les travailleurs à temps partiel et les autres, avec des contrats flexibles
(chapitre 6), la loi sur l'adaptation des horaires et les dispositifs de congé à temps
partiel illustrent l'importance du temps partiel dans les politiques néerlandaises.
Cela contribue à expliquer la popularité de l'emploi à temps partiel, en particulier
chez les mères de jeunes enfants (chapitre 2).

Le congé parental à temps partiel est courant aux Pays-Bas. A la différence
des avantages habituellement accordés dans les autres pays, les dispositifs de
congé de longue durée sont conçus pour faciliter aux parents le maintien en
emploi sur la base du temps partiel (proposition pour introduire le congé de
garde à long terme, sur des bases de temps partiel inclues – encadré 4.1). La
législation accorde une diversité d'avantages supplémentaires aux travailleurs
pour qu'ils puissent s'occuper de leurs enfants.

De manière significative, la conception du congé parental est harmonisée
avec la loi sur l'adaptation des horaires, qui permet à un salarié d'adapter ses
horaires de travail, quelle que soit la raison (chapitre 6). Tous les salariés des
entreprises qui emploient plus de dix personnes et qui ont été employés depuis
au moins un an ont le droit de choisir de travailler davantage ou moins d'heures.
Ils doivent suivre une démarche administrative pour demander une modification
de leurs horaires, ce qui peut leur être refusé par les employeurs dans certaines
conditions. Mais comme la charge de la preuve incombe aux employeurs, les
demandes sont généralement acceptées.

Le fonctionnement actuel du système de congé à plein-temps rémunéré,
suivi par une période de travail subventionné avec des horaires limités[9], permet
d'ajuster progressivement le revenu familial jusqu'à ce que l'un des adultes de la
famille travaille à temps partiel. C'est logique dans le système néerlandais, dans
lequel les dispositifs de garde et la législation favorisent le travail à temps partiel,
qui représente une modalité importante pour équilibrer vie professionnelle et
familiale.

### 4.2.3.3. *Australie : garantie de revenu pour les familles qui en ont besoin*

Le système australien de protection sociale n'est pas fondé sur un principe
d'assurance. Il prévoit une garantie de revenu pour certains quand ils en ont
besoin, en fonction de leurs ressources et de critères de revenu (voir annexe à la
fin de cet ouvrage). Conformément à ces principes, le système comporte des prestations qui contribuent au maintien du revenu de certaines catégories de travailleurs pendant la période de congé lié à la naissance. Il y a d'abord une
allocation de maternité conditionnée par le revenu et versée sous forme d'un
montant forfaitaire. Ensuite, il existe l'allocation *Family Tax Benefit* (A) dont le montant

145

## Encadré 4.1.  **La loi sur l'emploi et la garde aux Pays-Bas**

La réforme qui a récemment eu lieu aux Pays-Bas a entraîné l'intégration de différents types de congé pour prendre soin des enfants, d'autres membres de la famille et du conjoint, dans un cadre unique : la loi sur l'emploi et la garde. Celle-ci comporte le droit à un congé de maternité rémunéré (16 semaines), à un congé paternel rémunéré (deux jours), à un congé parental non rémunéré (maximum 6 mois à temps partiel – voir annexe à la fin de l'ouvrage) et des dispositions en cas d'adoption et de naissances multiples. En plus de ces avantages spécifiquement liés aux enfants, d'autres dispositions intéressent d'autres membres du ménage ou de la famille :

- *Congé en cas d'urgence* : congé rémunéré de courte durée pour faire face à une situation inattendue, par exemple le décès d'un membre de la famille.

- *Congé de courte durée* : maximum dix jours par an, pour garder des enfants ou un conjoint ou un compagnon malades. Rémunération au niveau du salaire minimum, ou de 70 % du salaire réel (meilleur cas).

- *Congé d'interruption de carrière* : pour six mois à 444 € par mois (70 % du salaire minimum), mais la durée peut être plus longue, avec l'accord de l'employeur. Mais l'attribution de ce congé est subordonnée au remplacement du salarié par un bénéficiaire d'une allocation. Cette condition, ainsi que le faible niveau de rémunération et le fait que cet avantage n'est pas très connu, ont contribué à limiter son utilisation. Lorsque le dispositif a été lancé en octobre 1998, on s'attendait à ce qu'environ 56 000 personnes en profitent au cours des cinq années suivantes, mais ce n'a été le cas que de 211 salariés (LISV, 2001).

Bien que cela ne figure pas dans la loi sur l'emploi et la garde, le gouvernement néerlandais a par la suite donné aux salariés la possibilité d'utiliser leurs congés de manière plus souple. Ils peuvent désormais être pris, sans aucune perte, pendant une période de cinq ans, avec la possibilité de prendre des congés de longue durée. Les « économies sur les congés » sont aussi possibles : les salariés peuvent économiser une partie de leurs gains ou de leurs congés, jusqu'à 10 % de la rémunération annuelle brut, pour les utiliser plus tard sur une période maximale d'un an. Le montant économisé peut être payé comme un salaire pendant la période de congé.

Il faut aussi prendre en compte la législation approuvée par le Cabinet concernant le *congé de longue durée* dans les cas suivants : assistance à un conjoint mourant, enfant ou parent ou garde d'un enfant atteint d'une maladie mettant sa vie en danger. Le congé sera pris sur la base d'un temps partiel et correspondra à six fois le nombre d'heures contractuelles travaillées et devra être pris sur une période de 12 semaines. Ce congé peut être rémunéré à 70 % du salaire minimum.

est destiné à alléger les coûts d'un enfant et l'allocation *Family Tax Benefit* (B) pour les familles à un seul revenu ou les mères qui ne travaillent pas. Enfin, les familles à faible revenu dont les parents ne gagnent pas plus de la moitié de la rémunération moyenne ont droit à une allocation parentale (*Patnered Parenting Payment*) (voir annexe à la fin de cet ouvrage pour la réglementation de ces différentes prestations). Au total, *Family Tax Benefit* (A) inclu, et pour une période de 14 semaines, la mère d'une famille à faible revenu bénéficierait durant son congé de maternité de prestations équivalentes à 35 % de la rémunération moyenne, financées par la fiscalité générale. Les ménages dont les revenus sont plus élevés bénéficient de prestations beaucoup plus faibles.

Plusieurs solutions pour instituer une rémunération pendant la période de congé liée à la naissance sont en discussion en Australie [voir HREOC (2002) pour les conclusions, les objectifs et le financement]. Une option proposée consisterait à créer un système obligatoire d'assurance des travailleurs ; il s'intégrerait mal au système australien de protection sociale, mais il ne serait pas sans précédents[10]. Une autre option suppose l'intégration des éléments actuels du système de prestations dans un dispositif de congé rémunéré financé par la fiscalité générale. Par exemple, les prestations familiales versées aux adultes d'un ménage dont les revenus sont faibles ou inexistants, pourraient s'intégrer dans la rémunération d'un congé parental ou de maternité d'une certaine durée, indépendamment des gains de l'un des adultes. Les réformes adoptées récemment en Nouvelle-Zélande, dans un système social qui présente certaines similitudes avec celui de l'Australie, illustrent une autre approche[11].

Le gouvernement a annoncé récemment l'instauration d'un crédit d'impôt pour le premier enfant (Howard, 2001). Il permettra à un parent qui cesse son activité professionnelle de récupérer le cinquième de l'impôt qu'il (ou plus souvent elle) a payé durant l'année précédent la naissance et cela pendant une durée pouvant aller jusqu'à cinq ans[12]. Il est clair que ce type de mesure contribuera à lisser les revenus d'une famille sur tout son cycle de vie. A bien des égards, c'est une imitation d'un système d'assurance, avec une allocation minimale d'environ 500 $A par an et un maximum de 2 500 $A. Le montant possible de l'allocation est très inférieur à celui des allocations publiques au Danemark et aux Pays-Bas, mais la durée des versements est sensiblement plus longue.

Néanmoins, malgré l'instauration possible du crédit d'impôt pour le premier enfant, il est clair que le gouvernement australien continue à considérer que le soutien financier pendant le congé devrait être proposé de manière complémentaire par les entreprises et par le système de protection sociale. Comme on l'a vu plus haut, le congé payé par l'employeur ne bénéficie qu'à un petit nombre de travailleurs. Les signes d'un intérêt croissant des employeurs pour créer un congé de maternité rémunéré sont cependant apparus récemment. Par exemple, l'entreprise de commerce de détail *Esprit* a institué un congé rémunéré de

147

12 semaines, une décision significative, car c'est le premier employeur de quelque importance de ce secteur où l'emploi féminin est répandu. L'*Australian Catholic University* avait de son côté institué un congé de maternité rémunéré de 12 mois en 2001. Espérant exploiter l'intérêt pour cette question l'*Australian Capital Territory University* fait campagne pour que la Commission australienne des relations sociales envisage la création d'un congé de maternité rémunéré de 14 semaines. Mais si cette proposition n'est pas retenue, le congé parental/de maternité financé par l'employeur restera vraisemblablement peu répandu en Australie.

### 4.2.4. *Équité entre hommes et femmes*

Le fait que l'utilisation par les hommes d'un congé parental soit si rare (voir ci-dessus) peut être considéré comme préoccupant, pour deux raisons. Tout d'abord, il illustre la ségrégation entre sexes pour élever les enfants et il y contribue. Une participation plus active des pères à l'éducation de la petite enfance peut changer l'attitude masculine et peut même être utile au développement de l'enfant, mais cela implique que les pères prennent davantage de congés.

En second lieu, si les hommes prennent davantage de congés, cela réduirait les discriminations dont souffrent les femmes sur le marché du travail, du fait qu'elles sont perçues comme coûtant plus cher (parce qu'elles ont plus de chances de prendre des congés). Par exemple, lorsqu'ils ont à choisir entre deux candidats comparables au recrutement, les employeurs seront incités à choisir celui qui a le moins de chances de profiter d'un congé parental, avec le coût que cela implique. Comme c'est le plus souvent le cas des femmes, les employeurs sont incités à ne pas recruter celles qui sont en âge d'avoir des enfants. En pratique, ces considérations sont tempérées par d'autres facteurs. La législation sur l'égalité des chances peut limiter certains cas de discrimination parmi les plus graves (chapitre 6). De plus, les femmes, peuvent s'orienter vers les employeurs qui ont le moins de chances de faire de la discrimination (exemple le secteur public), ce qui conduit à une ségrégation par type d'emploi, qui peut nuire à l'efficacité économique du marché du travail. Il reste des différences importantes et inexpliquées entre les rémunérations des hommes et des femmes : par exemple en Australie l'écart est de 10 % (chapitre 2). Les facteurs tels que le type d'éducation et de profession ne rendent compte que d'environ 39 % des différences de rémunération, le pourcentage restant (pour 61 %) demeurant inexpliqué (Reiman, 2001).

Mais il est difficile d'amener les hommes à prendre davantage de congés, car ils ont habituellement l'impression que cela nuit à leur carrière. S'ils reprennent leur activité après un congé, ils ont davantage de chances d'être accusés de « ne pas prendre leur travail au sérieux » que les femmes dans des circonstances semblables. Aussi, même si les allocations de congé parental sont attribuées intégralement à l'un des deux parents, les coûts d'opportunité à long terme seront plus élevés si c'est l'homme qui bénéficie du congé, en raison du préjudice que cela peut entraîner pour sa carrière. Même au Danemark, malgré la mise en place de politiques visant l'équité entre les sexes, le fait de prendre un congé parental prolongé semble encore présenter des risques pour la carrière du père. Tant que le comportement des hommes reste traditionnel, les incitations économiques laissent prévoir que les mères resteront les principales utilisatrices des congés de longue durée et conserveront la responsabilité première de la garde des enfants. Comme un congé de longue durée peut avoir un effet négatif sur les compétences professionnelles et sur la carrière et les rémunérations, le fait de bénéficier de ce type de congé réduit les perspectives de carrière des femmes et nuit à l'équité entre les sexes (encadré 4.2).

*Le financement des congés*

Du point de vue de l'équité entre les hommes et les femmes, il est important de considérer la manière dont les prestations de garantie de revenu sont financées. Si elles le sont directement par les entreprises, ou si elles se fondent sur le « profil de risque » des entreprises, celles qui emploient davantage de « jeunes » femmes payeraient davantage que celles qui emploient surtout des hommes. D'un autre côté, si les contributions sont fondées sur l'emploi des hommes aussi bien que des femmes, ou sont payées par tous les salariés (système d'assurance sociale), ou sont financées par l'État avec la fiscalité générale, alors le coût des congés n'est pas supporté par un employeur, ce qui réduit l'incitation à une attitude discriminatoire.

Aux Pays-Bas, les congés de maternité sont financés par les contributions à l'assurance chômage, qui sont les mêmes pour tous les employeurs et salariés du secteur privé. Le coût des allocations publiques de maternité est donc également partagé entre tous les employeurs, quelle que soit la proportion de main-d'œuvre féminine qu'ils emploient. Cela permet non seulement de répartir les coûts, mais aussi d'éviter une sélection en fonction des risques et une discrimination entre salariés.

Suivant le système danois, la redistribution entre employeurs est plus limitée. Au Danemark, chacun des employeurs et syndicats gère des fonds séparés en fonction des professions. L'État prend en charge le congé de maternité, le congé paternel et parental, jusqu'à 55 % de la rémunération moyenne, le reste du coût étant supporté par les employeurs et les salariés dans un secteur donné et non de manière intersectorielle. Les syndicats dominés par les hommes ne sont pas nécessairement progressistes dans leur attitude vis-à-vis de la rémunération du congé paternel ou de maternité. Par exemple, le syndicat danois des travailleurs des métaux gère un dispositif pour les congés de maternité qui est relativement peu coûteux, car les femmes ne représentent que 1 à 2 % des salariés. D'autres

Encadré 4.2. **Les congés de longue durée et leur impact
sur les rémunérations des femmes**

Le fait de prendre un congé de longue durée peut avoir un effet négatif sur les compétences professionnelles et sur la carrière et les rémunérations (voir Edin et Gustavsson, 2001 pour une vue d'ensemble sur la relation négative entre interruption de travail et qualifications). Cette situation est illustrée par les revenus des mères en Australie pendant la durée de leur vie. A tous les niveaux d'éducation, les mères ont en moyenne une rémunération inférieure aux deux tiers de celles des femmes sans enfants, tout au long de leur vie. Et comme les pensions de retraite dépendent de la vie professionnelle, cette différence persiste chez les personnes âgées. Cependant, comme les mères australiennes ont plus de chances qu'autrefois de reprendre un travail rapidement après la naissance, l'écart entre les revenus des femmes sans enfants et avec enfants pendant leur vie entière a diminué de plus de moitié entre 1986 et la fin de 1997. Cet écart reste cependant considérable, puisqu'il se situe à environ 160 000 $A (Chapman *et al.*, 2001).

Ce constat contraste fortement avec les résultats d'une étude récente au Danemark, suivant laquelle le fait d'avoir des enfants *ne semble pas* avoir d'influence sur la rémunération de leur mère, par comparaison avec celle des autres femmes (Datta Gupta et Smith, 2002). La naissance d'un enfant entraîne une croissance plus faible de la rémunération des mères, ce qui reflète la dépréciation de leur capital humain pendant leur période de congé, mais cet effet est temporaire et les mères de famille rattrapent les autres femmes quelque temps après avoir repris leur emploi. Bien que les méthodologies suivies par ces études ne soient pas entièrement comparables, il paraît raisonnable de supposer que les différences entre pays reflètent des probabilités différentes de retour à un emploi à plein-temps peu après la naissance.

L'effet de dépréciation du capital humain se fait particulièrement sentir sur les gains des travailleurs les plus qualifiés au Danemark pendant toute leur vie et contribue également aux différences de rémunérations avec les hommes. Au Danemark, l'écart entre les niveaux de rémunération des hommes et des femmes est resté stable à environ 10 % au cours des quinze dernières années. Mais alors que cet écart a diminué pour les moins qualifiés, il semble s'être aggravé pour les plus qualifiés (Datta Gupta *et al.*, 2002). Il est clair que l'effet des congés sur l'accumulation et la dépréciation du capital humain est plus important pour les travailleurs les plus qualifiés. De plus, les femmes qualifiées sont souvent employées dans le secteur public et non dans le secteur privé où la croissance des rémunérations a été la plus forte. Enfin, dans les tranches de salaires plus élevées, les danoises travaillent moins longtemps que les hommes, tandis qu'elles passent davantage de temps à des activités ménagères non rémunérées, ce qui limite encore leurs possibilités de carrière.

syndicats comportant une plus forte proportion de femmes cherchent le moyen d'une plus large mise en commun des ressources entre les secteurs, mais n'ont pas réussi à ce jour.

## 4.3. Conclusions

Pour les (futurs) parents qui préfèrent à la fois rester en activité et avoir une famille, il est très important de pouvoir prendre du temps vers l'époque de la naissance sans risquer de perdre son emploi. La possibilité d'une garantie de revenus pendant cette période permet de maintenir le revenu du ménage à un niveau proche de celui du salaire et si le congé est suivi par un retour à l'emploi, il permet une certaine continuité du revenu alors que les charges du ménage augmentent vraisemblablement. Au Danemark, où les mères reprennent généralement un travail dès qu'une place est disponible pour garder leur enfant, elles reçoivent au moins un certain revenu entre temps. Le système danois garantit à l'un des parents en activité le droit à s'occuper de son enfant. Le système néerlandais permet une transition progressive de l'emploi à plein-temps vers le temps partiel, ce qui est logique étant donné l'importance du temps partiel pour aider les familles à équilibrer leur vie professionnelle et familiale.

En Australie, une aide sociale est apportée à tous les ménages qui en ont besoin, mais elle est sans rapport avec l'activité professionnelle bien que le crédit d'impôt pour le premier enfant puisse contribuer modestement à lisser le revenu sur l'ensemble de la vie et compenser le fait que les mères doivent s'arrêter (ou réduire leur temps de travail) avec une naissance. Il y a eu récemment un débat public sur la rémunération d'un congé de maternité et d'un congé parental. L'éventuel développement d'un congé parental rémunéré peut vraisemblablement résulter d'une négociation entre partenaires sociaux. Si des accords dans ce sens peuvent devenir plus fréquents, il semble peu probable qu'ils s'étendent à une forte proportion de la main-d'œuvre australienne.

L'extension des dispositifs de congés rémunérés pourrait inciter les femmes à travailler en augmentant le profit qu'elles en retirent. Mais comme l'offre de travail des jeunes femmes est déjà importante, les résultats seraient probablement limités. La réforme projetée au Danemark doit être neutre en terme d'offre de main-d'œuvre, mais les projections ne tiennent pas compte d'une pression possible sur les employeurs pour qu'ils étendent la période durant laquelle ils complètent les prestations. Le coût élevé du travail limite également les chances d'une générosité plus grande vis-à-vis des congés dans les deux autres pays.

Les congés liés à la naissance ont été ou sont encore un problème pour les politiques suivies en Australie et au Danemark. Mais leur relation avec la question de la conciliation entre vie familiale et professionnelle doit être abordée en tenant compte d'autres objectifs des politiques sociales (indépendance des femmes

151|

et impact sur le revenu familial), ainsi que du coût et des politiques alternatives qui pourraient plus efficacement accroître l'emploi des familles de faible revenu (chapitre 5).

En fait, des dispositifs mal conçus en ce qui concerne les congés rémunérés peuvent avoir un effet négatif sur l'équité entre les hommes et les femmes. C'est seulement si un congé rémunéré est financé de manière clairement redistributive (par des contributions ou par la fiscalité générale) que le coût n'est pas à la charge d'un employeur particulier, ce qui réduit les incitations à la discrimination. Suivant ce principe, le système de financement néerlandais est plus équitable que le système danois.

Dans les trois pays, la pratique actuelle de prise de congé est considérée comme peu satisfaisante du point de vue de l'équité entre les sexes. Il est intéressant de noter que la réforme danoise prévoit d'abolir le « quota des pères » pour les congés utilisés par environ 20 % des pères. On espère que grâce à une extension des avantages, les pères profiteront mieux du dispositif. Mais cela ne semble pas une hypothèse réaliste. Aussi longtemps que les carrières des pères seront négativement affectées par le fait de prendre un congé, les coûts d'opportunité pour le ménage seront plus faibles lorsque c'est la mère qui utilise le congé. Dans les trois pays, un changement culturel dans le monde professionnel semble nécessaire pour qu'une répartition plus équitable des congés parentaux soit possible.

Un congé de longue durée nuit à l'évolution ultérieure de la rémunération des mères. Ne serait-ce que pour cette raison, un congé rémunéré ne peut couvrir qu'une courte période de l'éducation de l'enfant. A l'exception importante du congé à temps partiel aux Pays-Bas, il ne fait que retarder le moment auquel les parents sont confrontés à la difficulté réelle de trouver un équilibre entre vie professionnelle et familiale. L'intérêt que suscitent ces congés pour les politiques publiques paraît disproportionné avec leur utilité.

# Notes

1. Le chapitre 6 évoque les congés donnés par l'employeur en cas de maladie de l'enfant.

2. Le congé de paternité n'est devenu un droit aux Pays-Bas qu'au 1er décembre 2001, avec la mise en œuvre de la législation sur l'emploi et la garde des enfants. Jusque là, la plupart des pères ne bénéficiaient que d'un ou quelques jours de congés accordés par les conventions collectives. En 1999, 15 % des nouveaux pères n'avaient pas eu droit à un congé de paternité.

3. Près des deux tiers des salariés qui bénéficient du congé parental sont employés par le secteur public, sans doute parce qu'ils reçoivent souvent un complément jusqu'à 75 % de leur rémunération pendant le congé, alors que le congé parental du secteur privé n'est généralement pas rémunéré (Arbeidsmarketninspectie, 2001). Des mesures fiscales ont été adoptées en 2001 pour stimuler le secteur privé.

4. Les dépenses publiques sont équivalentes à environ 55 % du salaire de l'ouvrier moyen et entraînent une dépense de 0.36 % du PIB. Le complément de rémunération sera donc équivalent à 45 % du revenu moyen et est versé à environ 80 % des travailleurs. Par conséquent, le coût des allocations payées par les employeurs est d'environ 0.23 % du PIB.

5. Le congé de maternité après la naissance permet à la mère d'allaiter plus facilement à la maison que sur le lieu de travail.

6. Le congé sera rémunéré à 100 % du niveau maximum de l'allocation de chômage pour un maximum de 32 semaines. S'il est pris pour 48 semaines (40 semaines est un maximum pour les mères sans emploi), le taux hebdomadaire sera ajusté (32/48 de l'allocation de chômage). Le coût supplémentaire prévu est à 15 % du budget actuel, pour atteindre près de 5.8 milliards de couronnes ; il sera financé par des coupes sur d'autres budgets (exemple : réduction de l'importance de l'administration). L'impact prévu sur l'offre de main-d'œuvre devrait être nul, ou limité (Finansministeriet, 2002).

7. Tous les parents ayant des enfants nés avant le 1er janvier 2002 ont encore droit à un congé de garde de l'enfant qui peut être pris jusqu'à ce que l'enfant ait neuf ans. Ce système ne cessera qu'en 2010.

8. Le Conseil national de l'enfance du Danemark considère qu'il est préférable pour les enfants d'être à plein-temps avec leurs parents jusqu'à l'âge de un an.

9. Plutôt que de modifier immédiatement leurs horaires de travail, les parents sont financièrement incités à utiliser d'abord le congé parental, puisque durant cette période les contributions aux caisses de retraite privées ne sont pas réduites au prorata des horaires.

10. Il existe des contributions obligatoires aux dispositifs de retraites.

11. Le dispositif de congé parental rémunéré en Nouvelle-Zélande, mis en place depuis juillet 2002, prévoit 12 semaines de congé rémunéré au taux d'environ 70 % de la rémunération moyenne des femmes, ou de 100 % de la rémunération précédente – le plus faible des deux (New Zealand Government, 2002). Un parent peut prendre un congé non rémunéré pour le reste d'une période jusqu'à 52 semaines après la naissance (comme en Australie). Le financement proviendra de la fiscalité générale. Les dépenses correspondant au congé parental et aux exonérations fiscales existantes soumises à un critère de revenu (pour les familles qui ont un faible revenu) représenteront environ 0.12 % du PIB.

12. L'intéressé doit rester à domicile pour s'occuper de l'enfant. Le crédit d'impôt est payé à la fin de chaque année fiscale, dans le cadre de la détermination de l'impôt à payer.

*Chapitre 5*

# Promouvoir l'emploi des femmes

Ce chapitre étudie dans quelle mesure les politiques mises en place peuvent influer sur la décision de travailler ou non des parents (et des mères en particulier). Il mesure les incitations financières des systèmes fiscaux et d'allocations mais aussi les conditions requises pour la recherche d'un emploi.

## 5.1. Introduction

Au Danemark, les politiques considèrent comme évident que, sauf durant la période qui suit immédiatement la naissance du bébé, les parents souhaitent travailler à plein-temps. En Australie, la situation est un peu plus nuancée. On peut probablement dire que les attitudes sociales sont en faveur de la garde des plus jeunes enfants par leur mère à la maison (chapitre 2). Cependant, les politiques concernant la garde des enfants et les prestations (au moins pour les parents isolés) ont été modifiées pour rendre le travail (y compris le travail à temps partiel) plus intéressant sur le plan financier. La situation aux Pays-Bas est encore plus complexe. Comme en Australie, la société suppose que les enfants sont mieux élevés par leurs parents. Mais le travail de ceux-ci est de plus en plus courant, les femmes travaillant souvent à temps partiel. Le modèle d'« un emploi et demi » est répandu. Le souci d'une meilleure équité entre les sexes conduit à souhaiter une répartition plus égale des congés rémunérés entre les parents et un modèle d'emploi « deux fois deux tiers » inspire certains aspects des politiques publiques.

Ce chapitre aborde les politiques publiques concernant les conditions d'emploi des parents. Les questions évoquées concernent le système fiscal, les allocations et les dispositifs visant à aider à la recherche d'emploi.

## 5.2. Incitations financières à l'emploi

On peut être incité ou non à avoir une activité professionnelle pour de nombreuses raisons, y compris la satisfaction personnelle, la pression sociale, les relations sociales. Pour ces différentes raisons, on peut rechercher un emploi plutôt que de bénéficier de prestations sociales, même si cela n'améliore pas la situation et parce que l'on croit que même un emploi mal payé est la meilleure manière de s'intégrer dans le marché du travail et d'obtenir à terme une meilleure situation. Par conséquent, l'examen des avantages financiers du retour à l'emploi ne peut expliquer complètement dans quelle mesure un individu ou une famille recherchera un emploi rémunéré. Il est cependant raisonnable de supposer que les incitations financières représentent une motivation importante pour travailler et que, toutes choses égales par ailleurs, une modification des incitations financières affectera les taux d'emploi[1].

### 5.2.1. Incitations à un second emploi dans le ménage

Une manière de comparer le rendement financier d'un second emploi dans le ménage entre les différents pays consiste à supposer que le premier a un niveau de rémunération fixe et de voir comment le revenu net est modifié par un deuxième apport de revenu. Cette approche implique que le travail de l'un est sans rapport avec celui de l'autre, ce qui n'est probablement pas tout à fait exact. Mais cette approche montre le fonctionnement du système d'imposition et de prestations.

Le tableau 5.1 examine comment, dans un couple avec deux enfants, alors que la rémunération du premier adulte est au niveau de la moyenne nationale, les impôts, les avantages sociaux et le revenu net évoluent lorsqu'un deuxième adulte gagne un tiers de la rémunération moyenne (ce qui peut être interprété comme un travail à temps partiel). Tous les chiffres sont exprimés en pourcentage de cette moyenne. Les trois pays diffèrent considérablement sous divers aspects : existence de prestations (comme au Danemark et dans une moindre mesure aux Pays-Bas) ; impôts locaux (plus importants que l'impôt national au Danemark) ; cotisations sociales (plus importantes que les impôts aux Pays-Bas, mais importantes au Danemark). Il s'ensuit qu'il peut être trompeur de mettre l'accent sur *un seul* aspect du système (par exemple les prestations familiales) si d'autres aspects du système fiscal et de prestations ont des effets différents. Plutôt que d'étudier en détail la structure du système d'imposition, il est donc plus éclairant de s'attacher aux différences concernant le revenu *net* et le total des paiements à l'État, déduction faite des prestations.

La ligne 12 du tableau 5.1 confirme que les transferts *nets* à l'État (en tenant compte des impôts et des cotisations sociales d'un côté et des allocations de l'autre) varient considérablement d'un pays à l'autre. Alors que les versements nets à l'État d'un couple avec un seul salaire au niveau de la moyenne nationale et avec deux enfants représentent en Australie un peu plus de 11 % du revenu brut, aux Pays-Bas, ce chiffre passe à 21 % et au Danemark à plus de 30 %.

Si le conjoint ou concubin du premier salarié du ménage prend à son tour un emploi pour gagner un tiers du salaire moyen, le total des impôts payés en Australie change peu (ligne 10) – 3.3 % supplémentaires en impôts, soit seulement

156

Tableau 5.1. **Avantage financier résultant d'un deuxième apport de revenu dans le cas d'une rémunération faible**

| | | Australie | | Danemark | | Pays-Bas | |
|---|---|---|---|---|---|---|---|
| | Niveau de revenus (premier adulte – second adulte) | 100-0 | 100-33 | 100-0 | 100-33 | 100-0 | 100-33 |
| 1 | Salaires bruts | 100.0 | 133.3 | 100.0 | 133.3 | 100.0 | 133.3 |
| 2 | Abattements de base | | | | | | |
| | *Déductions au titre des cotisations sociales et autres impôts* | | | 9.3 | 12.6 | 2.8 | 2.8 |
| | *Frais professionnels* | | | 2.4 | 4.8 | | |
| | *Total* | 0.0 | 0.0 | 11.7 | 17.4 | 2.8 | 2.8 |
| 3 | Crédit d'impôts ou transferts inclus dans l'impôt sur le revenu | 0.0 | 0.0 | 0.0 | 0.0 | 5.7 | 7.8 |
| 4 | Revenu imposable au titre de l'impôt de l'administration centrale (1 – 2 + 3) | 100.0 | 133.3 | 88.3 | 116.0 | 102.9 | 138.3 |
| 5 | Impôt dû à l'administration centrale (sauf crédit d'impôts) | | | | | | |
| | *Impôts sur le revenu* | 21.6 | 24.6 | | | | |
| | *Cotisation assurance maladie* | 1.5 | 1.8 | | | | |
| | **Total** | **23.1** | **26.4** | **5.5** | **7.2** | **9.6** | **10.7** |
| 6 | Crédit d'impôts | | | 1.4 | 1.4 | 1.3 | 1.5 |
| **7** | **Montant définitif de l'impôt de l'administration centrale (5 – 6)** | **23.1** | **26.4** | **4.1** | **5.8** | **8.3** | **9.2** |
| 8 | Impôts des collectivités décentralisées | | | 21.8 | 30.9 | | |
| 9 | Contribution salariale obligatoire sécurité sociale | | | 11.7 | 17.4 | 19.2 | 28.4 |
| 10 | **Total des montants payés à l'ensemble des administrations (7 + 8 + 9)** | **23.1** | **26.4** | **37.5** | **54.1** | **27.6** | **37.6** |
| 11 | Prestations en espèces versées par les administrations | 11.9 | 4.8 | 6.7 | 6.7 | 6.1 | 6.1 |
| | *Au chef de famille* | 6.4 | | | | | |
| | *Pour 2 enfants* | 5.5 | 4.8 | 6.7 | 6.7 | 6.1 | 6.1 |
| 12 | **Rémunération nette (1 – 10 + 11)** | **88.8** | **111.7** | **69.1** | **85.9** | **78.6** | **101.8** |
| 13 | Contribution patronale obligatoire sécurité sociale | | | 0.6 | 1.2 | 16.2 | 21.1 |

*Source :* Calculs basés sur OCDE (2002f).

10 % du gain supplémentaire. Mais la perte du crédit d'impôt familial (ligne 11) est importante, de plus de la moitié. Ainsi un revenu brut correspondant à un tiers du salaire moyen augmente le revenu net du ménage d'environ 23 %, le taux d'imposition effectif du second salarié du ménage étant de 31 %.

Au Danemark et aux Pays-Bas, les allocations ne sont pas modifiées par l'apport d'un second revenu, mais le total des impôts et des cotisations sociales l'est certainement. Au Danemark, l'apport d'un seconde rémunération dans un ménage dont le revenu est faible représente 16.8 % du salaire moyen – soit un

157

taux effectif d'imposition de 50 % sur le second salaire. Aux Pays-Bas, ce taux d'imposition du second revenu est d'environ 30 %.

Le tableau 5.2 présente les mêmes calculs, mais en supposant cette fois que le second revenu soit équivalent aux deux tiers du salaire moyen. Les taux effectifs d'imposition du second revenu à ce niveau plus élevé sont très comparables à ceux qui viennent d'être mentionnés. En Australie, le revenu supplémentaire augmenterait le revenu familial net de 47 % du revenu moyen, ce qui correspond à un

Tableau 5.2.  **Avantage financier résultant d'un deuxième apport de revenu dans le cas d'une rémunération moyenne**

|  |  | Australie | | Danemark | | Pays-Bas | |
|---|---|---|---|---|---|---|---|
|  | Niveau de revenus (premier adulte – second adulte) | 100-0 | 100-67 | 100-0 | 100-67 | 100-0 | 100-67 |
| 1 | Salaires bruts | 100.0 | 166.7 | 100.0 | 166.7 | 100.0 | 166.7 |
| 2 | Abattements de base |  |  |  |  |  |  |
|  | *Déductions au titre des cotisations sociales et autres impôts* |  |  | 9.3 | 15.6 | 2.8 | 3.8 |
|  | *Frais professionnels* |  |  | 2.4 | 4.8 | 0.0 | 0.0 |
|  | *Total* | **0.0** | **0.0** | **11.7** | **20.4** | **2.8** | **3.8** |
| 3 | Crédit d'impôts ou transferts inclus dans l'impôt sur le revenu | 0.0 | 0.0 | 0.0 | 0.0 | 5.7 | 9.9 |
| 4 | Revenu imposable au titre de l'impôt de l'administration centrale (1 – 2 + 3) | 100.0 | 166.7 | 88.3 | 146.3 | 102.9 | 172.7 |
| 5 | Impôt dû à l'administration centrale (sauf crédit d'impôts) | 0.0 | 0.0 | 5.5 | 10.9 | 9.6 | 12.7 |
|  | *Impôts sur le revenu* | 21.6 | 33.3 |  |  |  |  |
|  | *Cotisation assurance maladie* | 1.5 | 2.5 |  |  |  |  |
|  | **Total** | **23.1** | **35.8** | **0.0** | **0.0** | **0.0** | **0.0** |
| 6 | Crédit d'impôts | 0.0 | 0.0 | 1.4 | 1.4 | 1.3 | 1.6 |
| **7** | **Montant définitif de l'impôt de l'administration centrale (5 – 6)** | **23.1** | **35.8** | **4.1** | **9.5** | **8.3** | **11.1** |
| 8 | Impôts des collectivités décentralisées | 0.0 | 0.0 | 21.8 | 41.0 | 0.0 | 0.0 |
| 9 | Contribution salariale obligatoire sécurité sociale | 0.0 | 0.0 | 11.7 | 20.4 | 19.2 | 38.7 |
| 10 | **Total des montants payés à l'ensemble des administrations (7 + 8 + 9)** | **23.1** | **35.8** | **37.5** | **70.9** | **27.6** | **49.7** |
| 11 | Prestations en espèces versées par les administrations | 11.9 | 4.7 | 6.7 | 6.7 | 6.1 | 6.1 |
|  | *Au chef de famille* | 6.4 | 0.0 |  |  |  |  |
|  | *Pour 2 enfants* | 5.5 | 4.7 | 6.7 | 6.7 | 6.1 | 6.1 |
| 12 | **Rémunération nette (1 – 10 + 11)** | **88.8** | **135.7** | **69.1** | **102.5** | **78.6** | **123.1** |
| 13 | Contribution patronale obligatoire sécurité sociale | 0.0 | 0.0 | 0.6 | 1.2 | 16.2 | 26.8 |

*Source :*   Calculs basés sur OCDE (2002f).

taux d'imposition effectif du second revenu de 30 %. Ce taux serait de 50 % au Danemark (comme c'était le cas pour le second revenu) et aux Pays-Bas de 33 %.

L'interprétation de ces graphiques n'est pas simple. Le taux effectif d'imposition du second revenu de près de 30 %, 30 % et 50 % constaté en Australie, aux Pays-Bas et au Danemark confirme qu'il est financièrement plus avantageux d'avoir un second revenu dans les deux premiers pays. Mais l'avantage financier marginal d'un retour à l'emploi n'est pas le seul élément qui détermine la décision de travailler. Plus un ménage est aisé, plus il peut s'offrir de loisirs, de sorte qu'un ménage aisé peut choisir de n'avoir qu'un seul salaire, le second adulte n'ayant *pas besoin* de travailler. Les taux élevés d'imposition au Danemark peuvent donc avoir l'effet contraire : en dépit de l'avantage net relativement faible que représente l'apport d'un deuxième revenu, par comparaison aux autres pays, celui-ci peut être *nécessaire* pour atteindre le niveau de vie jugé souhaitable.

Le Danemark est souvent considéré comme l'archétype du pays des droits individuels dans son approche de la famille avec deux parents. Cependant, il verse des allocations qui sont presque entièrement transférables, système habituellement associé au modèle dans lequel seul l'homme apporte un revenu. Dans une certaine mesure, l'existence de ce système est possible *à cause* des taux élevés d'imposition. L'incitation négative à chercher un second revenu ne résulte pas seulement du fait que l'allocation est transférable, mais aussi du fait que les taux sont progressifs. Mais la progressivité n'est pas forte, car les taux d'imposition sont déjà assez élevés, même pour les revenus relativement modestes. Avec les deux tiers du revenu moyen, un contribuable subit déjà un taux marginal de 45 % ; il passe à 50 % avec le revenu moyen et à 63 % lorsque le revenu atteint 166 % de la moyenne (OCDE, 2002f). Par conséquent, aux environs du revenu moyen, où se situent la plupart des contribuables, les taux marginaux progressent très peu. Lorsque le premier revenu est plus élevé, alors que l'on pourrait s'attendre à une forte différence des taux marginaux et à une incitation négative à prendre un emploi pour le deuxième adulte, la possibilité de transfert de l'allocation est limitée.

Au Danemark et aux Pays-Bas, l'incitation à travailler pour le second revenu est à peu près insensible aux gains de l'autre membre du couple. Par exemple, si le conjoint gagne les deux tiers du salaire moyen, les taux d'imposition du second revenu si celui-ci représente un tiers d'un salaire moyen, seraient d'environ 50 % au Danemark et de 32 % aux Pays-Bas. Le système australien est lié aux revenus. Un couple avec deux enfants et un salaire unique, aurait droit à un montant important d'allocations familiales soumises à un critère de revenu. Si le partenaire reprenait un emploi, cela réduirait ces allocations. Ainsi, alors que le taux moyen d'imposition d'un second revenu représentant un tiers d'un salaire moyen est d'environ 30 %, lorsque le conjoint gagne lui-même l'équivalent du salaire moyen, le taux passerait à 58 % si ce conjoint gagnait les deux tiers du salaire moyen (et à 64 % si le deuxième revenu correspondait au salaire minimum). Autrement dit, en Australie, l'incitation à travailler

159

pour la personne qui gagne le second revenu diminue d'autant plus rapidement que le premier revenu est faible. Cet effet est commun à tous les systèmes qui comportent des allocations avec des critères de revenu versées à ceux qui sont en emploi. Il a malheureusement pour conséquence de montrer que l'incitation pour le second adulte à travailler est d'autant plus faible que la famille gagne peu, alors qu'il serait particulièrement utile qu'un deuxième salaire permette d'améliorer le revenu, apportant ainsi une plus grande sécurité. Il est peut être important de préciser que le manque d'incitation à travailler pour le second adulte à bas salaire est en grande partie le reflet d'un manque d'incitation pour tous les salariés à faibles revenus.

Le coût de la garde des enfants a aussi une incidence sur l'incitation à travailler et revêt une importance particulière si l'on prend en considération les deuxièmes revenus. Le tableau 3.5 du chapitre 3 illustre le cas où un seul adulte travaille, avec un revenu moyen, le second s'occupant de deux enfants. Les conséquences d'une reprise d'emploi par le deuxième adulte sont étudiées, avec une rémunération aux deux tiers de la moyenne et en ayant recours à un service de garde pour les enfants. Celui-ci coûte 40 % de l'augmentation nette de revenu en Australie, 57 % au Danemark et 61 % aux Pays-Bas. Si l'on considère à la fois la modification des impôts et allocations et le coût de la garde, le revenu familial d'un couple en Australie augmente de 40 % de l'apport du second revenu, de 26 % aux Pays-Bas et de 22 % au Danemark. S'il y avait seulement un enfant nécessitant une garde, le rendement d'un second salaire serait plus élevé, car la mère pourrait conserver 49, 36 et 31 % de ses gains en Australie, aux Pays-Bas et au Danemark respectivement, après déduction des frais de garde.

Le ménage bi-actif évoqué plus haut a un revenu relativement élevé. Au Danemark, les subventions au coût de la garde sont inversement proportionnelles au revenu, de même que les impôts, de sorte que si l'on envisage un niveau de revenu plus faible, cela affecte le gain en chiffres absolus, mais pas vraiment le pourcentage de revenu supplémentaire que conserverait une famille. C'est aussi à peu près le cas aux Pays-Bas (bien qu'il y ait une certaine dose de progressivité dans le taux effectif d'impôt et dans la subvention aux frais de garde). En Australie, la subvention des frais de garde est inversement proportionnelle au revenu. Mais le système d'imposition et d'allocation étant fortement progressif, le gain retiré d'un second revenu, après déduction des frais de garde tombe d'autant plus rapidement que les gains de la seconde source de revenu sont faibles. Si un parent d'une famille de deux enfants qu'il faut faire garder gagne les deux tiers du revenu moyen, le gain net du second revenu est le même dans les trois pays : 30 % en Australie, 25 % aux Pays-Bas et 24 % au Danemark.

On peut faire des calculs sur des situations-types, sachant qu'elles ne sont jamais exemptes de critique.

• Les familles avec deux enfants non scolarisables ne sont pas si nombreuses. Mais il y en a et le chapitre 3 montre que les coûts nets de garde de deux enfants sont nettement inférieurs au double du coût d'une garde d'un enfant.

- On peut discuter l'hypothèse suivant laquelle le second revenu représenterait juste les deux tiers du premier. Mais le chapitre 2 a montré que les femmes qui travaillent au Danemark gagnaient environ 70 % de la rémunération de leur conjoint, au lieu de 26 % aux Pays-Bas et de 44 % en Australie.

- Toutes les familles (ni même beaucoup d'entre elles en Australie et aux Pays-Bas) n'ont pas recours à une institution de garde à plein-temps. Un grand nombre utilisent des solutions informelles, familles ou amis, ou une garde à temps partiel. Ce n'est pas surprenant si l'on considère que les impôts, les cotisations et les frais de garde représentent une si forte proportion de leurs gains.

L'analyse qui précède des incitations au travail était fondée sur l'idée du maintien de la rémunération du premier adulte à un niveau constant, puis l'examen du bénéfice que retirerait une deuxième personne d'un retour à l'emploi. Mais on peut imaginer d'autres comportements de la part de la famille. Par exemple, elle peut décider qu'elle a besoin de maintenir son niveau de revenu, mais qu'elle peut y parvenir par le seul travail du père, ou par une combinaison de deux emplois, l'un à temps plein, l'autre à temps partiel, ou par une rémunération équivalente des deux parents. Le système d'imposition et de transferts sociaux n'étant pas neutre, les politiques publiques peuvent influer sur la répartition de l'emploi dans la famille.

Le tableau 5.3 illustre les effets de différents modes de répartition des gains sur le revenu net de la famille. La manière dont les gains sont répartis entre les deux parents a un impact considérable sur le montant des *impôts* payés, en Australie comme aux Pays-Bas, mais dans les deux cas, ces effets peuvent être modifiés par les cotisations sociales et les prestations familiales. Aux Pays-Bas, les différences d'impôts suivant la répartition des gains entre membres de la famille sont très élevées, mais elles sont largement contrebalancées par des différences également importantes concernant les cotisations sociales. Comme on l'a vu, le système fiscal est basé sur l'individu. Pour les revenus les plus bas, le taux d'imposition est très faible. C'est seulement lorsque le revenu imposable s'élève pour passer dans la seconde tranche (à partir de 133 % de la rémunération moyenne) que l'impôt devient significatif. Mais si des cotisations sociales sont prélevées sur les revenus bruts, comme dans la plupart des pays, certaines d'entre elles le sont dès la première tranche. Lorsqu'une seule personne est rémunérée dans le ménage, cela signifie qu'une seule est soumise à ces prélèvements ; lorsque deux personnes sont rémunérées, les cotisations payées sont plus élevées.

Tableau 5.3.  **Taux moyen d'imposition au Danemark avec un revenu équivalent à 133 % du revenu moyen**

| Première rémunération (% du salaire moyen) | Seconde rémunération (% du salaire moyen) | Moyenne du taux d'imposition | Moyenne des paiements de la sécurité sociale | Total taxes, moins les transferts |
|---|---|---|---|---|
| **Australie** | | | | |
| 1.33 | 0.00 | 26.8 % | 0.0 % | 19.9 % |
| 1.00 | 0.33 | 19.8 % | 0.0 % | 16.2 % |
| 0.67 | 0.67 | 19.0 % | 0.0 % | 15.4 % |
| **Danemark** | | | | |
| 1.33 | 0.00 | 31.2 % | 11.0 % | 37.2 % |
| 1.00 | 0.33 | 27.6 % | 13.0 % | 35.6 % |
| 0.67 | 0.67 | 27.6 % | 13.0 % | 35.6 % |
| **Pays-Bas** | | | | |
| 1.33 | 0.00 | 14.3 % | 13.8 % | 23.5 % |
| 1.00 | 0.33 | 6.9 % | 21.3 % | 23.6 % |
| 0.67 | 0.67 | 3.4 % | 22.6 % | 21.4 % |

*Source :*   Calculs basés sur OCDE (2002f).

La réforme fiscale récente en Australie a bénéficié davantage à la plupart des familles mono-actives en moyenne, qu'aux autres ménages. La principale raison, c'est la création de l'allocation *Family Tax Benefit* (B)[2]. Cette allocation s'adresse généralement aux ménages mono-actifs et est progressivement supprimée pour les familles, dans la mesure des gains apportés par *la seconde* personne rémunérée. Les avantages du dispositif sont donc moindres pour un ménage dont les rémunérations sont également réparties que dans le cas inverse et ils sont plus élevés lorsqu'il n'y a qu'une seule rémunération. Mais cet effet est *moins* important pour la détermination des cotisations que doit payer le ménage que celui d'un système fiscal individualisé et relativement progressif. Étant donné que dans le cas d'une seule personne rémunérée, elle se situe dans une tranche de revenu élevé et paie plus d'impôts, le taux moyen d'imposition du ménage sera d'autant plus faible que les revenus seront répartis plus également. Par conséquent, il existe un léger biais en faveur des ménages bi-actifs en Australie, en dépit de l'existence de l'allocation FTB(B).

On voit qu'une analyse simpliste des effets du système d'imposition et de transferts sociaux peut être très trompeuse. Le système d'imposition au Danemark est formellement supposé favoriser les ménages dans lesquels une seule personne est rémunérée, mais en pratique, les taux élevés d'imposition de toutes les familles et les limites de la transférabilité des allocations pour les titulaires de revenus élevés font que ce n'est pas le cas. Le système australien de prestations sociales paraît également favoriser les ménages avec une seule rémunération, mais en réalité la combinaison d'un système d'imposition individualisé et d'un taux progressif implique que les couples avec deux rémunérations sont aidés au moins autant, ou même davantage. Et le système néerlandais est aussi soigneusement équilibré, de sorte que les ménages dont le niveau de revenu est comparable doivent payer un montant net de cotisations à peu près équivalent.

En conclusion, les mères qui vivent avec un autre adulte, travaillent et font garder leur enfant, ne peuvent espérer conserver qu'une fraction de leur revenu brut. Seules les mères aux revenus élevés auront une fraction significative de leur revenu après déductions des coûts de garde. Cela ne les empêche pas de travailler – parce qu'elles le souhaitent, ou que leur activité sera plus rentable quand leur enfant sera scolarisé, ou qu'un supplément de revenu, si limité soit-il, est mieux que rien – mais dans ces conditions, peu de femmes auront l'illusion de « faire une bonne affaire ».

### 5.2.2. *Incitation à travailler dans les ménages mono-actifs*

Pour la majorité des familles avec enfants, la principale question qui se pose vis-à-vis de l'emploi est de savoir si les deux parents devraient avoir un emploi rémunéré ou si un seul apport de revenu suffit. Dans une minorité de familles il se peut toutefois qu'il n'y ait pas d'adulte pourvu d'un emploi.

Le montant des prestations qui constituent le revenu des ménages sans emploi peut dépendre de divers facteurs, notamment de la composition de la famille, de l'âge des enfants, de la durée pendant laquelle ils ont perçu des allocations et du montant de leurs gains avant qu'ils ne perdent leur emploi. Le revenu net d'une famille de deux adultes avec deux enfants pendant le premier mois où des allocations lui sont versées, exprimé en pourcentage par rapport au revenu dont disposerait la famille si l'un de ses membres adultes était pourvu d'un emploi à temps plein et percevait un salaire moyen (taux net de compensation), va de 60 % environ en Australie à plus de 70 % au Danemark et plus de 80 % aux Pays-Bas (OCDE, 2002g et 2003 *à paraître*). Dans ce cas de figure, on suppose qu'un adulte de la famille est admis au bénéfice de l'assurance-chômage au Danemark et aux Pays-Bas : si ce n'est pas le cas, et que la famille peut bénéficier de l'aide sociale, les taux nets de compensation sont alors un peu plus élevés au Danemark et un peu moins élevés aux Pays-Bas. Au Danemark, les taux nets de compensation pour les parents isolés sont pratiquement équivalents aux taux de compensation des familles comptant deux adultes ; aux Pays-Bas, ils sont légèrement inférieurs et en Australie ils sont nettement inférieurs.

Ces taux nets de compensation ont été calculés par comparaison avec les gains moyens dans chaque pays. Si les seuls emplois disponibles étaient moins rémunérés, la différence entre les revenus des ménages sans emploi et ceux des ménages actifs serait un peu moins prononcée. En outre, les administrations locales aux Pays-Bas sont autorisées à verser des compléments de revenu à certains

163|

groupes afin de réduire les niveaux de pauvreté. Les familles avec enfants, et notamment les familles monoparentales, sont l'un des groupes particulièrement susceptibles d'en bénéficier, raison pour laquelle les taux de compensation sont un peu plus élevés dans leur cas.

Par conséquent, dans les deux pays européens, l'avantage financier immédiat du retour à l'emploi est limité pour les familles avec enfants, et ce particulièrement pour les travailleurs peu qualifiés. Cela ne veut pas dire qu'ils ne s'efforceront pas de rechercher un emploi : le travail permet d'avoir des contacts sociaux, il peut être important pour la satisfaction personnelle, et occuper un emploi même faiblement rémunéré peut être le meilleur moyen d'accéder ultérieurement à des emplois mieux payés. Néanmoins, compte tenu du faible rendement financier du retour à l'emploi, les formalités de recherche d'un emploi et de participation aux programmes du marché du travail peuvent influencer de manière déterminante le comportement des allocataires, sujet sur lequel nous revenons plus loin.

### 5.3. Effet du système d'imposition et d'allocations sur ceux qui ont un emploi

Si le taux marginal d'imposition est élevé, l'incitation à travailler davantage, ou à investir dans une formation pour avoir un meilleur salaire, est limitée. De même, si le bénéfice des prestations sociales est lié au revenu, l'augmentation de celui-ci peut entraîner une diminution des prestations sociales. La combinaison de ces deux effets a pour résultat le taux d'imposition effectif marginal (TIEM), autrement dit le montant des impôts supplémentaires ou de la diminution des prestations sociales récupérés par l'État sur toute augmentation des gains.

Le TIEM est important pour la définition des politiques familiales. Les allocations et subventions ne s'adressent pas seulement aux familles avec enfants ; elles concernent aussi plus particulièrement les familles *dont les revenus sont modestes*. Comme les allocations et les avantages fiscaux sont supprimés à un certain niveau de revenu, ces familles sont exposées à un TIEM plus important que les familles sans enfant. Si un TIEM élevé a sans doute peu d'influence sur le comportement des hommes – ils travaillent à plein-temps, pour se conformer à la norme sociale – il peut avoir un effet important sur la décision des femmes de travailler à plein-temps ou à temps partiel.

Au Danemark, avec un revenu situé entre 41 600 DKK et 101 200 DKK, le TIEM est de 47 % ; il passe à près de 52 % jusqu'à 260 000 DKK, puis à 65 %. Mais de plus, l'allocation logement est supprimée (pour une augmentation de revenu située entre 11 et 19 %) et la subvention pour la garde d'enfant est supprimée s'il augmente d'environ 19 %[3]. Le TIEM peut en principe dépasser 80 %. Le maximum possible était plus élevé ; à la fin des années 90 une réforme a réduit le taux maximum, mais il reste encore élevé pour la plupart des gens.

Le graphique 5.1 illustre les effets de ce taux. Alors que pour les célibataires sans enfants il se situe généralement en-dessous de 55 %, il dépasse 60 % pour la

Graphique 5.1.  **Le TIEM au Danemark, 1996**

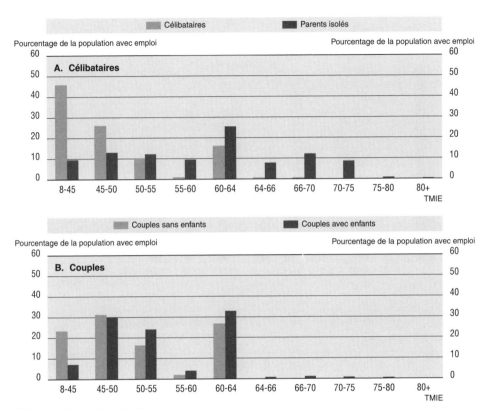

TIEM : Taux d'imposition effectif marginal.
*Source :*   Calculs basés sur « Danish Law Model ».

plupart des parents isolés et pour 10 % il dépasse 70 %. Il y a moins de différences pour les couples, suivant qu'ils ont ou non des enfants, mais le taux est généralement plus élevé pour les premiers. Il en résulte que certains parents, en particulier les parents isolés, ne constateront pas une grande différence de revenu s'ils travaillent *à temps partiel* plutôt qu'à *temps plein*.

En Australie, un nouveau système fiscal mis en œuvre au 1er juillet 2000 a réduit l'impôt personnel sur le revenu et/ou a augmenté le seuil d'imposition pour les familles de revenu modeste et moyen, ainsi que le taux de suppression de la FTB de 50 à 30 %. Cela répondait pour partie aux mêmes préoccupations concernant le haut niveau du TIEM. Le graphique 5.2 montre la répartition de

Graphique 5.2. **Le TIEM en Australie, 2001**

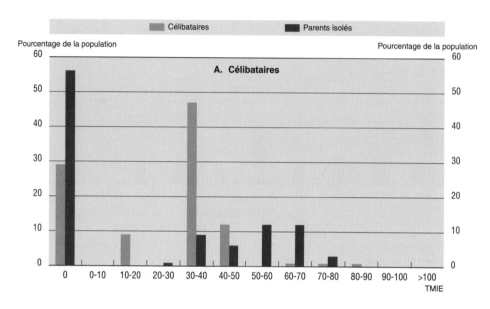

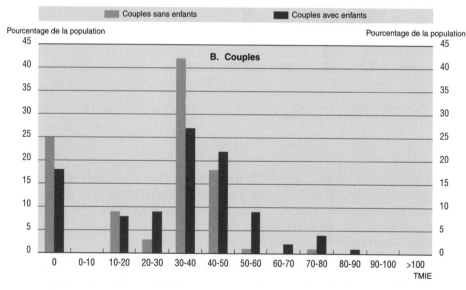

*Note :* Les TIEMs égaux à « 0 » sont les ménages qui ne travaillent pas ou qui travaillent un nombre d'heures négligeable. Sont inclus les personnes avec un emploi, de 15 à 64 ans chez les hommes, de 15 à 61 ans chez les femmes. Les couples sont comptés séparément. Les travailleurs indépendants sont exclus.
*Source :* Calculs fournis par DFACS.

celui-ci avant la réforme fiscale. Comme au Danemark, le TIEM pour les parents isolés était notablement déplacé vers la droite par rapport aux célibataires et le TIEM pour les couples avec enfants était légèrement supérieur à celui des couples sans enfants. Au total, parmi ceux qui doivent supporter un taux marginal de plus de 60 %, 54 % étaient des couples avec enfants et 22 % des parents isolés.

Les réformes ont diminué l'avantage fiscal des familles de 50 à 30 %, de sorte que le taux marginal le plus élevé se situera maintenant à un niveau plus bas. Mais cela étendra l'avantage fiscal des familles à un niveau de revenu bien plus élevé. Cet effet sera encore renforcé par le niveau plus élevé de l'avantage fiscal familial (de sorte qu'il est plus avantageux de renoncer à une activité) et par l'élévation du niveau à partir duquel l'avantage fiscal est supprimé. Autrement dit, alors que les plus hauts niveaux du TIEM auront été réduits, le niveau légèrement inférieur (mais encore élevé) sera étendu. Par conséquent, alors que pour ceux qui bénéficiaient de l'avantage fiscal, le TIEM avec l'ancien régime était de 20 % inférieur à ce qu'il est avec le nouveau. Beer et Harding (1999) ont estimé que 85 000 familles avec une seule rémunération (16 % du total de cette catégorie) deviendraient bénéficiaires de l'avantage fiscal, leur TIEM s'élevant de 17 à 26 points. Ils sont plus avantagés que précédemment – et même beaucoup plus – mais subissent un taux marginal effectif plus élevé.

Les couples bi-actifs mais avec un faible revenu n'ont pas vu leur situation sensiblement modifiée par la réforme. Mais si l'on prend par exemple le cas d'un couple bi-actif avec deux enfants et un revenu situé entre 500 et 650 $A, leur TIEM s'abaisse, alors que ceux dont le revenu se situe entre 650 et 800 $A ont désormais droit pour la première fois à l'avantage fiscal familial et voient leur TIEM s'élever. Avec l'ancien système, une famille dans laquelle le premier salarié avait un très faible revenu (la moitié de la moyenne) et le conjoint travaillait à temps partiel pouvait être confrontée à un TIEM très supérieur à 100 %. C'est maintenant moins probable. Mais pour mettre fin à cette absurdité, il a fallu que le TIEM se situe plus haut dans l'échelle des revenus, ce qui peut décider le conjoint qui aurait lui-même une faible rémunération à passer d'un mi-temps à un plein-temps [Beer et Harding (1999) estiment que pour ceux qui se situent dans cette tranche de revenu, la hausse du TIEM peut être de l'ordre de 30 %]. Les parents isolés bénéficiaires de l'avantage fiscal avec l'ancien système ont gagné une forte diminution de la dégressivité, mais la diminution des taux a fait qu'il existe davantage de bénéficiaires, exposés à un TIEM plus élevé que précédemment.

Les calculs du TIEM ne conviennent pas toujours pour décrire les incitations qui s'adressent aux familles au travail. Supposons qu'une heure supplémentaire de travail exige une heure supplémentaire de garde. Comme on l'a vu au chapitre 3, au Danemark et dans une moindre mesure aux Pays-Bas et en Australie (pour lesquels la garde d'enfant peut être contracté à la demi journée), le temps de garde des enfants n'est pas souple et une famille peut avoir du mal à obtenir une heure supplémentaire. Elle aura probablement à demander davantage d'heures de garde qu'elle n'en a besoin, si bien qu'en pratique, il n'y a pas de coût supplémentaire pour un travail supplémentaire, mais plutôt un usage plus large du service pour lequel la famille payait déjà. Si la famille avait besoin de demander davantage d'heures de garde et pouvait le faire, les subventions publiques s'élèveraient en conséquence.

Le TIEM est l'exemple classique du dilemme par lequel, si l'on résout un problème de répartition des revenus, il s'en pose un autre à un autre niveau. Cela dit, certains choix sont meilleurs que d'autres lorsqu'il s'agit de décider *où* de mettre en application le TIEM. De manière générale, on peut dire que les réformes australiennes ont amélioré le système. En particulier les parents isolés peuvent considérer que le travail à plein-temps ne leur est pas possible et n'est pas souhaitable et que le temps partiel est désormais plus attrayant. Un TIEM de plus de 100 % n'est moralement pas souhaitable et donne l'impression que les efforts pour améliorer la situation familiale sont inutiles, ce que les gouvernements devraient éviter.

### 5.4. Effet des incitations

*Australie*

En 1980 en Australie, 46 % des femmes mariées à un homme en activité étaient elles-mêmes en activité. En 1997, ce chiffre était passé à 66 % (ABS, 2000e). Mais la situation vis-à-vis de l'emploi dépend considérablement du nombre d'enfants dans le ménage. Ceux qui ont quatre enfants ou plus ont généralement moins de chances de travailler que la moyenne, étant donné les responsabilités plus grandes et le taux plus élevé des allocations. L'augmentation de l'emploi des femmes a aussi été plus faible – de 40 à 46 % durant la même période.

Redmond (1999) a suivi depuis 1980 les taux de compensation qui s'appliquent aux ménages avec un seul apport de revenu et, dans la mesure du possible, à ceux qui ont deux revenus depuis 1980. Il suggère qu'une partie des différences de taux d'emploi à différentes périodes peut s'expliquer par ces facteurs. Pour donner un résumé simplifié de l'histoire extraordinairement compliquée des changements intervenus successivement, la principale démarche a consisté à verser au moins une allocation, supprimée assez rapidement avec l'élévation du revenu, tandis qu'une autre forme d'aide est très liée à la répartition des revenus. Au cours des années 80 et 90, la tendance générale a consisté à augmenter le revenu net des familles, en recourant de plus en plus à des allocations sous condition de ressources. C'est important parce que, comme dans beaucoup

168

d'autres pays, les rémunérations n'ont *pas* beaucoup augmenté au cours de la période, en particulier dans les tranches les plus basses.

Il en est résulté que la proportion des revenus autres que ceux du travail dans le revenu familial total a augmenté fortement entre le milieu et la fin des années 80, en particulier pour les familles plus nombreuses et les rémunérations les plus faibles. Au début des années 90 toutefois, ces autres sources de revenu ont baissé par rapport à ceux du travail, mais elles ont recommencé à monter ensuite.

D'après Redmond, « le bénéfice que les femmes retirent d'un emploi mal rémunéré lorsque leurs conjoints occupent déjà un emploi de ce type à plein-temps est faible, et il a diminué régulièrement depuis le début des années 80 » (Redmond, 1999). Il constate en particulier que le rapport entre le revenu d'un ménage avec deux enfants où la femme ne travaille pas par rapport à celui où elle travaille est passé d'environ 85 % en 1980 à plus de 95 % à la fin des années 90. Ces estimations ne tiennent pas compte du coût de la garde des enfants. Suivant les rapports annuels de l'ancien ministère de la Santé et de la Famille, en 1993 le coût net de la garde pour un ménage avec un revenu modeste et une personne travaillant à temps partiel s'élevait à 22 $A par semaine, pour passer à 30 $A en 1996 et, pour les revenus plus élevés à 40 à 45 $A. Si l'on ajoutait ces coûts à l'équation, alors pour les ménages à faible revenu le fait qu'une deuxième personne travaille n'entraînait pas de gain net.

De manière plus générale, l'examen des tendances *globales* d'évolution du comportement des femmes vis-à-vis de l'emploi montre qu'elles ont d'autant *moins* de chances de travailler à plein-temps que le niveau des rémunérations après impôt est plus élevé et plus de chances de le faire que le taux des emprunts logement est plus élevé (Connolly et Spence, 1998 ; Connolly, 1996). Cela tient à ce que, toutes choses égales par ailleurs, une proportion petite mais significative de femmes travaillent à plein-temps quand le ménage a besoin d'argent, sinon elles préfèrent ne pas travailler ou travailler à temps partiel. Connolly et Badhni (1998) estiment que l'impact des coûts de garde des enfants sur le travail à temps partiel des femmes n'est pas important (résultat confirmé par d'autres études australiennes, comme celle de Debelle et Vickery, 1998).

### Danemark

Un rapport récent du ministère des Finances (Finansministeriet, 2001) étudie l'évolution de l'écart entre les revenus de ceux qui travaillent et les allocations dont ils bénéficieraient s'ils ne travaillaient pas. Il suggère qu'il y a eu un déclin régulier du nombre de bénéficiaires pour lesquels l'écart était faible (et qui n'avaient donc guère intérêt à travailler) : de plus de 11 % en 1993, ils ne devaient plus représenter que 7 % en 2002. Ce déclin peut peut-être s'expliquer à concurrence d'un peu plus de deux points par les changements de politiques intervenus au milieu des années 90. Les parents isolés sont l'un des groupes dont les revenus sont parfois faibles et leur nombre a diminué en liaison avec des changements démographiques à caractère plus général. Mais ces chiffres impliquent que les parents ont recours à la garde des enfants aussi bien quand ils travaillent que quand ils ne travaillent pas. Si l'on suppose au contraire que la garde de jour est utilisée *seulement* quand tous les parents travaillent, le pourcentage de faibles revenus aurait été supérieur de 3 points en 1993 et de 1.6 en 1997. En d'autres termes, le coût de la garde réduit sensiblement l'incitation financière à travailler, mais pendant cette période ce problème s'est *moins* posé. Ce constat est cohérent avec l'évolution du coût des services de garde décrite au chapitre 3.

Cependant, les conclusions de ces études dépendent des hypothèses de départ. Par exemple, on définit le revenu en tenant compte de la valeur des contributions à une pension de retraite, considérant qu'il s'agit d'un futur revenu. Cette approche est contestable et diffère de celle qui est suivie par d'autres études. Pedersen et Smith (2001) pensent qu'entre 1993 et 1996 il y a eu *une augmentation* de 7.4 à 9.6 % du nombre de personnes dont la situation est *pire* si elles travaillent plutôt que si elles touchent des allocations. L'une des conclusions remarquables de cette étude (et de celle du ministère des Finances) c'est la différence d'incitation au travail suivant les sexes. Alors que le taux de compensation était de plus de 100 % pour 5 ou 6 % des hommes, il se situait pour les femmes entre 9 et 13 % de 1993 à 1996. En 1996, le taux de compensation dépassait 90 % pour 18.5 % des hommes actifs et pas moins de 40 % des femmes (Pedersen et Smith, 2001). Suivant certaines données reprises par cette étude, les sorties de l'emploi sont liées à l'importance de l'incitation à travailler, au moins pour les femmes. Ce constat est en accord avec les données internationales (exemple OCDE, 1994) suivant lesquelles les femmes sont plus influencées que les hommes par les incitations économiques.

D'après une étude comparative réalisée par Callan *et al.* (1999), au Danemark, le fait d'avoir de jeunes enfants *n'affecte pas* le taux d'activité des femmes (à la différence d'autres pays analysés dans la même étude). On constate la même situation dans beaucoup d'études nationales (exemple l'enquête mentionnée par Graversen et Smith, 1998). On suppose que c'est une conséquence de la généralisation des services de garde (bien que la présence de jeunes enfants semble avoir une influence sur le fait que les mères travaillent à plein-temps ou à temps partiel). L'étude fournit aussi des indications sur l'effet de la fiscalité sur une deuxième source de revenu dans le ménage. Elle envisage l'impact qu'aurait l'application à un couple danois du système fiscal britannique (taux moyen d'imposition plus faible, imposition individuelle) et du système irlandais (taux moyen relativement élevé, imposition du couple). Elle estime que le passage à une imposition du couple inciterait beaucoup de ceux qui apportent un second revenu au ménage à renoncer à travailler, le taux d'activité des femmes mariées pouvant tomber à 50 %. L'application du système britannique aurait les mêmes conséquences. Mais dans ce cas l'explication est différente : le taux d'imposition moyen plus faible aurait un effet de revenu, car un plus petit nombre de Danoises auraient *besoin* de travailler. L'étude confirme donc que le système fiscal danois aide les ménages bi-actifs en raison du niveau d'imposition, bien que le système ne soit pas pleinement individualisé.

### Pays-Bas

Le système d'assistance sociale néerlandais est en grande partie lié au niveau du salaire minimum. Pour accroître les perspectives d'emploi des travailleurs peu qualifiés, l'approche suivie a consisté à réduire progressivement le salaire minimum par rapport au salaire moyen. Mais les conséquences sur une diminution du coût du travail sont compliquées par le fait que les échelles de salaires négociées par les partenaires sociaux débutent habituellement nettement au-dessus du salaire minimum. L'État a donc parfois encouragé les partenaires sociaux à diminuer l'échelle des rémunérations. Les prestations sociales étant liées au niveau du salaire minimum, le niveau des revenus autres que les salaires a diminué par rapport aux rémunérations moyennes (mais naturellement pas par rapport au salaire minimum). Il en est résulté des divergences sur la question de savoir si cela a entraîné un accroissement de la pauvreté. Les collectivités locales ont donc bénéficié d'une certaine liberté pour augmenter si nécessaire les prestations versées à certains groupes de populations (OCDE, 1998a). Le système d'imposition a également été réformé à plusieurs reprises pour qu'il incite davantage à travailler. Les principaux changements récents sont décrits dans l'encadré 5.1.

La plupart des commentateurs sont d'accord pour considérer que ces changements ont contribué à améliorer les performances des Pays-Bas en matière d'emploi au cours des 20 dernières années, mais qu'ils ont eu des effets secondaires par rapport à d'autres réformes, en particulier sur la négociation salariale. L'opinion courante est résumée par Nickell et Van Ours (2000) : ils estiment que les modifications des impôts et des allocations du début des années 80 adoptées au milieu des années 90 ont représenté une baisse de 0.65 points du chômage structurel (sans tenir compte de la conjoncture) par rapport à une baisse totale de 4.5 points.

### 5.5. Mesures pour l'emploi

Cette section examine comment les gouvernements aident les parents qui n'ont pas d'emploi à en chercher. Un grand nombre de mesures en faveur de l'emploi sont accessibles à une diversité de personnes qui n'ont pas d'emploi, quelle que soit leur situation familiale. Elles ne sont pas examinées en détail. On

## Encadré 5.1. **La réforme fiscale aux Pays-Bas**

Depuis 2001, le système fiscal hollandais est presque entièrement individualisé, avec des crédits d'impôt plutôt que des allocations, bien que certaines dispositions dépendent de la situation familiale. Si un membre du couple *ne travaille pas*, les crédits inutilisés *ne peuvent pas* être transférés à l'autre. Mais celui qui ne travaille pas peut obtenir un crédit d'impôt individuel, pourvu que les gains de l'autre soient suffisamment élevés (sinon le versement au conjoint est réduit en proportion). Le fonctionnement pratique du système varie considérablement suivant une série de facteurs. Mais à titre d'exemple la plupart des femmes non actives dont le conjoint gagne plus de la moitié du salaire moyen recevront près de 3 500 NLG (soit 1 600 $US) par an. Mais si les deux travaillent, une partie des crédits d'impôt de la famille (crédits d'impôt et crédits d'impôt supplémentaire pour l'enfant) sont accordés à celui qui a la rémunération la plus élevée. Par conséquent, non seulement la limite du taux marginal d'imposition est réduite par rapport à l'ancien système, mais il y a aussi une subvention implicite à la deuxième personne qui prend un emploi (au-delà du seuil de passage de l'allocation au crédit d'impôt).

L'effet net de ces changements par rapport au système antérieur a été évalué par le Bureau central de planification (CPB, 1999) et figure en résumé au tableau ci-dessous. Comme il y a eu une baisse importante du taux moyen d'imposition, tous les types de ménages ont bénéficié de la réforme. Mais ceux qui travaillent ont gagné plus que les autres, de sorte que l'un des objectifs de la réforme – améliorer la rentabilité de l'emploi – semble avoir été atteint. Il est plus difficile de dire quels sont les types de ménages qui ont tiré le meilleur parti de la réforme. Pour les faibles revenus, les ménages avec un seul actif ont beaucoup gagné. Au niveau plus élevé, les ménages bi-actifs ont commencé à être plus bénéficiaires que les autres.

Tableau encadré 5.1.   **Effets de la réforme fiscale néerlandaise de 2001 :
augmentation en pourcentage du revenu des ménages**

|  | Ménages à un revenu | Ménages à deux revenus | Ménage de célibataire |
|---|---|---|---|
| Revenus < 150 % au salaire minimum wage | 5.5 | 4.25 | 5.75 |
| Revenus 150-250 % du salaire minimum | 4.0 | 4.25 | 4.25 |
| Revenus > 250 % au salaire minimum | 3.75 | 4.75 | 5.5 |
| Allocations < 120 % au salaire minimum | 2.75 | 2.25 | 2.25 |
| Allocations > 120 % au salaire minimum | 2.0 | 2.25 | 2.0 |

*Source :*   Bureau central de planification (1999).

172

abordera surtout deux questions : les conditions posées pour que les parents participent aux mesures pour l'emploi et la mise en œuvre de programmes spécifiquement conçus pour aider les parents à trouver du travail.

### 5.5.1. *Les parents et les conditions pour bénéficier d'allocations*

Les conditions posées pour bénéficier d'allocations pour qu'ils recherchent un emploi se sont durcies dans beaucoup de pays de l'OCDE. C'était également le cas dans les trois pays étudiés. Mais les exigences posées aux *deux* parents dans un ménage pour chercher du travail, ou aux parents isolés, varient beaucoup suivant les pays et dans le temps.

*Australie*

Suivant la tradition, en Australie, si un ménage souhaite que l'un des parents s'occupe de l'enfant à domicile à temps complet, le système de prestations sociales ne doit pas s'y opposer. Si les deux parents sont sans emploi, les exigences de recherche d'emploi ne s'appliquaient qu'à l'un des parents, l'autre ayant droit à une allocation pour la garde de l'enfant à temps complet. Il n'est pas demandé aux parents isolés de chercher un emploi jusqu'à ce que leurs enfants aient 16 ans. Le niveau des allocations n'est pas élevé et le niveau de vie des parents qui ne compteraient que sur les allocations ne serait guère satisfaisant. Néanmoins, cette possibilité existe.

Les problèmes que rencontrent les parents qui reprennent un travail après une longue interruption pendant laquelle ils se sont occupés de leurs enfants sont de mieux en mieux reconnus. Si la politique gouvernementale accepte que les parents s'occupent à plein-temps de leurs enfants en bénéficiant d'allocations, elle met de plus en plus l'accent sur les opportunités de combiner vie familiale et vie professionnelle.

Ces questions ont surtout fait l'objet d'une discussion dans une commission indépendante, connue habituellement par le nom de son président, McClure (voir McClure, 2000). Cette commission, composée de représentants de l'administration, d'employeurs, de syndicats et d'associations, a conclu que le fait de donner aux parents la possibilité de *ne pas* travailler pouvait aboutir à des choix qui n'étaient pas dans leur intérêt. Par exemple, 65 % des familles de chômeurs en Australie sont des familles de parents isolés (voir chapitre 2). Cela est lié au fait que moins de la moitié des parents isolés ont un emploi à un moment donné[4] et que 50 % de tous les enfants souffrant de la pauvreté appartiennent à des familles de parents isolés.

Le dispositif *Australians Working Together* comporte des mesures pour remédier à ces problèmes (Vanstone et Abbott, 2001). Il donne une aide supplémentaire et assiste les parents qui rentrent sur le marché du travail et fixe quelques petites

173

exigences d'activité à ceux qui reçoivent l'allocation *Parenting Payment*. A partir du moment où le plus jeune enfant atteint l'âge scolaire, les parents qui l'ont en garde et bénéficient d'une allocation seront obligés d'avoir un entretien chaque année, au cours duquel sera discutée leur situation vis-à-vis de l'emploi. A partir de juillet 2003, lorsque le plus jeune enfant atteindra l'âge de 12 ans ou plus, les parents devront participer pendant environ six heures par semaine en moyenne à un éventail divers d'activités, par exemple formation, recherche d'emploi organisée, éducation, travail bénévole, emploi à temps partiel.

Le premier entretien obligatoire n'a lieu que lorsque le plus jeune enfant est âgé de 6 ans. Suivant la justification qui en est donnée, la société considère qu'il existe une différence fondamentale entre les enfants d'âge préscolaire (dont on estime qu'ils sont mieux gardés par leur mère) et ceux d'âge scolaire (pour lesquels la présence maternelle est considérée comme un peu moins nécessaire). Mais la valeur de cet argument est très contestable. Même après l'âge de 6 ans, il n'est pas *exigé* que les mères travaillent ; elles reçoivent seulement une information, on leur demande d'envisager la possibilité de retravailler et on les avertit qu'il leur sera d'autant plus difficile de retrouver du travail lorsqu'elles en auront besoin qu'elles seront restées longtemps sans activité professionnelle. Les parents qui le souhaitent peuvent dresser un plan de retour au travail et entreprendre des activités dans ce sens. Ces considérations sont tout aussi valables pour les parents d'enfants d'âge préscolaire que scolaire. En fait, on peut justifier une intervention plus précoce auprès de la mère par le fait qu'elle a davantage de chances d'avoir une qualification professionnelle utilisable sur le marché du travail et des relations avec le monde du travail. Il est probablement plus facile d'aider une jeune mère à se préparer à un retour ultérieur sur le marché du travail, même si son choix est de s'occuper de ses enfants et de leur développement à la maison. Des informations complémentaires seront données aux nouveaux postulants qui auront accès à des entretiens même si les enfants sont plus jeunes. La nouvelle politique pourrait mettre l'accent sur une intervention précoce, qui maintiendrait plus tôt la mère en relation avec le marché du travail.

La nouvelle approche est présentée comme une aide adaptée à chacun, mais pour cela il faut disposer de conseillers bien formés. Alors que l'accent a été mis sur la sélection des équipes et sa formation, l'État a renoncé au conseil professionnel individualisé, ce service étant désormais assuré par les prestataires de *Job Network*[5]. Le nombre d'usagers par conseiller sera un élément essentiel. De nombreuses évaluations des mesures pour l'emploi ont montré que si elles n'étaient pas bien conçues, elles pouvaient avoir un effet négatif, car les participants perdent un temps qui aurait pu être utilisé de manière plus efficace, tandis que leur confiance en eux et l'espoir de retrouver un emploi sont entamés. Si l'on demande aux mères de participer à ces activités, il faut que celles-ci soient d'une qualité suffisante. Il faut probablement s'attendre à ce qu'il soit plus difficile (et plus coûteux) de s'adresser à cette nouvelle clientèle qu'à celle des programmes JET (*Jobs, Education and Training*). Des fonds supplémentaires ont permis de créer des places dans les services de l'éducation, la formation et l'emploi, il faudra prendre en charge ceux qui ont de sérieux problèmes et pas seulement ceux qui n'ont besoin que d'une aide ponctuelle.

Enfin, on peut craindre que si chacun « doit » faire quelque chose, l'adaptation individuelle reste plus théorique que réelle. Le problème sera de s'assurer que l'activité à exercer répond à l'objectif consistant à encourager la participation, plutôt que d'être perçu simplement comme l'accomplissement d'une obligation. Certaines associations ont déjà exprimé des inquiétudes sur le fait que les mères souhaiteront être volontaires pour répondre à l'exigence d'une activité, alors qu'elles considèrent que beaucoup de mères sans travail depuis longtemps, vivant souvent avec un faible revenu, constituent normalement leur clientèle cible plutôt qu'un réseau susceptible de les aider.

*Pays-Bas*

Aux Pays-Bas, les couples avec enfants sont traités de la même manière que les couples sans enfants pour ce qui est des prestations sociales. Si aucun parent ne travaille, il faut en principe que *tous deux* cherchent du travail pour ne plus dépendre des allocations. Les parents isolés dont le plus jeune enfant a moins de 5 ans ne sont pas obligés de reprendre un emploi. Ceux dont l'enfant le plus jeune a entre 5 et 12 ans doivent en avoir un ou bien chercher un emploi à temps partiel (12 heures par semaine). Au delà de 12 ans, les parents ont les mêmes obligations de recherche d'emploi que les autres – pour un emploi à plein-temps. Le principe sur lequel se fonde la réforme de la protection sociale ne consiste pas seulement à chercher à éviter la pauvreté et l'isolement ; elle vise aussi clairement à libérer les parents isolés de leur statut de femme à la maison, pour leur propre émancipation (Knijn et van Wel, 2002).

En pratique cependant, la situation est plus complexe. Pour les couples sans emploi, on a encore tendance à considérer que c'est d'abord à l'homme de trouver un travail et la pression n'est pas égale sur les deux membres du couple. Certaines collectivités locales s'efforcent de persuader les parents isolés avec de très jeunes enfants de suivre une formation, pour les préparer à un emploi. Il n'y a pas d'obligation de sorte qu'il y a peu de différences avec le programme JET en Australie, mais étant donné que les allocations de parent isolé sont financées en partie par les collectivités locales, les activités s'adressant aux parents isolés font parfois l'objet d'efforts beaucoup plus importants que dans le programme JET (voir ci-dessous). D'un autre côté, ceux qui ne sont pas intéressés par une réinsertion ne sont généralement contactés qu'une fois tous les 18 mois.

Mais le point le plus important, c'est que l'exigence apparente de recherche d'un emploi à temps partiel quand l'enfant atteint l'âge de 5 ans est très trompeuse. Suivant la loi qui exige une activité professionnelle de ceux qui veulent bénéficier de prestations sociales, « les nouvelles règles sont en principe applicables à toutes les demandes de prestations », mais elle précise aussi que « les collectivités locales devront prendre en considération la présence de jeunes enfants ». Cela signifie que les collectivités locales peuvent décider de dispenser les parents isolés de l'obligation de rechercher du travail, si cela leur paraît souhaitable.

D'après l'enquête menée par Knijn et van Wel (2002), 60 % des mères isolées bénéficiant d'une allocation et qui n'ont pas d'enfant de moins de 5 ans sont en fait dispensées des obligations « normales » de recherche d'un emploi. Cela s'explique à la fois par l'attitude des parents, par leurs qualifications et par les motivations des fonctionnaires de l'administration locale.

Les problèmes de santé, les difficultés rencontrées pour trouver une garde pour l'enfant et les problèmes relationnels sont les raisons les plus fréquentes pour *ne pas* appliquer l'obligation de recherche d'emploi. De plus, les parents isolés bénéficiant d'une assistance sociale ont généralement un faible niveau d'éducation et de médiocres perspectives d'emploi. Van Wel et Knijn (2000) estiment qu'une femme ayant un faible niveau d'éducation devrait travailler au moins 32 heures pour gagner plus que les allocations. En d'autres termes, le travail à temps partiel n'entraîne pas de différence de niveau de vie[6], mais le travail à plein-temps est en contradiction avec l'idée répandue chez certaines mères et une partie de l'opinion, suivant laquelle elles sont mieux placées pour s'occuper de leurs enfants. De plus, les employeurs peuvent avoir des réticences pour recruter des parents isolés à plein-temps, car ils risquent de payer des frais de garde importants, comme on l'a vu au chapitre 3 (Knijn et van Wel, 1999).

En face des fortes réticences de beaucoup de parents isolés vis-à-vis de l'emploi à plein-temps, les services sociaux paraissent généralement accepter d'attribuer des allocations sans conditions. Ce faisant, ils ne se mettent pas volontairement en contradiction avec les politiques publiques, mais tiennent compte des différentes pressions qu'ils subissent. Tout d'abord, ils dépendent de l'administration locale et celle-ci dépend pour une part de politiciens pour qui il ne faut pas empêcher les mères qui le souhaitent de s'occuper de leurs enfants. Bien que les prestations sociales soient sous le contrôle des collectivités locales, elles sont financées à 75 % par l'administration centrale, de sorte que l'administration locale n'est pas tellement incitée à rejeter les demandes d'aide. Par ailleurs, les personnels de l'aide sociale considèrent que leur rôle consiste à aider leurs clients, et non à leur dire que leurs idées sur la garde des enfants et l'emploi ne sont pas celles de la société néerlandaise. Dans ces conditions, ces personnels sont plus à l'aise pour encourager les parents isolés à chercher du travail que pour *exiger* qu'ils le fassent.

En troisième lieu, même lorsqu'une politique visant la reprise d'activité a été adoptée, elle reste lettre morte si elle ne s'appuie pas sur des sanctions pour le cas où les intéressés ne s'y conformeraient pas. Il est très difficile d'appliquer des sanctions à des parents isolés. Par définition, ceux qui bénéficient de prestations sociales n'ont que peu ou pas d'autre revenu et pratiquement pas de biens propres. Réduire les taux d'allocation revient à condamner une famille à un niveau de vie que la société – et plus particulièrement le personnel des services sociaux – juge inacceptable. C'est pourquoi les autorités locales font habituellement tout pour éviter d'avoir à imposer des sanctions. Même les collectivités locales qui déclarent prendre très au sérieux la politique des sanctions commencent par envoyer des avertissements écrits.

Ensuite, la politique elle-même est suffisamment vague pour laisser la porte ouverte à des interprétations variées. Il faut en principe chercher du travail pour 12 heures par semaine, mais les emplois correspondants sont peu qualifiés et offrent des perspectives de carrière limitées. Les emplois à temps partiel ont habituellement une durée de 20 heures environ (et l'on constate que c'est cette durée que recherchent les parents isolés). Est-ce que l'on va sanctionner un parent qui déclare rechercher un emploi de 12 heures par semaine et rejette une offre d'emploi impliquant 20 heures de travail hebdomadaire ? Dans ces conditions, les sanctions contre les mères isolées pour insuffisance de recherche d'emploi sont rares, sinon inexistantes.

En cinquième lieu, si une mère isolée accepte un travail à temps partiel, il y a peu de chances pour qu'elle sorte totalement du cadre de l'aide sociale. Les assistantes sociales ont quand même beaucoup de travail administratif à faire, pour calculer l'allocation résiduelle, trouver une garde d'enfant à temps partiel, etc. Une enquête auprès d'elles (Knijn et van Wel, 1999) a montré qu'elles considéraient qu'il ne valait pas la peine de faire ces efforts, surtout si l'on considère que beaucoup de parents isolés *ne veulent pas* prendre un travail.

Considérant que de toute manière les collectivités locales ne peuvent prétendre assurer un suivi de la totalité des bénéficiaires d'une allocation – le coût serait trop élevé – le choix que font la plupart d'entre elles consiste à se préoccuper des bénéficiaires qui ont le plus de chances de profiter du programme, habituellement ceux qui coopèrent et souhaitent vraiment trouver un emploi.

Dans un système décentralisé comme celui des Pays-Bas, ce serait une erreur de penser que l'on peut décrire le comportement de l'ensemble des travailleurs sociaux de tout le pays vis-à-vis de l'obligation de recherche d'un emploi. Il y a certainement des cas dans lesquels les règles sont appliquées de manière générale. A La Haye, on estime que 10 à 20 % des bénéficiaires de prestations sociales font l'objet d'une sanction, à un moment ou à un autre. Si un usager ne coopère pas avec les services sociaux, il reçoit d'abord un avertissement, puis subit une

177

réduction de ses allocations de 10 % pendant un à trois mois. Cela peut se répéter jusqu'à ce que l'allocation soit réduite à zéro.

Mais de manière plus générale, il est raisonnable de supposer que la pression exercée sur les parents d'enfants de 5 à 12 ans est très légère. Il n'existe pas d'indications montrant une augmentation des sorties de l'aide sociale vers l'emploi [en fait, d'après Knijn et van Wel (2002), 12 % seulement des parents isolés ont été rayés des listes de bénéficiaires l'an dernier, le taux de sortie a donc diminué et cela dans une période de prospérité économique].

Cela ne signifie pas pour autant que la politique suivie ait échoué. Après tout, une des raisons pour lesquelle la politique n'est appliquée qu'en théorie est le refus que le travail doit être la norme pour ce groupe de population. Faire changer l'opinion prend du temps et le principe officiel suivant lequel ce groupe *devrait* travailler peut y contribuer et peut encourager les collectivités locales à mettre en place les politiques financières et celles qui concernent l'emploi et la garde des enfants qui iront dans ce sens. Autrement dit, c'est une politique à long terme qui nécessitera un renforcement des mesures concernant les exigences d'horaires et des moyens mis à la disposition des mesures pour l'emploi, avant que des effets sur l'emploi des parents isolés se fassent sentir, autres que ceux qui résultent de l'évolution du marché du travail.

Enfin, les résultats positifs des efforts entrepris aux Pays-Bas pour répartir les responsabilités entre différentes administrations peuvent contribuer au retour à l'emploi des parents isolés. En particulier, les collectivités locales sont maintenant clairement responsables des mesures qui s'adressent à cette population et ont un certain pouvoir pour modifier les prestations s'adressant à des groupes de population spécifiques (chapitre 3) et les services de garde des enfants. Elles peuvent commencer à avoir une approche plus globale des obstacles que rencontrent les parents isolés : elles peuvent s'assurer que les mesures de garantie de revenu ne constituent pas un obstacle au retour à l'emploi, prendre des dispositions pour la garde des enfants, en particulier après les heures de classe, et mettre en œuvre des programmes pour les parents de jeunes enfants. Jusqu'ici, le manque de clarté du côté de l'administration avait certainement contribué à la faiblesse du taux d'activité des parents isolés. S'il n'y a pas jusqu'ici de preuves tangibles d'une amélioration des taux de sortie de l'assistance grâce à une approche plus cohérente, tout au moins les incitations offertes aux collectivités locales pour qu'elles créent des structures dans ce sens commencent à produire leurs fruits[7].

*Danemark*

Il n'existe *pas* au Danemark de règles particulières concernant les parents isolés, ni même les parents en général. Ceux qui bénéficient d'allocations doivent rechercher du travail (à moins d'avoir un congé de maternité ou de garde d'enfant).

S'occuper d'un enfant ne dispense pas de ces exigences, sauf pendant sa première année (bien que la nouvelle allocation pour garde d'enfants à la maison puisse élargir cette possibilité). Le taux d'emploi élevé du pays implique que peu de personnes bénéficient de l'aide sociale locale. De plus, la largeur de l'assiette de la fiscalité locale a permis aux collectivités locales de bénéficier des ressources nécessaires pour suivre les exigences d'activité en rendant obligatoire la participation aux mesures pour l'emploi. La garde des enfants n'est pas un obstacle à l'emploi : la norme sociale et les politiques d'attribution des allocations supposant que les bénéficiaires font garder leur enfant tout en cherchant du travail sont compatibles.

Cette image d'indifférence à la situation familiale ne résulte pas d'une longue tradition. Récemment encore, il était possible de bénéficier pour plusieurs enfants successivement d'allocations de garde assez peu généreuses (initialement fixées à 80 % du taux de l'allocation chômage, qui remplace elle-même une grande partie du revenu précédent des ménages modestes, mais avec un taux de compensation beaucoup plus faible pour les revenus plus élevés). Les comtés étaient suffisamment conscients du fait que certaines mères pouvaient demeurer pendant de longue périodes en dehors de la vie active et avaient créé des programmes spécialement à leur intention. Comme on le voit au chapitre 5, le gouvernement a réagi en réduisant le taux de remplacement à 60 % de l'assurance chômage et l'on considère que cette mesure a réduit le nombre de personnes prêtes à profiter du système en demandant des allocations pour une période prolongée.

Une agence locale pour l'emploi a étudié la fréquence des retours à l'allocation chômage ou des passages de l'allocation au congé. Elle a constaté que sur 4 000 femmes au chômage, 300 étaient passées de l'allocation chômage à un congé concernant un enfant. Cela n'indique pas d'abus excessif du système : si ces mères n'ont peut-être pas bien choisi le moment d'avoir un enfant, cela reste dans le cadre d'une fécondité normale[8].

Cela dit, le nombre de bénéficiaires de l'allocation aux parents isolés ayant des enfants de 6 ans est supérieur à celui des parents d'enfants plus âgés (30 % des parents isolés d'enfants de moins de 6 ans sont au chômage). Cela suggère qu'au moins quelques personnes utilisent le système de manière à conserver des allocations sans chercher du travail. Certains de ceux qui suivent de près le fonctionnement du système pensent que les travailleurs sociaux ne sont pas aussi stricts avec les parents isolés qu'avec d'autres groupes ; des employés des agences locales pour l'emploi assurent qu'ils ne font pas de distinction entre parents isolés, mères en général et autres personnes lorsqu'ils décident de l'application de sanctions[9].

### 5.5.2. Les mesures pour l'emploi

Au Danemark, tous les demandeurs d'emploi (qu'ils aient ou non droit à l'allocation chômage, à une aide sociale, ou soient déjà employés et cherchant un autre emploi) peuvent s'enregistrer à l'agence locale avec un premier entretien d'une durée d'environ 10 minutes. Durant les semaines qui suivent leur inscription, ils sont invités à participer à un entretien plus long durant lequel on leur demande des informations plus approfondies. Par la suite, ils doivent participer à une session d'information d'environ deux heures, suivie par 20 ou 30 demandeurs d'emploi, auxquels sont présentés leurs droits et obligations.

Le droit aux allocations de chômage est en principe limité à quatre ans. Après 12 mois, tous les bénéficiaires sont *obligés* d'assister à des programmes de formation (des programmes pilotes ont été lancés dans certaines régions, en vue d'une activation après 6 mois de perception de l'allocation). Mais les conseils régionaux de l'emploi peuvent décider que certaines catégories de demandeurs d'emploi peuvent accéder à une formation avant même d'avoir été au chômage pendant un an et deux services régionaux de l'emploi poursuivent une expérience pilote consistant à démarrer une activité pour les demandeurs d'emploi dès le premier jour.

Le service de l'emploi s'occupe de la recherche d'emploi, du conseil professionnel et de la formation de ses clients : il ne réalise pas d'entretiens pour s'assurer qu'ils recherchent un emploi. Le fonds d'assurance chômage organise toutefois des entretiens réguliers à cet effet, avec ceux qui dépendent de lui. La formation et l'aide à la recherche d'emploi au cours de ce processus (après la première année) ne s'adressent pas aux bénéficiaires de l'aide sociale publique. Les collectivités locales sont responsables de l'intégration dans l'emploi de leur population. Elles apportent les mêmes services : les agences locales et les collectivités locales les sous-traitent à des prestataires extérieurs. Le passage à une activité de toute personne ayant bénéficié d'une allocation pendant une année est la règle.

Il y a une différence importante entre les services des agences locales pour l'emploi et ceux des collectivités locales : l'agence locale n'a pas le droit de traiter de problèmes sociaux, mais seulement de questions d'emploi. Si quelqu'un a besoin d'une aide sociale, c'est en principe qu'il n'est pas prêt pour l'emploi et n'a donc pas droit à l'allocation chômage. Les agences locales pour l'emploi n'emploient donc pas de travailleurs sociaux, de psychologues, etc.[10]. A l'inverse, les collectivités locales sont responsables des services sociaux et sont donc bien placées pour offrir un ensemble intégré de services sociaux et d'aides à l'emploi.

Aux Pays-Bas, la durée de l'allocation chômage est limitée à une année. Les parents qui veulent s'occuper de leurs enfants sans prendre un emploi ont donc beaucoup plus de chances d'être bénéficiaires d'une aide sociale, gérée par les collectivités locales. Dans 60 % des cas, il s'agit de parents isolés. A l'heure actuelle, les dispositifs d'assurance chômage et d'assistance sociale relèvent de structures distinctes. Mais cela va changer : à partir de 2002, de nouveaux « centres pour l'emploi et pour une aide économique » seront le premier point de contact pour tous les demandeurs d'une allocation de chômage et d'une allocation d'aide sociale. Ils feront l'évaluation de la situation du demandeur et l'orienteront dans l'une des catégories suivantes :

- capable de trouver une emploi ;
- doit pouvoir trouver une emploi dans un délai d'un an ;
- plus longue période nécessaire ; et
- n'est pas en mesure de travailler. A besoin de mesures actives ou d'une aide sociale.

Les centres seront responsables de l'aide aux personnes relevant de la première catégorie. Suivant les accords passés localement avec les autres organismes, ils peuvent aussi se charger des deuxième et troisième catégories. Les organismes chargés du paiement évaluent le type de mesure nécessaire et passent généralement un contrat avec des prestataires du secteur privé – bien qu'il reste encore à créer un marché pour cette activité. Les clients sont généralement supposés signer un « contrat » qui définit les activités à entreprendre pour trouver un emploi. Le niveau normal de dépenses pour la réinsertion d'une personne se situe entre 1 500 et 10 000 € par an en fonction de l'itinéraire suivi. Chaque année, un quart seulement des demandeurs reçoit une aide[11].

Depuis 1994, le nombre de cas bénéficiant de l'aide sociale a tendance à diminuer, mais une proportion croissante d'entre eux rencontre des problèmes sociaux. Cela a permis aux collectivités locales de diminuer le nombre de cas traités par les travailleurs sociaux : chacun d'entre eux en suit entre 60 et 100 à La Haye. Une forte proportion de clients de l'aide sociale ont des charges familiales. Par exemple, sur 23 000 bénéficiaires de l'aide sociale à La Haye[12], 11 000 sont des femmes qui reprennent une activité professionnelle et 6 500 sont des parents isolés. Étant donné le nombre de parents isolés parmi les bénéficiaires de l'aide sociale, les programmes sont souvent conçus spécialement pour eux.

Plusieurs programmes australiens sont prévus pour aider les mères à surmonter les obstacles à leur retour à l'emploi.

*Mesures de retour à l'emploi*

Le programme *Return to Work* (RtW) s'adresse aux personnes qui ne bénéficient pas d'une garantie de revenu, mais est ouvert à toutes celles qui s'occupent d'un enfant et cherchent à travailler. La participation est volontaire. Le coût du programme s'élève à 600 $A par client (315 $US). Sur cette somme, 250 rémunèrent le prestataire pour un bilan de compétences, une aide à la formation et à l'élaboration d'un plan de retour à l'emploi. Les prestataires gèrent les fonds et peuvent dépenser jusqu'à 1 500 $A pour la formation d'un participant. Même dans ce cas, avec ces ressources limitées, il est clair que le programme n'implique pas de suivi individuel. En décembre 2000, 34 % des participants avaient trouvé un emploi dans les trois mois après la fin du programme (5 % à plein-temps et 29 % à temps partiel[13]).

Jusqu'à une date récente, le programme RtW n'était pas accessible aux bénéficiaires d'une allocation de revenu qui pouvaient bénéficier du programme *Jobs, Education and Training* (JET). Cela impliquait que le programme RtW ne bénéficiait pas aux allocataires de la prestation parentale, qui relèveront de la nouvelle mesure *Helping Parents Return to Work* du programme *Australians Working Together*. Le programme RtW s'adresse plutôt aux femmes qui n'ont pas eu d'activité professionnelle depuis un certain temps, mais dont le revenu du conjoint les a exclues de l'allocation de garantie de revenu.

Malgré cette différence de public cible, certains problèmes rencontrés par le programme RtW peuvent concerner l'application de la nouvelle mesure. L'un d'entre eux tient au fait que certaines femmes sont confrontées à une attitude très négative de leur conjoint, qui craignent une perte de contrôle (financier) sur leurs femmes lorsqu'elles trouvent un emploi. La contrainte résultant du contrôle de l'exercice d'une activité peut être utile pour surmonter ce type de comportement.

Dans certaines localisations du programme RtW, un problème résulte du fait qu'il n'existe pas de mécanisme pour adapter le nombre de places de garde aux besoins des parents. Ce n'est pas un problème pour les bénéficiaires de l'allocation parentale, car le programme JET prévoit des places pour la garde des enfants des participants. La garde des enfants de plus de dix ans est un problème. Cependant, au titre de la mesure *Helping Parents Return to Work*, les parents qui ont des enfants de cet âge peuvent exercer leur activité pendant les heures de classe et les périodes scolaires, à moins qu'ils ne fassent un autre choix, et ont donc nécessairement besoin de services de garde.

Le programme *Return to Work* est en cours de transformation pour devenir un nouveau programme de *Transition to Work* (TtW). Il concernera davantage de personnes, mais restera très semblable, en rapprochant le programme RtW et quelques éléments de formation pré-professionnelle du programme JET (voir ci-dessous). Il n'est pas clair cependant si la participation au nouveau programme suffira à satisfaire les exigences de « l'obligation mutuelle » que doivent satisfaire les bénéficiaires pour conserver leurs droits. On peut supposer que ce sera le cas. Le programme TtW pourra constituer une option adaptée pour certains parents bénéficiant d'une garantie de revenu et qui doivent satisfaire à une obligation d'activité. Il lui faudra acquérir une expérience de relation avec ces usagers, qui risquent d'être moins motivés que ceux qui participent actuellement au programme RtW de manière volontaire.

*Réseau de l'emploi et aide intensive*

En Australie, les parents sans emploi qui bénéficient d'une allocation peuvent recevoir une aide à la recherche d'emploi. Dans les couples où l'un des parents perçoit le Newstart Allowance, au moins un des parents doit rechercher du travail. En pratique, cela veut dire qu'ils doivent coopérer avec les services chargés de l'emploi qui les aideront dans leur recherche, ou bien, si nécessaire, ils seront orientés vers une Aide intensive (*Intensive assistance* – IA). Celle-ci peut comporter une formation, une aide au développement personnel, aux difficultés relationnelles et aux problèmes sociaux – tout ce qui, d'après les prestataires peut améliorer l'employabilité. Ce processus est décrit en détail dans OCDE (2001j). Il est seulement utile de noter que le choix de prestataires efficaces (connus collectivement sous le terme de *Job Network*) dépend pour une part de l'attention dont ceux-ci font preuve vis-à-vis des besoins de leur clientèle potentielle ; ainsi la capacité de traiter des problèmes des migrants ou des indigènes et éventuellement d'entrer en relation avec les services de garde des enfants peut être utile à leur développement.

La décision concernant la participation des bénéficiaires d'allocations à l'aide intensive s'appuie sur le *Job Seekers Classification Instrument* (JSCI – système de classification des demandeurs d'emploi), qui permet d'évaluer les obstacles rencontrés pour la recherche d'un emploi. Il se fonde sur des points attribués à des critères tels que le temps passé hors de l'emploi, le niveau de formation, les problèmes de santé, etc. Si le total est suffisamment élevé, l'intéressé a droit à une aide intensive. Le fait d'avoir des enfants *ne donne pas de points*. Cela s'explique par le fait que les points ne sont attribués que si un critère affecte l'employabilité. D'après les recherches sur lesquelles le dispositif a été fondé, le fait d'être parent ne limite pas les possibilités d'emploi. En d'autres termes, cet instrument *n'est pas* censé refléter le coût ou les conséquences sociales du retour à l'emploi de ceux qui en étaient éloignés. Si cette approche est suivie, elle conduirait à préférer aider les parents à obtenir un revenu décent plutôt que les personnes sans enfant.

Les parents, qu'ils soient isolés ou en couple, ne sont *pas* obligés de participer à l'aide intensive, car aucune condition n'avait été posée pour bénéficier d'une allocation jusqu'à la récente initiative *Australians Working Together*. Mais ils peuvent le faire s'ils le souhaitent et si leur classement (JSCI) indique qu'ils en ont besoin. Les travailleurs sociaux estiment que la plupart des parents isolés qui demandent une aide l'obtiennent en général. Mais le nombre de ceux qui sont pris en charge est faible. Les organismes prestataires estiment en général que les parents isolés ne sont pas bien adaptés au programme. Comme la participation est volontaire, ils n'ont pas les mêmes objectifs que ces prestataires. Ces derniers sont très orientés vers les résultats – emploi, ou parfois formation – car c'est ce qui leur est financé. Par exemple, si un client veut un travail à temps partiel, le prestataire lui rappelle les obligations légales suivant lesquelles il doit chercher

183

un emploi à plein-temps (ce pourquoi le prestataire est rémunéré). Mais pour les parents isolés, ce type de pression est hors de propos.

### Jobs, Education and Training (JET)

Le programme JET est conçu pour améliorer la situation financière des parents et d'autres groupes de population, en les aidant à trouver ou à retrouver un emploi. Ces services sont fournis sur une base volontaire, par des entretiens individuels avec des conseillers. Cette approche n'est pas intensive, car chaque travailleur social doit s'occuper d'environ 550 personnes (moins de 200 dans la situation typique). Le conseiller JET peut accéder pour le compte de ses clients à d'autres mesures (allocations d'accès à l'emploi et à la formation). Il peut aider le client à identifier les opportunités d'emploi et les obstacles à surmonter, ainsi qu'à élaborer un plan de retour à l'emploi, et aussi fournir une information et une aide pour se préparer à l'emploi, et le mettre en rapport avec des services de formation, de garde des enfants et d'assistance. Une évaluation à partir de l'instrument JSCI est réalisée si elle est appropriée, afin d'enregistrer le client pour l'inscrire dans une recherche d'emploi adaptée à son profil. Les conseillers peuvent même collaborer avec les collectivités locales pour développer les possibilités locales de garde et créer à cet effet des emplois. Tous les parents isolés sont invités à rencontrer leur conseiller JET lorsque leur plus jeune enfant atteint l'âge scolaire et à nouveau lorsqu'il entre dans l'enseignement secondaire. D'autres contacts peuvent être plus réguliers. Parmi les parents isolés bénéficiant d'une allocation, peut-être 40 % ont au moins un contact avec le programme JET.

### Mesures de soutien personne (PSP)

Il n'y a pas en Australie de tradition de réseau étendu de travailleurs sociaux, organisés au niveau des collectivités locales. Le Community Support Programme, qui deviendra le Personal Support Programme (PSP – programme de soutien personnel) est conçu pour aider à traiter des problèmes personnels, tels que la dépendance, les difficultés psychologiques sans gravité, etc. Le programme dépend beaucoup (et de plus en plus depuis les modifications budgétaires apportées par le gouvernement actuel) de la collectivité locale pour apporter des services. Ce programme va être étendu pour répondre à une demande accrue, résultant du développement du contrôle de la recherche d'emploi par les mères d'enfants de plus de 12 ans. Le programme sera plus intensif et le budget par personne (de 2 000 à 3 000 $A soit 1 600 $US) sera augmenté. Le nombre de personnes qu'il faudra suivre devrait passer de 15 000 en 2000/2001 à 45 000 en 2004/2005. Mais comme les nouveaux participants ne seront peut-être pas tous volontaires, s'occuper d'eux peut prendre beaucoup de temps. Il peut aussi se poser des problèmes difficiles avec ceux qui sont en infraction. Ces questions n'ont pas été résolues.

## 5.6. Conclusions

Dans tous les pays, l'objectif recherché consiste à offrir à l'enfant – soit à domicile, soit dans des dispositifs de garde – des possibilités de développement qui amélioreront ses perspectives d'avenir. Il n'est donc guère surprenant que les gouvernements se préoccupent des conséquences d'une absence d'activité professionnelle, aussi bien pour les parents que pour leurs enfants. Au Danemark, la politique est claire depuis un certain temps : le fait d'avoir des enfants ne dispense pas de la nécessité de travailler. De ce fait, les ménages dans lesquels personne ne travaille sont rares : le taux d'emploi des parents isolés est même supérieur à celui des couples avec enfants.

L'attitude des deux autres pays est plus complexe à l'égard de l'exigence de travail (en particulier des mères). En théorie, les Pays-Bas ont beaucoup évolué dans le sens d'une exigence générale de travail des parents lorsque le plus jeune enfant a 5 ans, mais en pratique ces exigences sont rarement appliquées. En Australie, des conditions ont été fixées pour que les parents qui gardent leurs enfants à domicile à plein-temps puissent bénéficier d'allocations, mais seulement pour les familles dont le plus jeune enfant est âgé de plus de 12 ans. En laissant de côté la question des moyens nécessaires pour que cette politique soit appliquée avec succès, on peut regretter qu'une si longue période de non-travail soit possible avant d'intervenir (une intervention plus précoce serait presque sûrement plus efficace).

Mais cet intérêt accordé aux parents isolés et aux groupes en difficulté ne doit pas faire oublier la situation plus fréquente des ménages avec deux adultes. Les systèmes fiscaux et de prestations sociales des trois pays ne sont pas particulièrement favorables ou défavorables aux ménages isolés ou bi-actifs, bien qu'ils comportent toujours certaines mesures particulières pour l'un ou l'autre. En fait, les « biais » dans les deux sens se compensent.

Cela ne veut pas dire que le système d'imposition et de prestations sociales soit sans influence. Tout d'abord, le niveau d'imposition varie dans des proportions considérables d'un pays à l'autre. L'avantage obtenu par la seconde personne qui travaille est faible au Danemark, car le taux d'imposition est élevé, mais elle travaille cependant, entre autres raisons, car c'est la meilleure manière d'atteindre le niveau de vie souhaité. En second lieu, la structure du système fiscal et de prestations sociales a une influence sur l'incitation à travailler un certain nombre d'heures. Par exemple, au Danemark, le taux effectif d'imposition pour le deuxième adulte lorsqu'il passe d'un travail à temps partiel à un plein-temps est relativement faible, ce qui tend à renforcer la norme du travail à temps plein. En Australie (et, dans une moindre mesure, aux Pays-Bas), le travail à temps partiel est facilité par le système d'imposition et d'allocations. En troisième lieu, le système australien étant fortement dépendant du revenu, l'incitation à travailler pour le conjoint d'une personne dont le revenu est élevé est plus nette que pour ceux qui ont un faible revenu. Les familles qui auraient le plus besoin que les deux travaillent sont celles qui sont le moins incitées à avoir deux personnes qui apportent une rémunération.

Les chiffres donnés dans ce chapitre sur le rendement du travail d'un second adulte dans un couple, en tenant compte des coûts de garde, des impôts et de la diminution des allocations, peuvent être vus d'une autre manière. On peut supposer que la seconde personne qui apporte un revenu dans un couple « garde » moins de la moitié de ses gains en Australie (et beaucoup moins si les gains du conjoint sont faibles) et entre 20 et 30 % au Danemark et aux Pays-Bas. Mises à part les conséquences sur l'offre de main-d'œuvre (qui bien entendu devraient tenir compte de préoccupations à long terme, de normes sociales, etc.), ces chiffres montrent que beaucoup de mères ne tirent pas un grand profit financier immédiat de leur passage à une activité professionnelle.

# Notes

1. La discussion des incitations risque d'être trop mécaniste et de donner l'impression que, s'il existe une incitation financière à se comporter d'une certaine manière, les familles le comprendront et se comporteront en conséquence. En pratique, les systèmes d'imposition et de prestations sociales sont très complexes et peu de gens comprennent complètement les conséquences de leur action. Cette remarque est peut-être particulièrement appropriée à propos des récentes réformes fiscales en Australie et aux Pays-Bas.

2. Allocation qui remplace un abattement pour conjoint dépendant et intègre différentes allocations familiales.

3. La durée pendant laquelle les parents paient une garde est supposée invariable par rapport à leur décision de prendre un emploi ou non. Mais comme la subvention est liée au revenu, un changement marginal de revenu affectera le montant de la subvention.

4. Comme indiqué au chapitre 2, 44 % des parents isolés avaient un emploi en 1990 et 47 % en 2000.

5. *Job Network* est un réseau de prestataires communautaires, privés et publics, qui offrent des services pour l'emploi. Voir OCDE (2001j).

6. Pour les parents isolés plus instruits, non seulement le niveau de rémunération est plus élevé, mais aussi celui des allocations (van Wel et Knijn, 2000).

7. Cependant, les collectivités locales ne contribuent encore qu'à concurrence de 25 % au coût marginal des allocations versées aux parents isolés. L'augmentation de ce pourcentage contribuerait certainement à une meilleure concentration des efforts (voir OCDE, 1998a).

8. En supposant que toutes les naissances ont lieu lorsque la mère a entre 20 et 40 ans (les naissances plus précoces sont rares au Danemark), un taux de fécondité de 2 serait cohérent avec une probabilité de naissance de 10 % par an. En supposant que toutes les 4 000 femmes au chômage appartiennent à ce groupe d'âge et que chaque congé dure un an, il faudrait s'attendre à ce que 400 femmes de l'échantillon passent du chômage au congé de maternité. Si la durée du congé est plus courte et/ou si certaines femmes ont plus de 40 ans, ce nombre serait plus faible. Les 300 cas observés ne prouvent donc pas que les naissances ont été programmées pour exploiter au maximum les prestations, au moins pas dans une forte proportion.

9. L'absence de distinction suivant la situation familiale pour la détermination des sanctions est cohérente, aussi bien avec les politiques strictes qu'avec les plus indulgentes. Les services de l'emploi se plaignent d'un trop grand laxisme vis-à-vis des bénéficiaires de l'allocation chômage. Comme les fonds de l'assurance chômage sont gérés par des organismes qui sont en concurrence (les syndicats), on pense qu'ils sont

187

réticents vis-à-vis des sanctions, qui entraîneraient l'exclusion d'une personne susceptible de contribuer ultérieurement au fonds.

10. Cependant, les conseillers professionnels se substituent parfois aux travailleurs
sociaux, en orientant leurs clients vers les municipalités, leurs travailleurs sociaux et
leurs conseillers.

11. Ce pourcentage paraît s'appliquer aussi bien à La Haye qu'à la municipalité de Zoetemeer
par exemple.

12. La population totale de la ville est de 421 000 habitants

13. Information fournie par le DEWRSB.

*Chapitre 6*

# Conditions d'emploi favorables aux familles

On verra dans ce chapitre comment sont mises en pratique, dans le milieu professionnel, les orientations données par les politiques pour favoriser la conciliation entre vie professionnelle et vie familiale.

## 6.1. Introduction

Ce chapitre débute par une description des institutions intéressant l'emploi. Il évoque ensuite les motivations des employeurs et des salariés. Puis il évalue la diffusion de conditions d'emploi et de travail favorables aux familles dans les trois pays. Enfin, il traite de la manière dont les politiques publiques influencent les conditions d'emploi.

## 6.2. Le cadre institutionnel des relations professionnelles

### 6.2.1. *Australie*

En Australie, suivant le système de négociation collective, les salariés sont couverts par trois types de dispositions législatives ou contractuelles : les dispositions qui ont fait l'objet d'une décision de justice (*awards*[1]), les accords d'entreprise et les contrats individuels, dans le cadre de différentes législations fédérales et des États. En pratique, ces trois niveaux se chevauchent dans une large mesure, la législation et les conventions collectives étendues fournissant un cadre complété par des accords collectifs ou des contrats individuels. On n'en donnera ici qu'un aperçu (pour plus de détails voir OCDE, 2001j).

Les *awards* qui définissent des conditions d'emploi ont force de loi. Elles peuvent être élaborées au niveau de l'État ou au niveau fédéral. Jusqu'en 1974, elles tenaient compte de la protection de la famille. Cela signifiait que l'on supposait que les salariés devaient avoir la charge d'une famille et le modèle de l'homme « gagne-pain de la famille » était traditionnel dans les relations professionnelles. Cela impliquait des salaires suffisamment élevés et le travail à temps partiel et autres modalités d'emploi flexible étaient de fait découragés. Le salaire minimum des femmes était même différent (et inférieur) à celui des hommes.

De nos jours, les *awards* ne sont pas conçues pour maintenir une vision de la vie familiale qui n'aurait plus de rapports avec la pratique réelle et la discrimination explicite entre hommes et femmes a disparu de longue date. Au contraire, elles ont été utilisées pour mettre en pratique le principe « à travail égal, salaire égal », ce qui a entraîné une augmentation rapide des salaires des femmes par rapport à ceux des hommes.

Un certain nombre de normes concernant les congés ont été fixées par la jurisprudence de la Commission australienne des relations professionnelles. Ces principes ont été incorporés dans les accords. C'est ce qui est arrivé par exemple en accordant le droit à un congé de maternité aux femmes en 1979 et à un congé pour l'adoption en 1985. On trouvera quelques exemples récents dans le tableau 6.1.

L'importance des accords confirmés par une décision judiciaire a diminué en Australie. En 1990, la rémunération des deux tiers des salariés était déterminée par ces accords ; en 2000, moins du quart étaient concernés. Les conventions collectives enregistrées ont pris beaucoup plus d'importance et concernent maintenant 35 % des salariés. Les conventions collectives doivent donner aux salariés des avantages au moins équivalents à ceux que définissent les « awards »[2] (la condition de « non-désavantage »).

Les contrats individuels entre salarié et employeur ont été facilités par la loi de 1996 sur les relations professionnelles, qui a permis de passer des contrats

Tableau 6.1.　**Principales dispositions du système australien de relations professionnelles**

| Dispositions | Droits des employés |
|---|---|
| Congé parental (différent depuis 20 ans) | 52 semaines de congés non payés et le droit de réintégrer le même poste (ou poste similaire). L'un au l'autre des deux parents peuvent prendre ce congé à condition qu'ils ne le prennent pas ensemble au-delà d'une semaine. Ces droits sont maintenants stipulés dans la loi de 1996 Workplace Relations Act (WRA). |
| Congé de maternité aux travailleurs temporaires (mai 2001) | Les travailleurs temporaires qui ont régulièrement travaillé pour le même employeur pendant 12 mois et plus ont les mêmes droits aux congés de maternité non rémunérés que les autres travailleurs permanents. |
| Congé de garde (1994, 1995) | Les employés peuvent utiliser jusqu'à cinq jours de leur congé maladie pour garder leur famille. Certaines mesures ont été introduites afin de permettre l'utilisation de journées isolées de congés annuel. Certains États étendent cette mesure plus largement. |

*Source :*　DEWRSB.

concernant les conditions d'emploi, couvrant maintenant 2 % des salariés australiens et ce chiffre semble être en augmentation. La même condition que pour les conventions collectives (ne pas être défavorisé) doit s'appliquer.

Les *awards* et les conventions collectives couvrent à la fois les emplois permanents et temporaires. La part de ces derniers s'est accrue, passant de 16 à 27 % du total des salariés d'août 1984 à août 2000 (ABS, 2001c). Plus de 60 % de la croissance de l'emploi depuis les années 80 a correspondu à des emplois temporaires. Ce terme peut être trompeur, car il peut s'agir d'emplois réguliers, à plein-temps, avec le même employeur, dans des conditions déterminées par les *awards*. Mais dans les statistiques australiennes, on compte comme travailleurs temporaires ceux qui n'ont pas droit à des congés payés et à des congés maladie. Ils reçoivent en contrepartie une compensation forfaitaire. Celle-ci varie suivant les secteurs, mais en moyenne la rémunération des travailleurs temporaires représente 115 à 120 % de celle des autres.

Plus de la moitié des travailleurs « temporaires » ont été employés par la même entreprise pendant plus d'un an et un sur huit pendant au moins cinq ans (ABS, 2000a). Il y a un chevauchement important entre travailleurs temporaires et à temps partiel et entre ceux-ci et femmes salariées, de sorte que 67 % des travailleurs temporaires à temps partiel sont des femmes (ABS, 2001c).

### 6.2.2. Danemark

Les employeurs négocient une *convention cadre* avec les syndicats. Il y a 600 conventions collectives (branches et accords d'entreprises). Une dizaine d'entre elles concernent environ 80 % de la main-d'œuvre et les autres ont tendance à s'y conformer. Cinquante-quatre pour cent des entreprises dépendent d'une organisation professionnelle employant environ un tiers de la main-d'œuvre. Quatre-vingt cinq pour cent des salariés sont syndiqués. La relation entre la convention cadre et les conventions collectives correspond à la distinction entre orientation et pratique.

Certains secteurs montrent l'exemple : à la suite d'un accord de principe, la convention sectorielle de 1989 a adopté le principe d'une rémunération complète des salariés en congé. Le secteur financier a adopté depuis quelques années ce principe pour tous les congés de maternité et le congé paternel. C'est seulement en 2000 que la convention collective de l'industrie a accordé un congé de maternité avec un plein salaire de 14 semaines.

### 6.2.3. Pays-Bas

La négociation collective aux Pays-Bas comporte trois ou même quatre niveaux. En premier lieu les employeurs et les syndicats passent un accord sous les auspices d'une organisation bipartite privée (STAR). Les négociations se déroulent de la même manière que pour la convention cadre au Danemark ; elles aboutissent à des recommandations sur des thèmes abordés par les syndicats et les employeurs au niveau des branches. Pour garantir une concurrence loyale, le gouvernement étend souvent ces accords à tous les salariés d'un secteur, indépendamment du fait que leur syndicat et leurs employeurs aient ou non participé aux négociations. Cette extension a force de loi. En partie de ce fait, les conventions collectives de branche concernent 90 % des salariés, bien que le taux de syndicalisation soit faible (20 %).

Les accords de branche laissent souvent de côté un certain nombre de questions qui sont négociées au niveau de l'entreprise. Les négociations à ce niveau paraissent de plus en plus importantes, étant donné que les accords de branche ont tendance à constituer des cadres plutôt que de définir des obligations précises.

Les négociations se situent dans le contexte de ce que l'on appelle le « Polder model ». Cette approche vise à préserver le consensus social. Comme l'écrit den Dulk (1999) :

« On peut considérer que le gouvernement fait un travail de stimulation et laisse les partenaires sociaux et les organisations relativement libres pour la mise en œuvre de dispositions concernant le travail et la famille. Le gouvernement considère que c'est à eux de mettre en place les moyens répondant aux besoins des employeurs et des salariés. Le rôle du gouvernement consiste à supprimer les obstacles et à encourager les accords concernant le travail et la famille dans les conventions collectives. »

Le gouvernement se réserve cependant le droit d'imposer son point de vue. Il a décidé par exemple qu'une certaine proportion du coût de la garde des enfants devrait être prise en charge par les employeurs. Il revenait ensuite aux syndicats et aux employeurs de parvenir à un accord sur ce thème. Le gouvernement a considéré que les progrès dans ce sens étaient insuffisants ; il est finalement intervenu, en augmentant les crédits publics, tout en accroissant la pression sur les employeurs en déduisant leur contribution au coût de la garde des cotisations sociales payées par l'employeur. Cette intervention a fait pencher la balance : une subvention de 100 € au coût de la garde d'un enfant à un salarié ayant un salaire moyen coûterait à l'employeur 135 €, étant donné le niveau des impôts et des cotisations sociales des employeurs et des salariés.

## 6.3. Motivations

### 6.3.1. Syndicats

Les directions des syndicats sont souvent masculines et traditionnelles (bien entendu avec quelques exceptions notables). La majorité des syndiqués sont des hommes ; les salariés à temps partiel sont moins souvent syndiqués (et encore moins souvent actifs dans le syndicat). Pour toutes ces raisons, les syndicats ne sont généralement pas particulièrement actifs pour demander des avantages familiaux. Ces demandes peuvent être mises sur la table au départ des négociations, mais ne sont pas vigoureusement défendues. Même quand les syndicats prennent au sérieux les problèmes des salariés à temps partiel, il leur est difficile de définir une politique : leurs membres ne demandent pas une journée de huit heures, mais il n'est pas facile de préciser ce qu'ils veulent (Probert, Ewer et Whiting, 2000).

Il peut y avoir des conflits au sein du mouvement syndical, qui reflètent les différences entre les adhérents des syndicats. Au Danemark, beaucoup d'employeurs payent un congé de maternité, ce qui rend l'emploi des femmes relativement plus coûteux. Certains syndicats souhaiteraient que les employeurs financent collectivement cette prestation, de manière à ce que les hommes contribuent autant que les femmes. Mais le syndicat de la métallurgie s'y oppose et gère un dispositif de congés de maternité réservé à ses membres. Comme 1 à 2 % seulement de ceux-ci sont des femmes, la cotisation nécessaire est très faible. Par rapport à la situation actuelle, une généralisation de cette mesure à tous les secteurs impliquerait un transfert net des secteurs à prédominance masculine vers les secteurs à prédominance féminine et c'est l'intérêt étroit des membres du syndicat de la métallurgie d'accorder des avantages relativement généreux à leurs membres féminins pour un coût assez faible à la charge de leurs membres masculins.

Même au sein d'un syndicat, ce serait une erreur d'imaginer que l'on a une vision claire de l'intérêt d'une politique favorable aux familles, en particulier si cela donne l'impression que le syndicat agit dans un intérêt sectoriel étroit. Au Danemark, certains syndicats ont considéré qu'ils devraient faire pression pour que les femmes qui reprennent un emploi puissent réduire leurs horaires de travail pendant un certain temps, comme c'est souvent la cas aux Pays-Bas[3]. Mais d'autres membres du syndicat ont soutenu qu'elles devraient toutes avoir le même droit à diminuer leurs horaires, ce qui a réduit les chances de succès de la négociation.

### 6.3.2. *Employeurs*

Les employeurs ont plusieurs raisons de proposer des avantages familiaux à leur personnel :

- Les avantages familiaux peuvent éventuellement réduire la rotation du personnel.

- Les employeurs souhaitent dans certains cas une flexibilité des horaires au même titre que les salariés.

193

- La bonne réputation d'un employeur en raison des avantages familiaux qu'il accorde peut lui permettre de recruter les meilleurs candidats parmi ceux qui apprécient ces avantages.

- Certaines mesures peuvent améliorer la motivation et la productivité des salariés.

## 6.4. Applications pratiques en milieu professionnel

Les comparaisons internationales sur la situation en milieu de travail posent des problèmes conceptuels et pratiques. Sur le plan pratique, peu d'enquêtes concernent *les salariés* de manière globale. L'unité d'analyse est soit l'entreprise, soit la convention collective (qui peut concerner beaucoup d'entreprises aux Pays-Bas), soit, dans le contexte australien, un échantillon d'accords nationaux ou d'entreprises. Complication supplémentaire : aux Pays-Bas, les partenaires sociaux ont la possibilité de sortir du cadre légal et d'accorder des avantages équivalents ou supérieurs par des conventions collectives. Une clause d'une convention collective concernant par exemple le congé de maternité peut signifier, *soit* que l'employeur accorde exactement les congés prévus par la loi, *soit* qu'il accorde un congé en supplément des exigences légales. Par exemple, 39 % des conventions collectives aux Pays-Bas prévoient un congé de maternité. Quinze pour cent seulement de ces conventions prévoient des congés plus généreux que les obligations légales (Arbeidsinspectie, 2001). De plus, la diffusion plus ou moins importante de dispositions particulières favorables aux familles doit être interprétée par référence aux dispositions légales qui peuvent ou non faire double emploi avec les accords locaux.

Les tableaux en annexe de ce chapitre fournissent des données provenant de différentes études nationales sur la diffusion des pratiques locales favorables aux familles, en dehors du travail à temps partiel. Au vu de ce qui précède, il faut les interpréter avec prudence, mais on peut en tirer quelques conclusions.

### 6.4.1. Conditions de travail favorables aux familles

*Horaires flexibles*

Les salariés peuvent souhaiter adopter des horaires flexibles pour mieux concilier les responsabilités familiales et professionnelles. Pour les parents qui travaillent, il peut être très important d'avoir leur mot à dire sur les horaires. Mais la flexibilité n'est pas toujours dans l'intérêt des parents, lorsqu'elle suppose des heures de travail mal adaptées aux responsabilités familiales. Les horaires réguliers facilitent la garde des enfants ; les horaires irréguliers dans l'intérêt des employeurs peuvent être contraignants pour les parents. Les horaires flexibles *peuvent* certainement être favorables à la famille, mais ne le sont pas nécessairement.

Au Danemark, suivant la pratique habituelle, la grande majorité des salariés commencent et finissent leur travail à horaire fixe. Mais certaines conventions collectives prévoient la possibilité d'accords sur des horaires flexibles dans certains établissements. Selon le tableau 6A.1, ces dispositions ne sont prévues par des accords formels que dans moins de 30 % des entreprises. Une conclusion assez paradoxale des recherches danoises sur ce thème est que ceux qui sont concernés par ces dispositions les utilisent pour travailler *davantage d'heures* que les autres salariés (Sondergaard, 1999).

En Australie et aux Pays-Bas, le travail à temps partiel est beaucoup plus fréquent qu'au Danemark. Le tableau 6A.2 indique que, dans au moins un tiers des accords approuvés au niveau fédéral en Australie, des dispositions favorables aux familles sur la flexibilité sont prévues[4]. Ces dispositions concernent 14 % des contrats individuels. Mais il faut interpréter ces données avec prudence, car des arrangements informels peuvent être fréquents.

*Télétravail et travail à domicile*

Le télétravail et le travail à domicile concernent des tâches qui peuvent être réalisées en dehors du lieu de travail. En Australie, seul un petit nombre de conventions collectives fédérales et des États (2 % et 5 % respectivement, voir tableaux 6A.3 et 6A.5 à la fin de ce chapitre) prévoyaient cette modalité. Mais la proportion de la population concernée était plus élevée (14 % des conventions fédérales). Une enquête menée en 1995 par l'Institut national de la médecine du travail a montré que 5 000 à 10 000 Danois travaillaient à domicile. En 1997, des accords cadres ont été passés dans plusieurs secteurs (y compris l'administration nationale) sur la prise en compte du télétravail et du travail à domicile dans les conventions collectives.

*Dispositions concernant les congés*

Les dispositions les plus fréquentes favorables aux familles concernent la possibilité de prendre un congé dans certaines circonstances, ou une rémunération des congés par les employeurs. Les congés pris lorsqu'il y a une naissance sont analysés plus en détail au chapitre 4, mais on peut déjà noter que :

- en Australie, les congés de maternité rémunérés restent peu fréquents : ils figurent dans 4 % des contrats individuels et 30 % des conventions collectives fédérales ;

- au Danemark, l'État garantit une proportion du salaire antérieur à une personne en congé de maternité, ou en congé parental, jusqu'à un certain maximum. Cet avantage est complété par les employeurs dans plus de 60 % des cas et jusqu'à 90 % dans les grandes entreprises.

- La rémunération du congé de maternité aux Pays-Bas représente aussi une proportion du dernier salaire, mais le maximum du financement d'État est beaucoup plus élevé qu'au Danemark. Aussi 5 % seulement des employeurs complètent les allocations publiques de maternité. Le congé de paternité est courant, mais il ne dépasse deux jours que dans 14 % des cas. Les dispositions pour un congé parental figurent dans la moitié des accords, mais le congé n'est rémunéré que dans 5 % des cas et seulement un accord sur dix permet un congé parental de plus de huit mois (Arbeidinspectie, 2001).

## Garde des enfants malades

Au Danemark, un parent a un droit légal de s'absenter pendant la première journée de maladie d'un enfant. On estime que par la suite les parents sont en mesure de prendre d'autres dispositions. Presque 40 % des établissements accordent un temps supplémentaire aux parents pour garder leurs enfants malades et un tiers autorisent les salariés à amener leurs enfants sur le lieu de travail, si l'organisation normale de leur garde est perturbée (Pedersen, 1998).

La disposition la plus fréquente en faveur des familles prévue par les conventions collectives en Australie et couvrant environ la moitié des salariés concerne le congé familial ou le congé pour la garde des enfants. Les conventions permettent parfois aux parents d'utiliser une partie des jours de congé de maladie auxquels ils ont droit, elles leur accordent parfois des journées supplémentaires en plus des congés de maladie.

Les Pays-Bas viennent d'adopter une législation sur la garde des enfants malades (chapitre 4), qui était précédemment prévue par bon nombre de conventions collectives, mais non la totalité. Par exemple, un congé en raison de « circonstances imprévues » et un congé de garde des enfants figurent dans environ 25 % des conventions et sont rémunérés dans la moitié ou les trois quarts des cas (Arbeidsinspectie, 2001). De plus, certaines dispositions permettent aux salariés d'accumuler des congés d'une année sur l'autre, qu'ils peuvent utiliser pour faire des études. Dans quelques cas, ces journées économisées peuvent aussi servir à la garde des enfants. Des dispositions semblables existent en Australie.

## Garde des enfants

En Australie, les employeurs contribuent à la garde des enfants de leurs salariés dans un très petit nombre de cas (peut-être 1 % des conventions collectives). Au Danemark, la garde des enfants est très rarement mentionnée dans les conventions. Dans chacun de ces cas, cela reflète le rôle dominant joué par le secteur public pour subventionner la garde des enfants (au Danemark) ou pour accorder aux parents des avantages liés à leur revenu (en Australie). Aux Pays-Bas, les employeurs jouent un rôle beaucoup plus important : 65 % des conventions prévoyaient une aide à la garde des enfants des salariés en 1998. Si l'on ne considère que les grandes entreprises (den Dulk, 1999), l'augmentation des services d'accueil des enfants s'est située principalement au début des années 90. En 1990-91, 15 % des employeurs ont proposé d'aider à l'accueil des enfants, au lieu de 54 % en 1996.

### 6.4.2. *Horaires réguliers de travail*

*Travail à temps partiel*

Le travail à temps partiel est à la fois une réponse à l'absence d'institutions susceptibles d'aider à concilier vie familiale et professionnelle (exemple pour la garde des enfants) ; une manière d'équilibrer les objectifs familiaux et professionnels ; et une possibilité de remettre en cause les « bons » emplois bien payés à plein-temps. Le détail des modalités institutionnelles de l'emploi à temps partiel est important. En Australie et au Danemark en particulier, il faut que les employeurs et les salariés soient d'accord sur les horaires de travail. Ce n'est pas le cas depuis juillet 2000 aux Pays-Bas, où beaucoup de salariés ont le *droit* de modifier leurs horaires de travail (pour passer à temps partiel ou à temps plein) et où les employeurs peuvent seulement s'y opposer au cas où ils peuvent démontrer que c'est impraticable ou que cela menace l'équilibre financier de l'entreprise.

Étant donné les controverses que suscite le temps partiel dans d'autres pays, on peut s'étonner que cette loi semble largement acceptée par les employeurs. En fait, ils considèrent en général que le temps partiel est déjà si répandu (70 % des femmes et 13 % des hommes – la proportion la plus forte des pays de l'OCDE après l'Australie) que la plupart d'entre eux ont l'habitude d'organiser le travail en tenant compte des durées de travail de leurs salariés. De plus, comme des dispositions semblables ont déjà été adoptées depuis plusieurs années par certaines conventions collectives (den Dulk, 1999), la législation correspond plutôt à une uniformisation des situations qu'à la création d'un droit nouveau et inhabituel. Le tableau 6A.6 de l'annexe montre que 67 % des accords passés aux Pays-Bas comportent des dispositions permettant formellement aux salariés de réduire leurs horaires de travail dans certaines circonstances (exemple, reprise de travail après la naissance). Dix-sept pour cent des accords permettent également une augmentation des horaires (Arbeidsinspectie, 2001).

Jusqu'à 25 % des femmes travaillant à temps partiel le font *involontairement* et pourraient demander à augmenter leurs horaires. Ce ne sont pas toutes des mères de jeunes enfants et parmi elles le désir de travailler davantage semble moins fréquent : 3 % seulement des pères et mères de jeunes enfants ont profité de la possibilité d'augmenter leurs horaires. Quatre-vingt-sept pour cent des mères qui travaillent réduisent leurs horaires pour s'occuper de leurs enfants, dans plus de la moitié des cas chez le même employeur et un quart des mères bénéficie aussi du congé parental à temps partiel. Environ 10 % des mères changent d'emploi pour pouvoir réduire leurs horaires de travail (Commissie Dagarrangementen, 2002). Vingt-sept pour cent des pères de jeunes enfants diminuent également leurs horaires. C'est le plus souvent pour une courte période, alors que les mères ont tendance à rester à temps partiel.

Les représentants des salariés et des employeurs sont convaincus que le manque de places pour garder les enfants, l'incertitude des horaires de classe et la suppression des cours annoncée au dernier moment réduisent fortement la durée du travail possible pour les femmes. Résoudre ce problème pourrait permettre d'augmenter l'offre de main-d'œuvre, à la fois du fait d'un nombre accru de personnes au travail et d'heures travaillées en moyenne[5].

Dans la plupart des secteurs au Danemark, le temps partiel n'est pas très répandu jusqu'ici et a parfois été activement découragé. Depuis l'adoption d'une loi sur la mise ne œuvre de la directive sur le temps partiel (approuvée au niveau européen), le droit au temps partiel est généralement prévu par les conventions collectives, quoique dans certains secteurs – par exemple construction et transports – elles prévoient explicitement d'empêcher cette forme d'emploi. Les possibilités d'emploi à temps partiel sont aussi parfois limitées par des dispositions suivant lesquelles le nombre d'emplois à plein-temps ne doit pas diminuer lorsqu'un emploi à temps partiel est créé. Au total, 35 % des conventions collectives autorisent le travail à temps partiel ; 59 % le permettent aux nouveaux salariés et 6 % ne le facilitent pas. La plupart des dispositions favorables au temps partiel n'ont pas un caractère général : dans le secteur financier, les salariés ont droit au temps partiel après une naissance, mais seulement pour quelques mois.

La définition du temps partiel au Danemark est fondée sur la classification donnée par les déclarants eux-mêmes. Sur cette base, 35 % des femmes sont à temps partiel. Mais si l'on se réfère au seuil de 30 heures admis au niveau international, c'est seulement un peu plus de 20 % des femmes qui travailleraient à temps partiel. En d'autres termes, si les femmes travaillent moins d'heures que les hommes, même au Danemark, c'est souvent quelques heures de moins seulement. En fait, la plupart de ceux qui travaillent moins de 15 heures par semaine ont moins de 30 ans et sont souvent des étudiants qui combinent des horaires de travail réduit (10 à 15 heures par semaine) avec leurs études.

Il est incontestable que le milieu professionnel n'est pas spécialement favorable à ceux qui cherchent à travailler à temps partiel. Dans une entreprise, les directives spécifient clairement que l'on demande aux salariés de travailler à plein-temps. En fait, 10 % du personnel est à temps partiel, mais il est entendu que la norme est le plein-temps et que le temps partiel est exceptionnel, habi-

198

tuellement pour une période limitée (par exemple environ un an) en supposant que les salariés reviendront au plein-temps. Le temps partiel a des chances de réduire les perspectives de carrière et les cadres ne sont jamais dans cette situation. Dans une autre entreprise, ceux qui cherchent à travailler à temps partiel sont invités à en discuter avec un conseiller en ressources humaines, qui s'efforce de déterminer s'il existe au fond un problème que l'entreprise pourrait aider à résoudre. C'est seulement lorsque le conseiller a donné son accord que l'éventualité est discutée avec le chef hiérarchique. Le personnel ne doit pas considérer que le temps partiel est un droit. De plus, certains cadres constatent que le personnel à temps partiel a tendance à travailler pendant le nombre d'heures qui a fait l'objet d'un accord, alors que l'on peut s'attendre à ce que ceux qui sont à plein-temps fassent des heures supplémentaires non rémunérées. Il en résulte que seules les femmes sont favorables au temps partiel, ce qui n'est le cas ni des hommes, ni des cadres. Au total, si l'on se réfère à la définition nationale (moins de 37 heures par semaine), seuls 9 % des femmes qui sont cadres supérieures travaillent à temps partiel, au lieu de 20 % des femmes qui ont une rémunération élevée, 40 % de celles qui ont une rémunération moyenne et 50 % de celles qui ont le salaire minimum[6].

Le travail à temps partiel constitue maintenant une caractéristique essentielle du marché du travail en Australie, mais il se combine avec d'autres particularités. Environ 44 % des femmes employées sont à temps partiel, au lieu de 35 % au début des années 80 (chapitre 2). Pour les mères de familles, 57 % de celles qui travaillent et vivent en couple sont à temps partiel et 53 % des mères isolées. La durée moyenne du temps partiel était légèrement supérieure à 18 heures par semaine en 2000. Si l'on se réfère à la définition internationale (30 heures ou moins), la croissance a été un peu moins rapide, de 34 % de l'emploi des femmes en 1980 à un peu plus de 40 % en 2000. Il y a donc eu une croissance significative du nombre de femmes travaillant de 30 à 35 heures par semaine (chapitre 2).

Le temps partiel des hommes a progressé également et même plus rapidement (6 % par an) ; mais à partir d'une base beaucoup plus faible. La proportion d'hommes à temps partiel est ainsi passée de 5 à 13 % de 1980 à 2000 (et à 15 % d'après la définition internationale – proportion la plus élevée de tous les pays de l'OCDE). En raison de cette progression du temps partiel, mais aussi parce que l'emploi des femmes a progressé plus rapidement que celui des hommes, la proportion de temps partiels dans l'économie a explosé – de 16 % du total en 1980 à 27 % en 2000. Environ deux tiers des emplois à temps partiel sont *temporaires* (ABS, 2001c). Alors que la plupart des hommes ont un emploi régulier, permanent et à plein-temps, une minorité importante de femmes occupe des emplois temporaires à temps partiel.

En Australie, un grand nombre de décisions de justice (*awards*) ont pris une position contraire au temps partiel, ce qui reflète leur rôle historique, consistant à

199|

Tableau 6.2.  **Salariés à temps partiel qui bénéficient
des prestations ordinaires liées à l'exercice d'un emploi**
Août 2000

| Prestations ordinaires | Proportion des employés à temps partiel ayant droit aux prestations ordinaires (%) | | |
| --- | --- | --- | --- |
| | Hommes | Femmes | Tous |
| Congés annuels | 18.7 | 39.3 | 33.6 |
| Congés maladie | 18.6 | 39.8 | 34.0 |
| Congé de récupération | 14.3 | 33.9 | 28.5 |
| Aucun | 35.6 | 20.1 | 24.4 |

Source :   ABS (2001c).

veiller à ce que les salariés aient une rémunération suffisante pour garantir leur niveau de vie et celui de leur famille. Cet objectif risquait d'être incompatible avec le travail à temps partiel.

Les politiques publiques ont répondu de deux manières à cette situation. D'une part, le temps partiel régulier est encouragé, car il est demandé aux *awards*, lorsque c'est approprié, de le prévoir et de mettre fin à la pratique consistant à fixer un pourcentage maximum de salariés à temps partiel. Vers la fin de l'année 2000, environ les trois quarts des décisions prenaient en considération le temps partiel normal. Mais dans un sixième des cas, ce sont seulement les salariés qui reprennent un travail après un congé parental qui ont droit à ces dispositions. Le temps partiel permanent avec des horaires réguliers n'est prévu que par 22 % des conventions collectives fédérales et 7 % des conventions au niveau des États (mais elles concernent peut-être 30 % des travailleurs couverts par les conventions collectives). La deuxième approche a consisté à étendre les dispositions qui peuvent aider les travailleurs temporaires à concilier vie familiale et vie professionnelle, par exemple la norme fédérale pour le congé parental prévoit que, suivant la *Workplace Relations Act*[7], ceux qui ont travaillé pour le même employeur pendant 12 mois ont droit à un congé de maternité non rémunéré d'une année.

*Longueur des heures de travail*

Au Danemark, 15 % des hommes et 2 % des femmes travaillent 49 heures par semaine ou plus[8]. En Australie, 25.5 % des salariés à plein-temps travaillaient plus de 49 heures par semaine en 2000, au lieu de 20.4 dix ans plus tôt[9]. Aux Pays-Bas, ce pourcentage est plus faible : 1.7 % seulement des salariés travaillaient plus de 46 heures en 1996, la proportion la plus faible de l'Union européenne (Eurostat,

1997). Il est évident que ce type d'horaires laisse moins de temps pour s'occuper des enfants.

Suivant l'enquête sur le niveau de vie réalisée en Australie en 1991-92, 55 % des femmes qui travaillaient à plein-temps considéraient que « les horaires de travail prennent sur le temps consacré aux enfants » (Glezer et Wolcott, 1998). C'était le cas de moins du tiers des femmes qui travaillaient à temps partiel et 27 % des pères considéraient que le travail avait une incidence sur leur possibilité de bien jouer leur rôle paternel. Suivant l'*Australian Family Life Course Study* (AFLCS), près de 80 % des femmes qui travaillaient à temps partiel étaient satisfaites de leurs horaires, mais la satisfaction diminuait avec l'allongement des horaires. La plupart des mères d'enfants de moins de 12 ans préféraient travailler moins d'heures (Glezer et Wolcott, 1997). D'après l'enquête, seulement 10 % des hommes et des femmes déclaraient que les exigences de la vie familiale interféraient avec celles du travail, mais 44 % des hommes et 28 % des femmes considéraient qu'à l'inverse les exigences du travail interféraient de manière négative avec celles de la famille.

L'insatisfaction concernant l'équilibre entre travail et famille est particulièrement élevée chez ceux qui ont de longs horaires de travail et dont l'emploi a un statut élevé (Glezer et Wolcott, 1999). Gollan (2001) a constaté que 57 % des cadres font état d'une détérioration récente de l'équilibre entre vie familiale et professionnelle, au lieu de 47 % pour le personnel technique, de 32 % pour le personnel administratif et de 20 % pour les ouvriers et manœuvres. En fait, les employés les plus qualifiés travaillent plus qu'ils ne le souhaitent.

La Confédération des syndicats australiens estime à un million le nombre d'heures supplémentaires travaillées chaque année, dont les deux tiers ne sont pas rémunérées, mais l'ACCIRC soutient que 60 % de ceux qui travaillent plus de 49 heures ne *sont pas* des cadres. La Confédération des syndicats a entamé une action auprès de la Commission des relations professionnelles, qui concerne des horaires raisonnables et une limite aux heures supplémentaires, rémunérées ou non, la durée hebdomadaire pouvant atteindre 60 heures par semaine pendant 4 semaines, ou 54 heures pendant 8 semaines, ou 48 heures pendant 12 semaines.

Aux Pays-Bas, il y a dans beaucoup de ménages un salaire et demi – l'homme travaille à plein-temps, la femme travaille à temps partiel et a la charge principale des enfants et des tâches ménagères. Cette absence d'égalité est parfois jugée préoccupante. Le Conseil néerlandais de l'égalité des chances a élaboré un modèle alternatif de société, suivant lequel les horaires de travail à plein-temps des hommes sont réduits, pour laisser davantage de temps à des activités non rémunérées autres que l'emploi, tout en permettant au conjoint d'augmenter ses heures de travail (Emancipatieraad, 1996). C'est la politique officielle (SZW, 1997 et 1999). Dans une large mesure cette politique correspond plus à une vision d'avenir qu'à un programme en cours d'application (Plantenga *et al.*, 1999), mais elle a un impact sur les débats concernant le temps de travail, alors que dans le secteur public les 36 heures sont fréquentes et qu'elles tendent à se répandre dans d'autres activités économiques

### 6.4.3. *Diffusion des politiques favorables à la famille sur le marché du travail*

Plus de 40 % des conventions collectives en Australie comportent au moins une disposition favorable à la famille et, si l'on tient compte de la flexibilité des horaires dans cette catégorie, ce chiffre dépasse 70 %. Au Danemark, c'est le cas de plus de 60 % des conventions. Aux Pays-Bas, le seul congé paternel figure dans 91 % des accords. Mais il faut tenir compte des réserves indiquées au début de cette section : l'absence d'une disposition formelle ne signifie pas nécessairement l'absence de mesures prises en pratique. Pour différentes raisons, qui peuvent aller du paternalisme de certains employeurs au souci de préserver la flexibilité grâce à des arrangements informels, les pratiques favorables à la famille sont probablement beaucoup plus nombreuses que ce qu'indiquent les dispositions formelles. Mais il est également clair que beaucoup d'initiatives ne figurent que dans une minorité de conventions et que l'existence d'une convention n'implique pas nécessairement que tous les salariés soient en mesure de profiter des avantages qu'elle comporte.

Les trois pays ont connu une tendance à la décentralisation de la négociation collective. Les points de vue sont très divisés sur la question de savoir si cela a contribué à promouvoir des pratiques favorables à la famille, ou au contraire. L'encadré 6.1 présente les principaux éléments du débat qui se poursuit en Australie.

### 6.5. Possibilités d'extension des pratiques favorables aux familles

### 6.5.1. *Argument financier en faveur des pratiques favorables aux familles*

Le départ de salariés représente un coût, non seulement pour la recherche et le recrutement de leurs remplaçants, mais aussi par la perte de qualifications acquises par l'expérience. Une cabinet familial de dentiste à Brisbane estime le coût de la perte d'un assistant à 30 000 $A (15 800 $US). En supposant une durée moyenne de l'emploi de seulement 22 mois, le bénéfice tiré d'une diminution de la rotation de personnel peut être très important. A titre anecdotique, dans le commerce de détail australien, les taux de départ sont de l'ordre de 30 à 40 % au cours des six mois qui suivent le recrutement. Le recrutement d'un salarié coûte 1 200 à 2 000 $A. A l'autre extrémité de l'échelle des qualifications, un grand cabinet juridique estime ce coût entre 100 000 et 150 000 $A (entre 53 000 et 80 000 $US) du fait de la perte de relations et de compétences. Aux Pays-Bas, le

Encadré 6.1.  **Les réformes des relations professionnelles en Australie ont-elles affecté la diffusion de pratiques favorables à la famille ?**

Les contrats individuels, intitulés *Australian Workplace Agreements* (AWA) sont très réglementés. Aucun salarié ne peut être obligé à passer un accord individuel (bien que les nouveaux salariés n'aient pas toujours le choix). L'*Office of the Employment Advocate* (OEA) est chargé de veiller à la légalité de ces contrats et de s'assurer qu'ils ne comportent aucune clause désavantageuse. En principe, les employeurs ne devraient pas pouvoir utiliser les contrats individuels (AWA) pour réduire les droits des salariés à bénéficier d'une politique visant à concilier vie professionnelle et familiale, ni pour nuire à leurs conditions de travail.

C'est l'inverse d'après l'OEA, qui se fonde sur une enquête (Gollan, 2001) auprès des salariés (ayant ou non passé un contrat individuel ou AWA) cherchant à savoir s'ils considèrent que l'équilibre entre travail et famille s'est amélioré ou a empiré. Parmi ceux qui n'ont *pas* conclu de contrat individuel (AWA), 20 % considèrent que la situation a empiré à cause des conditions de travail et 10 % pensent qu'elle s'est améliorée. Parmi ceux qui *ont conclu* un contrat individuel, 20 % également font état d'une dégradation de l'équilibre, mais 15 % notent une amélioration liée aux conditions de travail. Cette différence est interprétée par l'OEA comme indiquant que la conclusion d'un contrat individuel (AWA) donne aux salariés davantage de contrôle sur leur temps et leurs horaires de travail.

Whitehouse (2001) utilise la banque de données élaborée par la Confédération des syndicats pour étudier l'intégration des politiques de conciliation entre vie professionnelle et familiale dans les contrats individuels. Elle constate que de 1997 à 1999, en moyenne 12 % de ces contrats comportaient au moins une disposition pouvant être considérée comme allant dans ce sens, en ne tenant pas compte de la flexibilité du temps de travail. Le nombre de ces dispositions a diminué en 1998 et en 1999, mais on ne peut guère tirer de conclusions d'une si courte période de temps.

L'augmentation importante du nombre d'accords d'entreprises signifie que beaucoup de salariés ne sont plus directement couverts par les décisions de justice. Les données mentionnées ci-dessus et dans l'annexe se réfèrent à la proportion d'entreprises ou de salariés bénéficiant de dispositions favorables à la famille. Mais si l'on considère *l'évolution* du nombre de ces dispositions, Whitehouse (2001) note une croissance de la proportion d'accords de ce type dans les conventions collectives en 1997-98, mais une baisse importante par la suite, que l'on constate également dans les différents secteurs et États. Toutefois les données sur lesquelles se fonde cette observation sont contredites par la banque de données officielle sur les conventions et accords, qui se fonde sur un recensement des accords enregistrés au niveau fédéral (voir le tableau ci-dessous). Cette banque de données ne montre pas seulement des niveaux très différents de diffusion de politiques favorables à la famille (le congé familial apparaît dans 3 % seulement des accords d'après la base de données utilisée par Whitehouse), mais fait également état de peu de changements sur la période de cinq ans commencée en 1997 sauf pour le travail à temps partiel, qui augmente rapidement.

203

Encadré 6.1.    **Les réformes des relations professionnelles en Australie
ont-elles affecté la diffusion de pratiques favorables à la famille ?** (*suite*)

Tableau de l'encadré 6.1.    **Proportion de conventions favorisant la famille
en dehors de la flexibilité du temps de travail en Australie, 1997-2001**

| Dispositions | 1997 | 1998 | 1999 | 2000 | 2001 | Total |
|---|---|---|---|---|---|---|
| Congés de garde | 30 | 27 | 29 | 24 | 30 | 28 |
| Congés payés de maternité | 4 | 10 | 9 | 6 | 7 | 7 |
| Congés payés de paternité | 2 | 3 | 2 | 3 | 5 | 3 |
| Congés payés d'adoption | 2 | 1 | 1 | 2 | 3 | 2 |
| Congés payés de paternité prolongés | 2 | *a* | 1 | 1 | 3 | 1 |
| 48/52 interruption de carrière | 1 | 2 | 2 | 2 | 3 | 2 |
| Travail à temps partiel*b* | 16 | 20 | 24 | 23 | 27 | 22 |
| Partage des emploi | 2 | 2 | 2 | 2 | 3 | 2 |
| Travail à domicile | 1 | 2 | 1 | 1 | 1 | 1 |
| Garde d'enfant | 2 | 1 | *a* | 1 | 1 | 1 |
| Charge de familles | 2 | 3 | 4 | 4 | 3 | 3 |
| *Total des accords* | 5 122 | 7 007 | 6 161 | 6 876 | 6 672 | 31 838 |

*a*)   Représente moins de 1 %.
*b*)   A l'exclusion du travail temporaire à temps partiel. Entre 4 et 8 % des accords enregistrés spécifiquement
       sont prévus pour des heures de travail régulières.
*Source* :   Workplace Agreements Database.

Enfin, le progrès des contrats de travail temporaire mentionné plus haut a
des conséquences évidentes pour la diffusion de conditions de travail favorables
à la famille. Plus d'un quart des salariés australiens ont un contrat temporaire et
ne bénéficient pas nécessairement des mêmes dispositions que les autres salariés. On pense parfois que de toute manière, l'application des décisions de justice n'est pas si rigoureuse (par exemple Burgess et Campbell, 1998). Suivant les
données dont on dispose, si dans certains cas le travail temporaire peut être une
étape vers un emploi permanent, ce n'est pas le cas général.

*Daily Arrangements Committee* estime le coût moyen de la rotation de personnel
dans l'économie à 50 000 NLG (20 000 $US). La filiale néerlandaise d'une firme de
conseil en gestion considère que les estimations concernant le coût du recrutement et de la formation d'un nouveau salarié sous-estiment beaucoup les coûts
d'opportunité liés à la perte de consultants expérimentés. La perte subie du fait
du départ d'un salarié pourrait aller jusqu'à 5 millions de florins (2 millions $US).

Une grande entreprise australienne (AMP) estime qu'elle a réalisé un bénéfice de 400 % sur ses investissements en offrant des conditions d'emploi plus favorables à la famille, principalement par un encouragement au retour après le congé de maternité. A la suite d'une modification des conditions de travail, le *Commonwealth Department of Finance and Administration* a vu le taux de rotation de son personnel diminuer de 23 à 15 % par an, plus une baisse des congés de maladie et une croissance de la productivité. Une entreprise de gestion immobilière, *Landlease*, chez laquelle le taux de retour des salariées après la naissance d'un enfant n'était que de 27 % a pu le faire progresser jusqu'à 80 %.

Il y a d'autres raisons plus difficilement quantifiables pour lesquelles les entreprises peuvent adopter des conditions d'emploi plus favorables aux familles. On peut attirer un personnel de qualité en proposant une amélioration du milieu de travail et une diminution du stress plutôt qu'une augmentation des rémunérations. De manière plus générale, les entreprises des trois pays doivent faire face à des changements démographiques qui affectent la structure de la main-d'œuvre. Une entreprise qui se cantonne dans un recrutement à partir d'un groupe démographique en déclin (hommes de 25 à 54 ans) sera désavantagée par rapport à celle qui peut offrir des conditions d'emploi compatibles avec les préoccupations d'une plus grande partie de la main-d'œuvre potentielle. Enfin, beaucoup de pratiques favorables aux familles sont cohérentes avec les techniques modernes d'organisation et donc mises en pratique parallèlement. Par exemple, donner plus d'autonomie aux salariés, y compris dans l'organisation de leur temps, peut augmenter la productivité.

### 6.5.2. *Pourquoi les conditions de travail favorables aux familles ne sont-elles pas plus répandues ?*

Le rendement parfois remarquablement élevé des mesures prises en faveur des familles d'après certains employeurs pose la question de savoir pourquoi elles ne sont pas *plus* fréquentes. Plusieurs explications sont possibles : les expériences citées seraient surestimées ; les préférences des salariés pour des dispositions favorables à la famille ne sont pas prises en compte dans les négociations ; et il existe des raisons structurelles pour faire obstacle à ces dispositions, même quand elles sont souhaitables. Enfin, il est possible que les bénéfices potentiels de ces politiques soient insuffisamment connus

*L'avantage pour les entreprises est-il surestimé ?*

Le petit nombre d'exemples cités ci-dessus faisait état d'un rendement remarquable de l'adoption de pratiques favorables aux familles par les entreprises. Mais la généralisation de ces expériences peut être contestée de plusieurs manières (Glass et Estes, 1997 ; Dickens, 1999).

205

Le rendement élevé des expériences citées est lié au coût d'un taux important de rotation du personnel. Ce coût peut résulter de la spécificité des qualifications ou d'un manque de main-d'œuvre qualifiée dans le domaine recherché. Pour la main-d'œuvre faiblement qualifiée, il est probable que la rotation du personnel est moins coûteuse, ce qui laisse supposer que les pratiques favorables aux familles ont plus de chances d'être concentrées dans les professions hautement qualifiées. Les données indiquent en effet que c'est davantage le cas dans les entreprises employant une main-d'œuvre hautement qualifiée et bien rémunérée (Whitehouse et Zetlin, 1999 ; Glass et Fujimoto, 1995 ; Osterman, 1995). Et comme le coût d'une *absence* de pratiques favorables aux familles est d'autant plus élevé que la rotation est importante, en liaison également avec la proportion de femmes employées, on peut s'attendre à ce que les pratiques favorables aux familles soient en proportion de l'importance de l'emploi des femmes. Les données confirment en effet cette hypothèse[10].

Il y a quelques contre-exemples frappants d'employeurs de main-d'œuvre peu qualifiée qui ont été à l'avant garde des politiques favorables aux familles. En Australie toujours, les entreprises du commerce de détail comme Coles et Woolsworth les ont mises en pratique dans le cadre d'une politique globale visant à réduire l'écart entre un noyau de main-d'œuvre stable et une masse très instable de travailleurs temporaires. ALCOA, grande entreprise minière d'un secteur traditionnellement masculin, est intéressée à l'amélioration de l'équilibre entre vie professionnelle et personnelle, pour différentes raisons : attirer du personnel (promouvoir la diversité permet d'élargir les possibilités de recrutement) et motiver le personnel en place pour améliorer la productivité.

Une autre raison pour rester prudent au sujet de la généralisation des rendements des pratiques favorables aux familles résulte du fait que bon nombre de ces pratiques dépendent de la capacité à partager les risques. Il est plus simple d'offrir une flexibilité aux salariés lorsqu'ils sont substituables et peuvent être redéployés en cas d'absence. C'est moins facile pour les petites entreprises que pour les grandes ; on peut donc penser que sans intervention, les pratiques familiales ont plus de chances de se répandre dans les grandes entreprises. Cette hypothèse est partiellement confirmée par les données sur le Danemark figurant au tableau 6A.2. D'après Den Dulk (1999), il en va de même aux Pays-Bas. En Australie, si l'on ne tient pas compte des dispositions sur la flexibilité des horaires, 35 % des accords dans les grandes entreprises prévoient au moins une disposition favorable aux familles, au lieu de 8 % chez les petites entreprises[11].

*Les préférences des salariés pour les politiques favorables aux familles sont peut être exagérées*

Dans les trois pays, alors que les pratiques favorables aux familles font souvent partie des demandes au départ des négociations, les syndicats les retirent souvent lorsqu'il leur faut choisir entre ces demandes et des augmentations sala-riales (Sloep, 1996 ; Prober, Ewer et Whiting, 2000). On peut penser que cela reflète une demande sous-jacente pour ce type de pratique. En simplifiant quel-que peu, les syndicats sont à prédominance masculine et représentent les tra-vailleurs à plein-temps. Par le passé, ils se sont montrés relativement peu intéressés à la conciliation entre vie professionnelle et vie de famille, car le noyau de leurs adhérents ne l'étaient guère. La question n'était pas tellement de savoir si cela a changé (c'est clair dans bien des cas, mais beaucoup de syndicats repré-sentent des salariés dans des secteurs à dominante masculine), mais plutôt de trouver l'approche adaptée.

*Des raisons structurelles empêchent les employeurs de voir les avantages des politiques en faveur de la famille*

L'idée suivant laquelle l'entreprise n'aurait qu'un seul point de vue sur l'application de politiques en faveur de la famille est simpliste. En pratique, les entreprises comportent des centres de coût différents qui sont compartimentés, ce qui est le seul moyen de gérer une grande organisation. Cela peut avoir des effets involontaires, les avantages d'une politique en faveur de la famille étant diffusés auprès d'une multiplicité d'unités, sans aucune vue d'ensemble.

En Australie par exemple, les relations professionnelles sont déterminées par un ensemble complexe de lois fédérales et des États, ainsi que de décisions de justice, ce qui représente un grand nombre de cadres possibles dans lesquels peuvent se situer des conventions ou accords. De ce fait, les départements char-gés des relations sociales sont souvent indépendants des départements des res-sources humaines. Cette dichotomie peut expliquer pourquoi les départements des ressources humaines peuvent sembler persuadés des avantages financiers d'une politique en faveur de la famille, alors que les accords dans ce sens sont moins nombreux que ce que l'on pourrait attendre.

*Le leadership*

Le type de leadership a deux conséquences sur la mise en œuvre de prati-ques en faveur de la famille. En premier lieu, il faut un engagement sérieux de la hiérarchie pour surmonter les obstacles institutionnels. Ensuite, sans impulsion de la part de la direction, les salariés ne tireront pas profit des mesures adoptées.

En pratique, les entreprises *ne paraissent pas* adopter des mesures en faveur de la famille, car elles sont préoccupées essentiellement de leurs résultats finan-ciers. Si elles sont adoptées, c'est parce que quelqu'un, au sommet de la hiérar-chie, a pris des décisions sur le comportement de l'entreprise en tant qu'employeur. Cela est partiellement confirmé par deux indications : tout d'abord, si l'on demande aux entreprises fortement engagées comment elles ont adopté ce type de mesure, elles répondent :

- « Il y a certainement un avantage financier, mais nous n'avions pas évalué précisément les conséquences avant d'adopter ces politiques – c'était une décision stratégique. »

- « Adopter une politique en faveur de la famille s'inscrivait dans une orientation générale consistant à faire "ce qui est bien". »

- « Nous n'avons pas explicitement choisi une politique en faveur de la famille – il s'agit seulement de respecter les gens. »

En second lieu, bien que la rationalité économique de l'entreprise concernant les politiques en faveur de la famille permette de prévoir celles qui devraient adopter ce type de politique (main-d'œuvre féminine, très qualifiée, grande entreprise, etc.), ce qui se vérifie en partie par les observations, la valeur prédictive de ce modèle est en fait limitée[12]. Les différences de fréquence d'adoption de ce type de dispositions s'expliquent donc par d'autres facteurs non mesurables dont le leadership semble être le plus important.

Même dans le secteur public, le rôle du leadership est essentiel. La décision suivant laquelle le *Department of Finance and Administration* en Australie devait offrir des possibilités de choix à ses salariés a été prise par un nouveau secrétaire d'État : ce n'était pas une réponse à une analyse détaillée des économies possibles[13].

Seul un leader peut surmonter le cloisonnement et l'étroitesse de vue inévitables dans une organisation complexe et de grande dimension ; cela explique pour partie pourquoi la diffusion de ces pratiques dépend à tel point de la vision d'un dirigeant. Mais il y a une autre raison : seuls les dirigeants de très haut niveau peuvent prendre des responsabilités vis-à-vis de certaines conséquences des pratiques en faveur des familles. Par exemple, les clients d'un conseil juridique ou de gestion doivent accepter que l'on ne travaillera *pas* toujours pendant de longues heures, que leur contact habituel sera parfois en congé parental et que leur compte pourra être géré par deux salariés à temps partiel et non par une seule personne. Étant donné que certaines pratiques sont suffisamment inhabituelles, quelqu'un de haut placé doit prendre la responsabilité vis-à-vis du personnel de considérer qu'il *peut* tirer parti des avantages offerts sans compromettre les objectifs de l'organisation, ni leur carrière.

Étant donné l'importance apparente du leadership pour promouvoir des pratiques en faveur de la famille, la question du « plafond de verre » qui s'opposerait à la promotion des femmes ne se pose pas. Suivant le conseil australien des syndicats, 1.3 % seulement des cadres de direction sont des femmes. On possède des indications comparables pour le Danemark (Datta Gupta *et al.*, 2002) et le problème se pose également aux Pays-Bas.

C'est une bonne chose qu'un département attentif et informé des ressources humaines adopte des mesures sur les conditions de travail, mais ce n'est guère utile si le personnel n'en profite pas. En pratique, les hommes *ne profitent pas* des dispositions en faveur de la famille, (qu'il s'agisse du congé parental, sauf le congé paternel beaucoup plus court), de la garde des enfants malades ou du travail à temps partiel. Suivant la culture de beaucoup d'entreprises, le travail a la priorité, au moins pour les hommes. La pression est moins forte sur les femmes pour lesquelles l'utilisation de ces mesures est mieux tolérée (Probert, Whiting et Ewer, 2000). Néanmoins, cela peut conforter les rôles traditionnels et l'idée d'une « inadaptabilité » des femmes aux fonctions d'encadrement. C'est la structure qui maintient le « plafond de verre ».

Il faut souligner que les entreprises qui déclarent avoir modifié sensiblement leur culture ont mis aussi bien l'accent sur l'encadrement que sur le personnel d'exécution. Par exemple, différentes entreprise ont fait référence aux événements suivants qui ont été décisifs pour faire comprendre au personnel que la direction prenait au sérieux les politiques en faveur de la famille : la promotion d'une femme même enceinte ; la promotion d'une femme à un poste d'encadrement plus élevé, bien qu'elle soit à temps partiel ; le partenaire masculin d'un conseil juridique choisissant de travailler à temps partiel. A côté de ces indications sur le rôle de l'encadrement pour montrer par l'exemple qu'il est bon de tirer parti des dispositions en faveur de la famille, on sait par ailleurs que ces pratiques ont besoin d'être systématisées et enregistrées pour promouvoir leur application (Russel, 1999 ; Whitehouse et Zetlin, 1999)[14].

## 6.6. Le rôle du gouvernement

### 6.6.1. *Faire connaître les avantages de la mise en œuvre de conditions d'emploi en faveur de la famille*

Il n'est guère utile de persuader les employeurs ou de leur demander d'appliquer des dispositions en faveur de la famille, si les salariés n'en tirent pas profit. Par exemple, les pères peuvent souhaiter prendre un congé de paternité, mais penser que ce serait au détriment de leurs perspectives de carrière. Dans ce cas, ce peut être un rôle légitime du gouvernement de passer outre à la résistance de l'encadrement. De plus, si les hommes ne profitent pas des dispositions pour les aider à mieux jouer leur rôle de parents et que cela entraîne davantage de stress pour les femmes qui doivent jouer les deux rôles, cela pose un problème d'équité justifiant une intervention publique pour que les hommes profitent davantage de ces dispositions.

L'unité chargée du travail et de la famille dans l'administration fédérale de l'emploi et des relations professionnelles en Australie vise à promouvoir des dispositions en faveur de la famille, notamment en faisant mieux connaître les possibilités dans le cadre des négociations sociales. Cette unité donne des informations sur les bonnes pratiques, diffuse des clauses modèles et accorde des aides financières. Elle a entrepris un projet dans le commerce de détail, secteur important pour l'emploi qui n'a pas de tradition dans ce domaine, en examinant les questions telles que les promotions, l'emploi d'encadrement à temps partiel, etc. Ce modèle est utilisé dans certains États et d'autres administration peuvent faire de même. L'objectif consiste à mettre des moyens à la disposition des employeurs pour les aider à trouver des solutions.

Au niveau du Commonwealth et des États, des prix sont attribués à certains employeurs qui ont des pratiques favorables à la famille, pour faire connaître les avantages que les entreprises peuvent retirer de ces pratiques. En attribuant des récompenses dans différents secteurs, y compris ceux qui sont à prédominance masculine, il s'agit de faire passer le message suivant lequel les politiques en faveur de la famille peuvent être adaptées à tous les types d'entreprises.

Les gouvernements peuvent aussi faire progresser l'information des salariés. *The Office of Workplace Services* est un service fédéral comportant un réseau au niveau des États qui informe les salariés sur leurs droits. Des *Working Women's Centres* représentent les femmes auprès des tribunaux de prud'hommes, répondant ainsi à la faible syndicalisation dans beaucoup de professions féminisées.

*The Equal Opportunities for Women in the Workplace Agency* est un organisme officiel placé sous la responsabilité de l'administration de l'emploi, des relations de travail et des petites entreprises. Son rôle consiste à aider les entreprises et les organisations à assurer l'égalité des chances pour les femmes, principalement pour se conformer à leurs obligations déclaratives. Cet organisme constate généralement qu'il existe peu de cas de discrimination ouverte dans des domaines comme le recrutement et la sélection, ou le harcèlement, au moins dans les grandes entreprises dont elles s'occupent. Mais il constate des problèmes indirects en matière de promotion, de formation et d'évolution professionnelle (« les femmes sont formées pour leur emploi actuel et les hommes pour l'emploi suivant »), ainsi que d'organisation du travail (femmes abandonnant des emplois exigeant des horaires incompatibles avec la famille et renonçant donc aux perspectives de promotion).

Aux Pays-Bas, un Comité pour l'organisation de la vie quotidienne joue un rôle dans la promotion des pratiques en faveur de la famille. Un autre organisme (E-*Quality*) aborde à la fois le problème de l'égalité entre les sexes et le problème ethnique[15]. Le Comité pour l'organisation de la vie quotidienne soutient qu'il est possible de mieux concilier la vie professionnelle et la vie de famille par une meilleure organisation de l'espace (les crèches sont-elles proches des écoles et des lieux de travail ?) et par une coordination des horaires d'ouverture des écoles, des crèches et des garderies après l'école. Il existe des modèles positifs à cet égard. Une entreprise avec laquelle travaille le Comité indique qu'elle a divisé par deux l'absentéisme, augmenté la productivité et la satisfaction au travail grâce à cette approche. Une autre signale que l'absentéisme est tombé de 14 % à moins de 1 %.

### 6.6.2. *Modifier le rapport coût/avantages de pratiques en faveur de la famille*

Les Pays-Bas ont recours à des subventions des employeurs pour modifier le contenu des conventions collectives. Cette approche a son origine dans la répartition des responsabilités entre le gouvernement et les partenaires sociaux. Le modèle suivi souligne l'importance du consensus entre partenaires sociaux, considéré comme le meilleur moyen d'équilibrer les demandes des différents groupes sociaux. Mais si le gouvernement considère que certains problèmes *devraient* être résolus par la négociation et le compromis, cela ne veut pas dire qu'ils le *sont* nécessairement. En l'absence d'un accord sur le congé parental, le gouvernement a facilité un accord en réduisant le coût pour les employeurs des concessions qui leur étaient demandées. Par suite, les dépenses des employeurs sur le congé parental rémunéré ou sur la prise en charge de la garde des enfants ne sont pas soumises aux cotisations sociales, ce qui les rend moins coûteuses de 10 à 15 % que le paiement d'un salaire. Pour le budget de l'État, cela représente un coût : la subvention à la garde des enfants coût 113 millions de florins (46 millions de $US) et la subvention au congé parental 18 millions de florins ; ces chiffres montrent que la diffusion de ces dispositions dans les conventions collectives et dans les pratiques est restée limitée.

### 6.6.3. *Dépassement de la négociation collective*

Dans certains cas, il apparaît que certaines orientations politiques sont d'une importance telle qu'elles ne peuvent être laissées à l'initiative des partenaires sociaux. Ainsi aux Pays-Bas, alors que ces partenaires devaient régler la question du congé parental, il n'en a pas été de même pour le congé de maternité. En Australie, le congé est obligatoire, sa rémunération éventuelle étant laissée à la négociation.

Mais dans certains cas, le dépassement de la négociation collective est dû à certaines valeurs sociétales essentielles. La législation sur les droits fondamentaux de la personne a des conséquences sur les pratiques des trois pays en matière de conditions de travail. La législation s'inspirant de ces droits porte sur les points suivants : à travail égal salaire égal ; le harcèlement ; la non-discrimination entre hommes et femmes ; la non-discrimination à l'encontre des femmes enceintes et la non discrimination du fait de responsabilités familiales. Les trois pays

211|

s'assurent de différentes manières que ces droits sont respectés et que la législation en tient compte.

En Australie, la Commission pour les droits de l'homme et l'égalité des chances (HREOC) peut intervenir dans un nombre très limité de domaines de discriminations – liées au sexe, au fait d'être enceinte ou d'être susceptible de l'être, au statut marital, aux responsabilités familiales (mais seulement pour le licenciement[16]) et au harcèlement. Sur ces différents points, la commission peut faire des enquêtes et susciter une conciliation entre employeurs et salariés (ce qui permet de régler la plupart des différends). Si une action judiciaire est nécessaire, la commission peut jouer le rôle de conseiller du tribunal. Par exemple elle est récemment intervenue dans une audience de la commission des relations sociales sur un congé parental non rémunéré de travailleur temporaire.

Le rôle de la HREOC ne se limite pas à l'application juridique de la législation sur les droits de l'homme ; elle joue également un rôle moteur pour s'assurer que les pratiques sont conformes aux droits fondamentaux. Son action récente était orientée sur la grossesse et le travail. Elle a constaté qu'il existait parfois de sérieux malentendus sur les conséquences médicales de la grossesse, qui peuvent entraîner des attitudes étranges de la part des employeurs. En dépit d'une législation datant d'au moins 15 ans, la discrimination et le harcèlement existent toujours[17]. A la suite de ce rapport, l'accent a été mis à nouveau sur les responsabilités des employeurs et sur des orientations concernant les femmes enceintes (HREOC, 1999).

Mais un grand nombre de questions difficiles abordées par la commission concernent la discrimination indirecte. Par exemple, si un salarié est obligé de commencer à travailler à huit heures chaque matin, sans aucune souplesse, on peut soutenir que cela représente une discrimination indirecte vis-à-vis de ceux qui ont des responsabilités familiales. Il y a maintenant des précédents, de sorte qu'il est clair que les employeurs sont obligés *d'envisager* une flexibilité des horaires de travail dans certains cas, mais ne sont pas obligés de prouver que cela n'est pas faisable.

Aux Pays-Bas, la Loi sur l'égalité de traitement des heures de travail (1996) prévoit le traitement égal des salariés, indépendamment du fait qu'ils soient à plein-temps ou à temps partiel. Les salariés, les employeurs et les syndicats peuvent demander une enquête par la Commission d'égalité de traitements (fondée bien avant). Celle-ci peut faire des recommandations, qui ne sont pas obligatoires, mais sont prises en compte au cas où l'affaire va devant les tribunaux.

Au Danemark, l'approche historique de l'égalité entre hommes et femmes a été différente. La stratégie de nombreux groupes de femmes n'a pas consisté à rechercher une législation pour leur « protection », mais plutôt à promouvoir les femmes dans des situations de pouvoir. L'introduction de l'égalité des droits pour les travailleurs à temps partiel a été adoptée principalement en réponse aux directives de l'Union européenne, plutôt que par suite de pressions internes.

## 6.7. Conclusions

Au Danemark, la législation définit des périodes de congés. La garde des enfants est assurée sans participation des employeurs. La négociation peut jouer un rôle – pour les horaires de travail et surtout le recours au temps partiel – mais elle suscite relativement peu d'intérêt de la part des employeurs ou des salariés, ou au moins de leurs représentants. La question principale est le financement de la période de congé. Le complément de rémunération apporté par les employeurs – qui devrait être plus important, par suite des nouvelles dispositions concernant les congés décrites au chapitre 4 – représentent une charge pour ceux qui emploient des femmes. En supposant qu'il n'y ait pas de changements importants dans les habitudes des hommes à l'égard des congés, il faut trouver le moyen de répartir plus équitablement le coût des congés rémunérés.

Les pratiques sur le lieu de travail sont beaucoup plus importantes pour concilier la vie professionnelle et la vie de famille. Aux Pays-Bas, le gouvernement encourage les partenaires sociaux à se mettre d'accord sur les questions qui lui paraissent importantes. Si la réponse est insuffisante, il fait adopter une législation. C'est une incitation importante à passer un accord et c'est en effet ce qui s'est produit en matière de temps partiel, de garde d'enfants, de congés, etc. (bien que dans certains cas la législation l'ait emporté).

En Australie, le gouvernement veille à ce que les conditions de travail soient normales et il se limite à la définition d'un cadre pour la négociation sociale. Au cours des dernières années, cela veut dire que les décisions de justice ne jouent qu'un rôle de référence, pour des négociations plus décentralisées, collectives ou individuelles. La législation fédérale intervient néanmoins dans certains cas, par exemple pour la protection des droits fondamentaux, ou pour garantir un minimum de droits comme le droit à un congé parental non rémunéré de 12 mois. Le rôle du gouvernement se limite à une influence sur le contenu des décisions de justice qui servent de filet de sécurité et à une promotion des bonnes pratiques auprès des employeurs.

Si l'on laisse de côté les domaines dans lesquels la législation est intervenue (ou menace d'intervenir comme aux Pays-Bas), on peut difficilement éviter de conclure que la diffusion de pratiques en faveur de la famille est tout au plus fragmentaire. Les syndicats sont encore dans une phase de transition à partir du modèle de l'homme seule source de revenu familial travaillant à plein-temps et n'ont pas encore trouvé la meilleure réponse aux besoins des femmes et/ou des travailleurs à temps partiel. Les entreprises ne sont parfois pas suffisamment organisées pour tirer parti des bénéfices d'une pratique plus favorable aux

213

familles. Les employeurs ne cherchent pas à se distinguer – dans le cas d'un initiative concertée pour qu'ils complètent la rémunération d'un congé de paternité par exemple, ne pas le faire entacherait leur image, ce qu'ils veulent éviter. Certaines pratiques – les horaires flexibles par exemple – peuvent être dans l'intérêt des employeurs et des salariés et sont effectivement appliquées. Mais si les bonnes pratiques sont utiles, beaucoup de politiques en faveur de la famille ne suscitent que peu d'intérêt. Les récompenses et la publicité au bénéfice de bons employeurs sont sans doute utiles pour montrer ce qui est possible, mais ne semblent pas avoir eu un grand impact sur la diffusion de ces pratiques dans des catégories plus réticentes telles que les petites entreprises, ou celles qui emploient une main-d'œuvre peu qualifiée. Autrement dit, la diffusion des politiques en faveur de la famille est très inégale. Si l'on se limite aux bons exemples d'entreprises pour promouvoir ces pratiques, elles risquent d'être circonscrites au secteur public et aux travailleurs hautement qualifiés et bien rémunérés.

## Annexe du chapitre 6

Tableau 6A.1.  **Danemark : mesures en faveur de la famille prises par les entreprises, 1997**

| Mesure | Nombre de salariés par entreprise | | | Total |
|---|---|---|---|---|
| | 1-50 | 61-200 | Plus de 200 | |
| Jours de garde au-delà du 1er jour de maladie de l'enfant | 37 | 38 | 41 | 37 |
| Heures accordées aux parents | 27 | 32 | 37 | 28 |
| Amener l'enfant sur le lieu de travail | 32 | 35 | 33 | 32 |
| Travail à domicile pour prendre soin des enfants | 13 | 19 | 34 | 14 |
| Compensation partielle ou totale de rémunération pour congé de maternité (parental) | 60 | 84 | 87 | 62 |
| Au moins l'une de ces mesures | 60 | 70 | 70 | 61 |

*Source :* Sondergaard (1999).

Tableau 6A.2.   **Mesures multiples en faveur des familles,
suivant les conventions collectives fédérales en Australie, 2000 et 2001**

| Nombre de mesures | Conventions homologuées comportant des mesures favorables aux familles[a] | | Conventions homologuées comportant des mesures favorables aux familles et des horaires flexibles[b] | |
|---|---|---|---|---|
| | Nombre | % des conventions | Nombre | % des conventions |
| 1 | 2 244 | 16 | 5 079 | 37 |
| 2 | 1 348 | 10 | 2 270 | 17 |
| 3 | 892 | 7 | 1 155 | 8 |
| 4 | 592 | 4 | 722 | 5 |
| 5 | 336 | 2 | 454 | 3 |
| 6 | 159 | 1 | 413 | 3 |
| 7 | 106 | 1 | 288 | 2 |
| 8 | 67 | * | 200 | 1 |
| 9 | 24 | * | 162 | 1 |
| 10 | 11 | * | 69 | 1 |
| 11 | 12 | * | 38 | * |
| 12 | 1 | * | 27 | * |
| 13 | # | # | 13 | * |
| 14 | # | # | 8 | * |
| 15 | # | # | 3 | * |
| 16 | # | # | 2 | * |
| **Total** | **5 792** | **42** | **10 903** | **80** |

a)  Les mesures analysées ici sont les suivantes : utilisation souple des congés annuels, journées individuelles de congé annuel, congé de 48/52 semaines, congé de maladie illimité, congé rémunéré tous motifs, congé familial rémunéré, utilisation d'autres jours de congé pour la garde des enfants, congé familial non rémunéré, congé parental prolongé non rémunéré, congé de maternité rémunéré, congé de paternité rémunéré ; congé d'adoption rémunéré, travail à temps partiel, poste partagé, travail à domicile, congé pour garde d'enfant et responsabilité familiale.
b)  Les horaires flexibles comportent les modalités suivantes : récupération, avec ou sans modification des taux horaires, horaires moyens calculés sur une période prolongée, réduction d'horaires, horaires flexibles d'arrivée et de départ, horaires à la carte, durée du travail négociables, horaires décidés par la majorité des salariés, et possibilités d'accumuler les jours de congé.
#  Conventions comportant un maximum de 12 mesures favorables aux familles.
*  moins de 0.5 %.
Tous les pourcentages ont été arrondis.
*Source* :   DEWR, banque de données sur les conventions collectives.

Tableau 6A.3.  **Dispositions favorisant la famille dans les conventions collectives fédérales en Australie, moyenne 2000-2001**

| Dispositions | Accords en % | Employés couverts (%) |
|---|---|---|
| **Congé parental** | | |
| Congé familial ou de garde | 27 | 59 |
| Accès à d'autres types de congés pour garde | 19 | 40 |
| Congé familial rémunéré | 3 | 15 |
| Congé familial non rémunéré | 9 | 23 |
| Congé maternité/congés pour garde, premier apporteur de revenu | 7 | 32 |
| Congé paternité/ congés pour garde, second apporteur de revenu | 4 | 16 |
| Congé adoption rémunéré | 2 | 14 |
| Extension du congé parental non rémunéré | 2 | 6 |
| Accès à des jours de congés annuels | 13 | 23 |
| Congé annuel flexible | 6 | 10 |
| 48/52, interruption de carrière | 3 | 17 |
| Congé payé pour toutes convenances | 3 | 9 |
| Congé maladie durée illimitée | 1 | 2 |
| **Aide pour les enfants** | | |
| Allocation pour garde d'enfants | 1 | 7 |
| **Autres allocations pour les familles** | | |
| Travail à temps partiel[a] | 25 | 67 |
| Travail régulier à temps partiel[a] | 7 | 28 |
| Partage du temps de travail | 3 | 16 |
| Clause de responsabilité familiale | 3 | 17 |
| Travail à la maison | 1 | 10 |

a) Le « travail à temps partiel » fait référence à toutes les allocations pour les emplois à temps partiel. Le « travail régulier à temps partiel » fait référence à un engagement et/ou des allocations qui encouragent la régularité et la stabilité des heures travaillées à temps partiel.
Source : DEWR Workplace Agreements Database qui contient tous les accords fédéraux.

217|

Tableau 6A.4.  **Mesures concernant les conditions de travail et la famille d'après les conventions collectives en Australie, moyenne 1998-99[a]**

| Mesures | % d'entreprises | % de salariés |
|---|---|---|
| *Congés intéressant la famille* | | |
| – Congé de maladie/personnel/pour la garde des enfants[b] | .. | 26 |
| – Congé de maternité rémunéré | 4 | 17 |
| – Congé de paternité rémunéré | 4 | 15 |
| – Prolongation de conge parental non rémunéré | .. | 4 |
| *Flexibilité du temps de travail* | | |
| – Jours de congé | .. | 3 |
| – Horaires choisis par le salarié | .. | 14 |
| – Horaires de début et de fin de travail non prévus par la convention | .. | 14 |
| Nombre concerné | | 81 932 |

*a)* Sur les réserves concernant l'estimation des mesures et le nombre de salariés concernés, voir DEWRSB et OEA (2000).
*b)* En augmentation par rapport aux mesures prévues par les « awards ».
.. Données non disponibles.
*Source :* DEWRSB et OEA (2000) à partir du répertoire des conventions collectives et du système d'information sur les conventions collectives.

Tableau 6A.5. **Dispositions concernant les conditions de travail
et la famille dans les conventions collectives homologues en Australie, 2000**

| Dispositions | % des conventions |
|---|---|
| Congé familial ou de garde[a] | 34 |
| Congé de maternité rémunéré | 5 |
| Congé de paternité rémunéré | 2 |
| 48/52 | 5 |
| Congé d'interruption de carrière | 0.5 |
| Travail à temps partiel permanent | 7 |
| Poste de travail partagé | 3 |
| Possibilité de travail à domicile | 5 |
| Garde des enfants[b] | 0.5 |
| Prise en charge des frais de scolarité | * |
| Services d'information pour la garde de personnes âgées | * |
| Programmes d'aide aux salariés | 11 |
| Effectifs concernés | 598 |

a) Le congé familial ou de garde est défini comme comportant une des dispositions suivantes : congé familial ou de garde pris au titre d'un congé maladie ou en plus : congé familial ou de garde pris dans le cadre d'un autre congé (ex. congé annuel, deuil, journées de congé, compensation) ; congé familial ou de garde de plus de cinq jours ; congé non rémunéré ; congé avec la moitié de la rémunération ou une rémunération réduite. Cette définition est plus large que celle qui est utilisée par la banque de données sur les conventions collectives et qui est utilisée pour obtenir l'homologation fédérale.

b) Y compris les crèches sur le lieu de travail ou les places subventionnées.

* moins de 0.5 %.

*Source :* Base de données ADAM , ACIRRT, données non publiées, juin 2001 ; échantillon de 598 conventions au niveau des États à partir de 2000.

Tableau 6A.6.   **Pourcentage de conventions collectives favorables aux familles en 1998 et part des salariés concernés aux Pays-Bas**

| Mesure | % de conventions collectives | % de salariés concernés |
|---|---|---|
| Possibilité de modifier les horaires | 67 | |
| En plus ou en moins | 17 | |
| En moins | 42 | |
| En plus | 8 | 62 |
| Toute demande est acceptable en principe | 12 | 8 |
| Congé de grossesse/maternité | 39 | |
| Avec compensation salariale | 5 | 40 |
| Congé de paternité | 91 | |
| Congé de plus de 2 jours | 14 | 79 |
| Congé d'adoption | 40 | |
| Congé de plus de 2 jours | 14 | 42 |
| Congé parental | 50 | |
| Congé rémunéré | 5 | |
| Congé de plus de 8 mois | 11 | 41 |
| Congé pour circonstances imprévues | 24 | |
| Congé rémunéré | 18 | |
| Congé de plus de 3 jours | 12 | 29 |
| Congé pour la garde de l'enfant | 19 | |
| Congé rémunéré | 10 | |
| Congé de plus d'un mois | 5 | 21 |
| Congé pour activités particulières | 18 | |
| Congé rémunéré | 2 | |
| Possibilité d'économiser des jours de congé | 6 | 25 |
| Dispositif d'économie de jours de congé | 28 | |
| Seulement pour des études | 19 | |
| Seulement pour la garde | 6 | 42 |
| Garde des enfants | 55 | |
| Seulement pour le groupe d'âge 0-4 | 19 | |
| Seulement pour le groupe d'âge 0-12 | 18 | 57 |
| Aide soumise à conditions[a] | 8 | 25 |
| Financement direct par l'employeur | 17 | 18 |
| Financement par un fonds collectif | 22 | 5 |
| Total | 132 conventions collectives | 4.7 millions de salariés |

a)  En février 2000 par exemple, 5 % des conventions collectives stipulaient que les allocations de garde d'enfants étaient payées seulement pour les femmes salariées.
*Source* :   Arbeidsinspectie (2001).

# Notes

1.  Une *award* est une disposition ayant force légale enregistrée par un tribunal au niveau fédéral ou d'un État. Elle couvre habituellement un certain nombre d'entreprises et définit des normes minimales pour un nombre important de professions ou de secteurs d'activités. Elle régit non seulement les conditions d'emploi en s'appliquant directement aux salariés, elle constitue aussi une base pour que certains salariés ne soient pas défavorisés au niveau d'une entreprise. Par une législation de l'État, certaines de ces dispositions peuvent s'appliquer à tous les salariés. L'État de Victoria est une exception : il a aboli sa propre législation et les salariés qui ne sont pas couverts par un accord fédéral ont une rémunération minimum spécifiée par la législation fédérale.

2.  La condition de « non-désavantage » est appréciée de manière globale : certaines conditions peuvent être moins favorables que dans le cas des dispositions ayant fait l'objet d'une décision de justice, mais l'ensemble doit être au mlins aussi généreux que la norme.

3.  En attendant, alors que les accords collectifs conclus au Danemark incluent de plus en plus l'option de travail à temps partiel, son incidence a en fait chuté (voir chapitre 2).

4.  Ces chiffres se réfèrent aux conventions collectives qui peuvent prévoir des dispositions *supplémentaires* par rapport à la législation ou aux accords nationaux. Les données de l'annexe se réfèrent à des conventions collectives enregistrées concernant 35 % des salariés (tableaux 6A.2, A6.3 et 6A.5), tandis que 2 % sont concernés par des contrats individuels (tableau 6A.4).

5.  On estime aux Pays-Bas qu'une augmentation du taux d'activité des mères de 3.5 % et un accroissement de la durée de leur travail de deux heures par semaine apporteraient un produit national supplémentaire de 1.3 milliards d'euros (Commissie Dagarrangementen, 2002). Cependant, l'augmentation des dépenses d'infrastructures nécessaires pour mieux concilier vie professionnelle et familiale (garde des enfants pendant et en dehors des heures de classe, nombre de places de garde) n'est pas claire. Malgré tout, les gains *potentiels* paraissent substantiels.

6.  Calcul du ministère à partir de Statistics Danemark, Statbank Danemark et Enquête sur la main-d'œuvre.

7.  Les conventions collectives ne couvrent pas toujours tous les domaines, de sorte que les conditions d'emploi peuvent être régies à la fois par une convention et par une *award*.

8.  *Source* : Statistics Denmark, StatBank Denmark, Enquête sur la main-d'œuvre.

9.  La recherche du DERWSB sur les longues heures de travail en Australie montre que malgré une hausse générale du nombre des heures de travail ces dernières années, cette tendance s'est ralentie depuis le milieu des années 90. La moyenne des heures hebdomadaires travaillées pour les employés à temps complet à augmenté de

221|

1.4 heure entre 1982 et 1988, 0.9 heure entre 1994 et 1998 et 0.4 heure entre 1994 et 2000 (informations fournies par le DERWSB).

10. D'après Whitehouse et Zetlin (1999), plus de 20 % des accords avec des entreprises employant plus de 65 % de femmes prévoient des dispositions indépendantes des horaires de travail. Ce taux tombe à 10 % lorsque l'emploi est surtout masculin. Il est intéressant de noter que même si l'on neutralise ce facteur de domination masculine, certains secteurs (bâtiment, métallurgie) ont pratiquement peu de chances de suivre des pratiques favorables aux familles, ce qui indique la persistance du rôle important des habitudes culturelles.

11. L'analyse multivariée a également montré que la dimension de l'établissement avait un effet important sur la diffusion de pratiques favorables aux familles en Australie (Glass et Fujimoto, 1995 ; Osterman, 1995 ; Seyler *et al.*, 1995 ; Whitehouse et Zetlin, 1999).

12. Suivant Whitehouse et Zetlin (1999) ces critères expliquent 27 % des différences de pratiques, ce qui comme ils le notent est sensiblement supérieur aux résultats d'autres études.

13. D'après Whitehouse et Zetlin, en Australie, 26 % des conventions collectives du secteur public et 37 % des décisions de justice comportent des dispositions en faveur de la famille au lieu de 10 % dans les conventions collectives et 7 % dans les décisions de justice du secteur privé.

14. Les attitudes vis-à-vis de différentes mesures sont variables. Par exemple une enquête auprès des employés de la banque et de l'assurance en Australie (Probert, Whiting et Ewer, 2000) a montré qu'ils étaient souvent très peu favorables vis-à-vis de mesures telles que le départ à l'heure exacte/la diminution des heures supplémentaires/etc. Un quart d'entre eux et 30 à 37 % des cadres pensaient que leurs collègues n'étaient pas favorables à ces droits. Gollan (2001) considère que, de façon plus générale, 10 % des salariés ne croient pas à la possibilité d'utiliser leurs droits aux congés sans une réaction négative de leur encadrement.

15. Sa mission consiste à viser sur le plan légal l'égalité entre hommes et femmes de différentes origines ethniques, en agissant à trois niveaux : individuel, structurel et symbolique. E-Quality s'efforce de promouvoir l'indépendance économique des femmes, mais en maintenant l'équilibre avec leur rôle maternel. Il travaille dans certains cas avec des employeurs, dont la police par exemple.

16. Sur les responsabilités familiales, le rôle de la HREOC est limité aux seuls licenciements. Cela reflète l'absence d'accords entre le rôle du Commonwealth et des États au moment de l'adoption de cette mesure.

17. Une enquête auprès des salariés d'un chantier de construction dans l'État de Queensland donne une idée de l'attitude de certains d'entre eux. Pour 45 %, ils déclaraient que s'ils étaient l'employeur ils emploieraient moins de femmes en âge d'avoir des enfants et 22 % considéraient que c'était une perte de temps pour une femme de suivre un apprentissage si elle envisageait d'avoir des enfants.

# Références

ABORIGINAL AND TORRES STRAIT ISLANDER COMMISSION (1999),
« Submission to the Human Rights and Equal Opportunity Commission Inquiry into Rural and Remote Education in Australia », Canberra.

ABS (1998),
*Forms of Employment August 1998*, Cat. n° 6359.0, Australian Bureau of Statistics, Canberra.

ABS (1999),
*Australian National Accounts: National Income, Expenditure and Product*, Cat. n° 5206, Australian Bureau of Statistics, Canberra.

ABS (1999a),
Population – Special Article, Aboriginal and Torres Strait Islander Australians: A Statistical Profile from the 1996 Census, Australian Bureau of Statistics, Canberra.

ABS (2000),
*Year Book Australia* 2000, Australian Bureau of Statistics, Canberra.

ABS (2000a),
*Forms of Employment*, Cat. n° 6359.0, Australian Bureau of Statistics, Canberra.

ABS (2000b),
*Child Care*, Cat n° 4402.0, Australian Bureau of Statistics, Canberra.

ABS (2000c),
*Labour Market Statistics in Brief: Australia*, Cat. n° 6104.0, Australian Bureau of Statistics, Canberra.

ABS (2000d),
Occasional Paper: Labour Force Characteristics of Aboriginal and Torres Strait Islander Australians, Experimental Estimates from the Labour Force Survey, Cat. n° 6287.0, Australian Bureau of Statistics, Canberra.

ABS (2000e),
*Labour Force Status and other Characteristics of Families, Australia*, Cat. n° 6224.0, Australian Bureau of Statistics, Canberra.

ABS (2001),
*Births*, Cat. n° 3301.0, Australian Bureau of Statistics, Canberra.

ABS (2001a),
« Family-Family functioning: Looking after the children », *Australian Social Trends* 1999, Cat. n° 4102.0, Australian Bureau of Statistics, Canberra.

ABS (2001b),
*Employee Earnings and Hours, Australia*, Cat. n° 6306.0, Australian Bureau of Statistics, Canberra.

ABS (2001c),
   *Employee Earnings Benefits and Trade Union Membership*, Cat. n° 6310.0, Australian Bureau of Statistics, Canberra.

ABS (2001d),
   *Working Arrangements Australia*, Cat. n° 6342.0, Australian Bureau of Statistics, Canberra.

ABS (2001e),
   *Managing Caring Responsibilities and Paid Employment in New South Wales*, Cat. n° 4903.1, Australian Bureau of Statistics, Canberra.

ACIRRT (1999),
   *Agreements Database and Monitor*, Australian Centre for Industrial Relations Research and Teaching, n° 22, University of Sydney.

ACOSS (2001),
   Unpublished tables: persons not in the labour force for childcare reasons (based on unpublished ABS tables), Australian Council for Social Services.

ADEMA, W. (2001),
   « Net Total Social Expenditure – 2nd Edition », Labour Market and Social Policy Occasional Paper Series, n° 52, OCDE, Paris.

AIHW (2001),
   *Australia's Welfare 2001*, Australian Institute of Health and Welfare, Canberra.

AIHW (2001a),
   *Trends in the Affordability of Child Care Services*, Welfare Division Working Paper n° 20, Australian Institute of Health and Welfare, Canberra.

ANTECOL, H. (2000),
   « An Examination of Cross-country Differences in the Gender Gap in Labour Force Participation Rates », *Labour Economics*, vol. 7, pp. 409-426.

ARBEIDSINSPECTIE (2000),
   *De Positie van Mannen en Vrouwen in het Bedrijfsleven en bij de Ocerheid*, 1998, Ministerie van Sociale Zaken en Werkgelegenheid, La Haye.

ARBEIDSINSPECTIE (2001),
   *Arbeid en Zorg in CAOs 1999*, Ministerie van Sociale Zaken en Werkgelegenheid, La Haye.

ATP (2001),
   *First Child Tax Refund*, Australian Tax Practice Weekly Tax Bulletin, Issue 2001/48, 15 novembre 2001.

BARNES, A. (2001),
   « Low Fertility: A discussion paper », DFaCS Occasional Paper n° 2, Department of Family and Community Services, Canberra.

BEER, G. et HARDING, A. (1999),
   « Effective Marginal Tax Rates: Options and Impacts », Paper presented to the Centre for Public Policy Conference on Taxation Reform: Directions and Opportunities, 18 février 1999.

BERTELSMANN FOUNDATION (dir. pub.) (2000),
   *International Reform Monitor*, Issue 3.

BERTHOUD, R. et ROBSON, K. (2001),
   « The Outcomes of Teenage Motherhood in Europe », Innocenti Working Papers, n° 86, United Nations Children's Fund, Innocenti Research Centre, Florence.

BOND, K, et WHITEFORD, P. (2001),
« Trends in the Rates of Receipt of Income Support and Employment Outcomes Among People of Working Age: Australia 1965-1999 » (draft).

BOOCOCK, S.S. (1995),
« Early Childhood Programs in Other Countries: Goals and Outcomes », *The Future Children*, vol. 5, n° 3, pp. 25-50, Los Altos.

BORCHORST, A. (1993),
« Working Life and Family life in Western Europe », in Carlsen and Elm Larsen (dir. pub.), *The Equality Dilemma: Reconciling Working Life and Family Life, Viewed in a European Perspective – the Danish Example*, The Danish Equal Status Council, Copenhague.

BOVENBERG, A.L. et GRAAFLAND, J.J. (2001),
« Externe Effecten van Betaalde en Onbetaalde Arbeid », *Christen-Democratische Verkenningen*, n° 10, octobre 2001, pp. 11-18.

BOVENBERG, A.L. and GRADUS, R.H.J.M. (2001),
« De Economie van Moeder Theresa », *Economische Statistiche Berichten*, 15 juin, 2001, pp. 516-519.

BROOM, B. (1998),
« Parental Sensitivity to Infants and Toddlers in Dual Earner and Single Earner Families », *Nursing Research*, vol. 47(3), pp. 162-170.

BUCHANAN, J. et THORNTHWAITE, L. (2001),
« Paid Work and Parenting: Charting a New Course for Australian Families », Australian Centre for Industrial Research and Training, University of Sydney, juillet.

BURGESS, J. et CAMPBELL, I. (1998),
« Casual Employment in Australia: Growth Characteristics, A Bridge or a Trap », *The Economic and Labour Relations Review*, vol. 9(I), pp. 31-53.

BUTLER, B. (2000),
« Responses to Participation Support for a More Equitable Society: the Interim Report of the Reference Group on Welfare Reform », Aboriginal and Torres Strait Islander Commissioner for Social Justice.

CALLAN, T., DEX, S., SMITH, N. et VLASBLOM, J.D. (1999),
« Taxation of Spouses: A cross-country study of the effects on married women's labour supply », Centre For Labour Market and Social Research Working Paper 99-02, University of Aarhus, Danemark.

CBS (2000),
« Bevolkingsgroei voor twee derde allochtoon », september 2001, *www.cbs.nl*

CBS (2001),
« Sociaal-Economische Maandstatistiek », vol. 18, Centraal Bureau voor de Statistiek, décembre, pp. 46-50, Vorrburg/Heerlen.

CBS (2001a),
« Statline Electronic Databank Statistics Netherlands », Table Ouderschapsverlof van werknemers, 1992/1994-1997/1999, *www.cbs.nl*, Centraal Bureau voor de Statistiek, Vorrburg/Heerlen.

CBS (2001b),
« Statline Electronic Databank Statistics Netherlands », Table Ziekteverzuim Overheid, *www.cbs.nl*, Centraal Bureau voor de Statistiek, Voorburg/Heerlen.

CBS (2002),
« Werkende Moeders », février 2002, *www.cbs.nl*

CCCH (2000),
A *Review of Early Childhood Literature*, Centre for Community Child Health, Prepared for the Department of Family and Community Services as a background paper for the National Families Strategy, Canberra.

CPB (1999),
*Economische gevolgen van de Belastingherziening* 2001, Werkdocument n° 115, Centraal Planbureau.

CENTRELINK (2001),
A *Guide to Commonwealth Government Payments*, 1er juillet 2001-19 septembre 2001.

CHAPMAN, B., DUNLOP, Y., GRAY, M., LIU, A. et MITCHELL, D. (2001),
« The Impact of Children on the Lifetime Earnings of Australian Women: Evidence from the 1990 », *Australian Economic Review*, vol. 34, n° 4, pp. 373-389.

CHILD SUPPORT AGENCY (2000),
Child Support Scheme: Facts and Figures 1999-2000, ACT.

CHILD SUPPORT AGENCY (2001),
Child Support Schemes: Australia and Comparisons.

CHRISTENSEN, E. (2000),
*Det 3-arige barn* (Les enfants de 3 ans),
Danish National Institute of Social Research, vol. 00 :10, Copenhague.

CHRISTOFFERSEN, M.N. (2000),
« Who Choose Teenage Childbearing? A longitudinal study of 1966 to 1973 birth cohorts in Denmark », Working paper based on results of the National Child Development Survey, Danish National Institute of Social Research, Copenhague.

CHRISTOFFERSEN, M.N. (2000a),
« Growing Up With Unemployment: A study of parental unemployment and children's risk of abuse and neglect based on national longitudinal 1973 birth cohorts in Denmark », *Childhood*, vol. 7 :4.

CHRISTOFFERSEN, M.N., (2000b),
*Trends in Fatherhood Patterns – the Danish Model*, Seminar at the Centre for Populations Studies, Londres, 16 novembre 2000.

CHRISTOFFERSEN, M.N., (2000c),
*Will Parental Work or Unemployment Influence Pre-School Children's Stress Reactions?*, A paper for the 10th Nordic Social Policy Research Seminar, 17-19 août 2000.

COMMISSIE DAGARRANGEMENTEN (2002),
*Advies van de Commissie Dagarrangementen*, La Haye, janvier.

CONNOLLY, G. (1996),
« Causality between Consumer Loan Affordability and the Female Full-time Participation Rate in the Australian Labour Force », *Australian Bulletin of Labour*, vol. 22, n° 3.

CONNOLLY, G. et BADHNI, S. (1998),
« Part-time participation and unemployment in Australia », Paper to the 27th Conference of Economists, University of Sydney, 28 septembre-1er octobre 1998.

CONNOLLY, G et SPENCE, K. (1996),
« The Role of Consumer Loan Affordability and Other Factors Influencing Family Deci-sions in Determining the Female Full-Time Participation Rate in the Australian Labour Force », Paper to the 25th Conference of Economists, Australian National University, 22-26 septembre 1996.

COSTELLO, P. (1998),
*Tax Reform – not a new tax, a new tax system*, Canberra.

COUNCIL OF EUROPE (2001),
*Recent Demographic Developments in Europe*, Strasbourg.

DANISH CENTRE FOR DEMOGRAPHIC RESEARCH (1999),
*Research Report n° 11*, Copenhague.

DATTA GUPTA, N. et SMITH, N. (2002),
« Children and Career Interruptions: the Family Gap in Denmark », Economica, *à paraître*.

DATTA GUPTA, N., CHRISTOFFERSEN, M.N. et SMITH, N. (2001),
« Maternity Leave, Facts and Myths », *Politiken*, juillet.

DATTA GUPTA, N., OAXACA, R. et SMITH, N. (2002),
« Swimming Upstream, Floating Downstream – Trends in the US and Danish Gender wage gaps », Economica, *à paraître*.

DEBELLE, G. et VICKERY, J. (1998),
*The Macroeconomics of Australian Unemployment*, Reserve Bank of Australia, Sydney.

DEWRSB (1998),
*Federal Industrial Relations and Legislation Framework*, Work and Family Unit, Department of Workplace Relations and Small Business, Canberra.

DEWRSB et OEA (2000),
*Agreement Making in Australia under the Workplace Relations Act 1998 and 1999*, Department of Workplace Relations and Small Business and the Office of the Employment Advocate, Canberra.

DFACS (1999),
*Annual Report 1998-99*, Department of Family and Community Services, Canberra.

DFACS (2000),
*Stronger Families and Communities Strategy* (information kit), Department of Family and Community Services, Canberra.

DFACS (2000a),
Interim Report of the Reference Group on Welfare Reform: Technical and Other Appendices, Department of Family and Community Services, Canberra.

DFACS (2000b),
1999 *Census of Childcare Services* – Summary booklet, Department of Family and Community Services, Canberra.

DFACS (2001),
*Annual Report 2000-2001*, Department of Family and Community Services, Canberra.

DFACS/DEWR (2002),
« Australia's Country Note for the OECD Project – Family Friendly Policies: The Reconciliation of Work and Family Life », Commonwealth Departments of Family and Community Services, Employment, and Workplace Relations, Canberra, *à paraître*.

227|

DICKENS, L. (1999),
« Beyond the Business Case: a three-pronged approach to equality action », *Human Resource Management Journal*, vol. 9, n° 1.

DINGELDEY, I. (2001),
« European Tax Systems and their Impact on Family Employment Patterns », *Journal of Social Policy*, vol. 30, n° 4.

DOBBELSTEEN, S.H.A.M., GUSTAFSSON, S.S. et WETZELS, C.M.M.P. (2000),
Childcare in the Netherlands between Government, Firms and Parents. Is the dead-weight loss smaller than in the public daycare system of Sweden?

DULK, L. den (1999),
« Work-family Arrangements in the Netherlands: the role of employers », in *Work-Family Arrangements in Europe*, in L. den Dulk, A. van Doorne-Huiskes en J. Schippers (dir. pub.), Thela Thesis, Amsterdam.

EDIN, P-A et GUSTAVSSON, M. (2001),
« Time out of Work and Skill Depreciation », Mimeo, Uppsala University.

EERSTE KAMER DER STATEN-GENERAAL (2001),
« Vaststelling van regels voor het tot stand brengen van een nieuw evenwicht tussen arbeid en zorg in de ruimste zin (Wet arbeid en zorg) », Sdu Uitgevers, 's-Gravenhage, La Haye.

EMANCIPATIERAAD (1996),
Concerns for a New Security: Recommendations for an Equal Opportunities Income and Social Security Policy, adv. n° IV/45/96, La Haye.

EUROSTAT (1997),
*Enquête sur la population active*, Office des publications officielles de la Commission européenne, Luxembourg.

EVANS, M.D.R (2000),
« Women's Participation in the Labour Force: Ideals and Behaviour », Australian Social Monitor, vol. 3, n° 2, octobre, pp. 49-57.

FINANSMINISTERIET (2000),
Hearings and Citizens Survey 2000 – Summary, ministère des Finances, Copenhague, www.fm/uk/pubUK/summary24102000/indeex.htm

FINANSMINISTERIET (2001),
*The Danish Economy*, 2001: *Medium Term Economic Survey*, Copenhague.

FINANSMINISTERIET (2002),
*Kommunernes Landsforening* (budget), Copenhague.

FÖRSTER, M. (2000),
« Trends and Driving Factors in Income Distribution and Poverty in the OECD Area », Labour Market and Social Policy Occasional Paper Series, n° 42, OCDE, Paris.

GLASS, J.L. et ESTES, S. (1997),
« The Family Responsive Workplace », *Annual Review of Sociology*, vol. 23.

GLASS, J.L et FUJIMOTO, T. (1995),
« Employer Characteristics and the Provision of Family-responsive Policies », *Work and Occupations*, vol. 22, n° 4.

228

GLEZER, H. et WOLCOTT, I. (1997),
« Work and Family Values: Preferences and Practice », *Family Matters*, n° 48, AIFS, Spring/Summer, Melbourne.

GLEZER, H. et WOLCOTT, I. (1998),
« Parents' Preferences for Balancing Work and Family Responsibilities », *Work and Family*, vol. 16, n° 4.

GLEZER, H. et WOLCOTT, I. (1999),
« Conflicting Commitments: Working Mothers and Fathers in Australia », in L. Haas, P. Hwang et G. Russell (dir. pub.), *Organisational Change and Gender Equity: International Perspectives on Parents in the Workplace*, RussellSage, Californie.

GOLLAN, P. (2001),
AWA *Employee Attitude Survey*, Office of the Employment Advocate.

GRAVERSEN, E.K. et SMITH, N. (1998),
« Labour Supply, Overtime Work and Taxation in Denmark », Centre For Labour Market and Social Research Working Paper 98-08, University of Aarhus, Danemark.

GUSTAFSSON, S.S, WETZELS, C.M.M.P. et KENJOH, E. (2002),
« Postponement of Maternity and the Duration of Time spent at Home after first Birth », Labour Market and Social Policy Occasional Papers, OECD, Paris, *à paraître*.

HARDING A. et SZUKALSKA, A. (2000),
« Making a Difference: The impact of Government Policy on Child Poverty in Australia, 1982-1997/98 », *www.natsem.Canberra.edu.au*.

HARDING, A. et BEER, G. (2000),
« Effective Marginal Tax Rates and the Australian Reform Debate », in H.-G. Petersen et P. Gallagher (dir. pub.), *Tax and Transfer Reform in Australia and Germany: Australia Centre Series*, vol. 3, Potsdam : University of Potsdam.

HARRISON, L. J. et UNGERER, J. A. (2000),
Children and Child Care: A Longitudinal study of the relationships between developmental outcomes and use of non parental care from birth to six, Paper prepared for the Department of Family and Community Services, Panel Data Conference, Canberra.

HOWARD, J. (2001),
« Address at the Federal Liberal Party Campaign Launch », Sydney.

HREOC (1999),
*Pregnant and Productive*, Human Rights and Equal Opportunities Commission, Sydney.

HREOC (2002),
*Valuing Parenthood: Options for Paid Maternity Leave: Interim Paper 2002*, Human Rights and Equal Opportunities Commission, Sydney.

INGLES, D. (1997),
*Low Income Traps for Working Families*, Discussion Paper n° 363, Centre for Economic Policy Research, Australian National University, Canberra.

INGLES, D. (2000),
*Rationalising The Interaction Of Tax And Social Security: Part 1: Specific Problem Areas Discussion*, Paper n° 423, Centre for Economic Policy Research, Australian National University, Canberra.

KALISCH, D.W., AMAN, T. et BUCHELE, L.A. (1998),
*Social And Health Policies In OECD Countries: A Survey Of Current Programmes And Recent Developments*, in OECD, Labour Market and Social Policy – Occasional Papers n° 33, Paris.

229|

KAMERMAN, S. (2001),
« An Overview of ECEC Developments in the OECD Countries », in S. Kamerman (dir. pub.), *Early Childhood Education and Care: International Perspectives*, The Institute for Child and Family Policy, Columbia University, New York.

KEUZENKAMP, S., HOOGHIEMSTRA, E., BREEDVELD, K. et MERENS, A. (2002),
*De Kunst van het Combineren: Taakverdeling onder Partners*, Sociaal Cultureel Planbureau, La Haye, octobre.

KNIJN, T. et van WEL, F. (1999),
*Zorgen voor de Kost*, Uitgeverij SWP, Utrecht.

KNIJN, T. et van WEL, F. (2002),
« Careful or Lenient: Welfare reform for lone mothers in the Netherlands », *Journal of European Social Policy*, vol. 11, n° 2.

KNUDSEN, L.B. (1999),
« Recent Fertility Trends in Denmark – A Discussion of the Impact of Family Policy in a Period with Increasing Fertility », Research Report 11, Danish Center for Demographic Research.

LANGEN, A. van et HULSEN, M. (2001),
« Schooltijden in het Basisonderwijs : Feiten en Fictie », ITS, Nijmegen.

LISV (2001),
*Loopbaanonderbreking* 2000 (*Finlo*), Landelijk Instituut Sociale Verzekeringen, Amsterdam.

McCLURE, P. (2000),
« Participation Support for a More Equitable Society, Final Report of the Reference Group on Welfare Reform », juillet 2000.

McDONALD, P. (1999),
« Social and demographic trends relating to the future demand for child care », A paper prepared for the Commonwealth Child Care Advisory Council, Commonwealth Child Care Advisory Council, Canberra.

McDONALD, P. (2000),
« The toolbox of public policies to impact on fertility – a global view », Paper for the Annual Seminar 2000 of the European Observatory on Family Matters, Low Fertility, Families and Public Policies, Sevilla, Espagne.

MINISTERIE VAN FINANCIEN (2001),
*Taxation in the Netherlands*, ministère des Finances, La Haye.

MOREHEAD, A., STEELE, M., ALEXANDER, M., STEPHEN, K. et DUFFIN, L. (1997),
*Changes at Work, The 1995 Australian Workplace Industrial Relations Survey*, Longman, South Melbourne.

MOSS, P. et DEVEN, F. (1999),
Parental Leave: Progress or Pitfall, Research and Policy Issues in Europe, NIDI/CBGS Publications, Bruxelles.

NCAC (2001),
*Family Day care Quality Assurance Handbook*, National Childcare Accreditation Council, Canberra.

NCAC (2001a),
*Quality Improvement and Accreditation System Handbook*, National Childcare Accreditation Council, Canberra.

NEDERLANDSE GEZINSRAAD (2001),
    *Gezin: Beeld en Werkelijkheid*, La Haye.

NEW ZEALAND GOVERNMENT (2002),
    Paid Parental Leave, www.executive.govt.nz/minister/harre/ppl/scheme.htm

NICKELL, S.J. et van OURS, J. (2000),
    « The Netherlands and the United Kingdom: A European Unemployment Miracle? »,
    *Economic Policy*, n° 30.

NYFER (1999),
    *Meer werken, minder zorgen, arbeid en zorg in wetgeving en CAO's*, Breukelen.

OCDE (1993),
    *Le marché de l'emploi aux Pays-Bas*, Paris.

OCDE (1994),
    *Étude de l'OCDE sur l'emploi*, Paris.

OCDE (1996),
    *Protéger les personnes âgées dépendantes : Des politiques en mutation*, Paris.

OCDE (1998),
    *Préserver la prospérité dans une société vieillissante*, Paris.

OCDE (1998a),
    *Combattre l'exclusion : L'aide sociale en Belgique, en Norvège, aux Pays-Bas et en République tchèque*,
    Paris.

OCDE (1998b),
    *Combattre l'exclusion : L'aide sociale en Australie, en Finlande, au Royaume-Uni et en Suède*, Paris.

OCDE (1999),
    *Pour un monde solidaire : Le nouvel agenda social*, Paris.

OECD (1999a),
    *Note par pays sur les Pays-Bas – Petite enfance, grands défis : Éducation et structures d'accueil*, Paris.

OCDE (1999b),
    *Analyse des politiques d'éducation*, Paris.

OCDE (2000),
    *Des réformes pour une société vieillissante*, Paris.

OCDE (2000a),
    *Perspectives de l'emploi de l'OCDE*, Paris.

OCDE (2000b),
    *Regards sur l'éducation – Les indicateurs de l'OCDE*, Paris.

OCDE (2000c),
    *Tendances des migrations internationales*, Paris.

OCDE (2001),
    *Towards a Sustainable Future*, communiqué de presse du Conseil des ministres de l'OCDE,
    17 mai, Paris.

OCDE (2001a),
    *Vieillissement et revenus : Les ressources des retraités dans 9 pays de l'OCDE*, Paris.

OCDE (2001b),
    *Perpectives économiques de l'OCDE*, Paris.

231

OCDE (2001c),
*Statistiques des recettes publiques, 1965-2000*, Paris.

OCDE (2001d),
*Base de données de l'OCDE sur les dépenses sociales : 1980-1998*, 3ᵉ édition, Paris.

OCDE (2001e),
*Panorama de la société : Les indicateurs sociaux de l'OCDE*, Paris.

OCDE (2001f),
*Perspectives de l'emploi de l'OCDE*, Paris.

OCDE (2001g),
*Statistiques de la population active, 1980-2000*, Paris.

OCDE (2001h),
*Regards sur l'éducation : Les indicateurs de l'OCDE*, Paris.

OCDE (2001i),
*Petite enfance, grands défis : Éducation et structures d'accueil*, Paris.

OCDE (2001j),
*Des politiques du marché du travail novatrices : La méthode australienne*, Paris.

OCDE (2001k),
*Taxing Wages, 1999-2000/Les impôts sur les salaires, 1999-2000*, Paris.

OCDE (2002),
*Comptes nationaux des pays de l'OCDE – volume 1, 1989-2000*, Paris.

OCDE (2002a),
*Principaux indicateurs économiques*, Paris.

OCDE (2002b),
*Revue économique de l'OCDE – Les Pays-Bas*, Paris.

OCDE (2002c),
*Statistiques de l'OCDE sur le marché du travail*, CD-ROM, Paris.

OCDE (2002d),
*Perspectives de l'emploi de l'OCDE*, Paris.

OCDE (2002e),
*Études économiques – Le Danemark*, Paris.

OCDE (2002f),
*Tax Equations*, Paris.

OCDE (2002g),
*Prestations et salaires : Les indicateurs de l'OCDE 2002*, Paris.

OCDE (2002h),
*Les impôts sur les salaires, 2000-2001*, Paris.

OCDE (2003 à paraître),
*Prestations et salaires : Les indicateurs de l'OCDE 2003*, Paris.

OCDE/SANTÉ CANADA (2002),
*Être à la hauteur : Mesurer et améliorer la performance des systèmes de santé dans les pays de l'OCDE*, Paris.

OCDE/STATISTIQUE CANADA (2000),
*La littératie à l'ère de l'information : Rapport final de l'Enquête internationale sur la littératie des adultes*, Paris/Ottawa.

OR, Z. (2002),
« Improving the Performance of Health Care Systems: From Measures to Action: A Review of Experience in Four OECD Countries », OECD Labour Market and Social Policy Occasional Papers n° 57, Paris.

OSTERMAN, P. (1995),
« Work/family Programs and the Employment Relationship », *Administrative Science Quarterly*, vol. 40, n° 4.

OXLEY, H., DANG, T.-T., FÖRSTER, M. et PILLIZZARI, M. (1999),
*Income Inequalities and Poverty Among Children and Households With Children in Selected* OECD *Countries: Trends and Determinants.*

PEDERSEN, L. (1998),
*Orlov, ledighed og beskæftigelse*, Danish National Institute for Social Research (Socialforsk-ningsinstituttet) vol. 96 :10, Copenhague.

PEDERSEN, P.J. et SMITH, N. (2001),
« Unemployment Traps: Do Financial Dis-incentives matter? », Centre for Labour Market and Social Research Working Paper 01-01.

PLANTENGA, J. (2001),
*The Gender Perspectives of the Dutch National Action Plan of Employment*, External report commissioned by and presented to the European Commission, Utrecht.

PLANTENGA, J., SCHIPPERS, J. et SIEGERS, J. (1999),
« Towards an Equal Division of Paid and Unpaid Wor: The Case of the Netherlands », *Journal of European Social Policy*, vol. 9(2), pp. 99-110.

POWELL, L.M. (2002),
« Joint Labour Supply and Childcare Choice Decisions of Married Mothers », *The Journal of Human Resources*, vol. 37, n° 1.

PRESS, F., et HAYES, A. (2000),
OECD *Thematic Review of Early Childhood Education and Care Policy – Australian Background Report*, Canberra.

PROBERT, B. (2001),
« *Grateful Slaves* » or « *Self-made Women* »: *a matter of choice or policy?*, Clare Burton Memorial Lecture 2001, RMIT University.

PROBERT, B., EWER, P. et WHITING, K. (2000),
« Work versus Life: Union Strategies Reconsidered », *Labour and Industry*, vol. 11, n° 1.

PROBERT, B., WHITING, K. et EWER, P. (2000),
*Pressure from All Sides: Life and work in the finance sector*, RMIT, Melbourne.

PROBERT, B. et MURPHY, J. (2001),
« Majority Opinion or Divided Selves? Researching Work and Family Experience », *People and Place*, vol. 9, n° 4.

PURCELL, G. (2001),
*Promoting Substantial Public Investment in ECEC Services and Infrastructure: An Australian Perspective*, material presented to the OECD Thematic Review of ECEC Conference, Stockholm, 14-15 juin 2001.

REDMOND, G. (1999),
*Tax-Benefit Policies and Parents' Incentives to Work: The Case of Australia 1980-1997*, SPRC Discussion Paper n° 104, Social Policy Research Centre, Sydney.

233|

REIMAN, C. (2001),
« The Gender Wage Gap in Australia », NATSEM Discussion paper 54, National Centre for Social and Economic Modelling, Canberra, mars.

REGERINGEN (1999),
« Danmark 2005 – en god start på det nye århundreded », Copenhague.

ROSTGAARD, T. (2001),
Developing Comparable Indicators in Early Childhood Education and Care, Comparative Welfare State Research Working Paper 03 :2001, The Danish National Institute of Social Research.

ROSTGAARD, T. et FRIDBERG, R. (1998),
Caring for Children and Older People – A Comparison of European Policies and Practices, Danish National Institute of Social Research, Copenhague.

RUSSELL, G. (1999),
« International Trends in Approaches to Work and Family », paper to Work and Family Experts Seminar, Collected Proceedings, octobre 1999.

RUSSELL, G., BARCLAY, L., EDGECOMBE, G., DONOVAN, J., HABIB, G., CALLAGHAN, H. et PAWSON, Q. (1999),
Fitting Fathers into Families: Men and the Fatherhood Role in Contemporary Australia, Department of Family and Community Affairs, Canberra.

RUSSELL, G. et BOWMAN, L. (2000),
« Work and Family – Current Thinking, Research and Practice », Prepared for the Department of Family and Community Services as a background paper for the National Families Strategy, Canberra.

SCP/CBS (2001),
Armoedemonitor 2001, Sociaal Cultureel Planbureau/Centraal Bureau voor de Statistiek, La Haye.

SEYLER, D.L., MONROE, P.A. et GARAN, J.C. (1995),
« Balancing Work and Family: the role of employer-supported child care benefits », Journal of Family Issues, vol. 16.

SLOEP, M. (1996),
Het primaat van een mannenbolwerk: Emancipatie in cao-onderhandelingen, Emancipatieraad, La Haye.

SOCIALMINISTERIET (2000),
Early Childhood Education and Care Policy in Denmark, Background Report, ministère des Affaires sociales, Copenhague.

SOCIALMINISTERIET (2000a),
Consolidation Act on an Active Social Policy (English version), ministère des Affaires sociales, Copenhague, www.sm.dk

SOCIALMINISTERIET (2000b),
Social Assistance Consolidation Act (English version), ministère des Affaires sociales, Copenhague, www.sm.dk

SOCIALMINISTERIET (2001),
The Danish National Report on Follow-up to The World Summit for Children, Copenhague.

SOCIALMINISTERIET (2001a),
Consolidation Act on Benefits in the event of Illness or Childbirth (English version), ministère des Affaires sociales, Copenhague, www.sm.dk

SOCIALMINISTERIET (sans date),
Social Policy in Denmark, ministère des Affaires sociales, www.sm.dk/eng/dansk_socialpolitik/index.html

SONDERGAARD, J. (1999),
« The Welfare State and Economic Incentives », in T. M. Andersen, S.E. Hougaard Jensen et O. Risager (dir. pub.), Macroeconomic Perspectives on the Danish Economy, Macmillan.

STATISTICS DENMARK (2000),
« Daily Cash Benefits in Connection with Pregnancy, Birth and Adoption 1999 », Social Conditions, Health and Justice, Copenhague.

STEWART, W. et BARLING, J. (1996),
« Fathers' Work Experiences Effect Children's Behaviours via Job-related and Parenting Behaviours », Journal of Organisational Behaviour, vol. 17, pp. 221-232.

SZW (1997),
Kansen op Combineren, Arbeid, Zorg en Economische Zelfstandigheid, Ministerie van Sociale Zaken en Werkgelegenheid, La Haye.

SZW (1999),
Op Weg naar een Nieuw Evenwicht tussen Arbeid en Zorg, Ministerie van Sociale Zaken en Werkgelegenheid, La Haye.

SZW (2001),
A Short Survey of Social Security in the Netherlands, as at 1 July 2001, Ministry of Social Affairs and Employment, La Haye.

TROUW (2001),
Opvoeddebat/Gedogen bij de kinderopvang, 7 novembre 2001, www.trouw.nl//artikelprint/1005028200246.html

UN (2001),
World Population Prospects 1950-2050, Révision 2000, Nations Unies, New York.

VANSTONE, A et ABBOTT, T. (2001),
Australians Working Together – Helping people to move forward, A Statement, Canberra.

VNO/NCW (2001),
« Nieuwe wet basisvoorziening kinderopvang », Arbeidsvoorwaarden, Sociale Zaken n° 42, Vereniging van Nederlandse Ondernemingen, Nederlandse Christelijke Werkgevers, 14 décembre.

VWS et OC&W (2000),
Early Childhood Education and Care Policy in the Netherlands, Background Report, The Ministry of Health, Welfare and Sport and the Ministry of Education, Culture and Science, La Haye.

VWS (2001),
Cabinet Approves Childcare Bill, news release, Ministry of Health, Welfare and Sport, La Haye.

WEL, F. van et KNIJN, T. (2000),
Alleenstaande ouders over Zorgen en Werken.'s, Ministerie van Sociale Zaken en Werkgelegenheid/ Elseviers Bedrijfsinformatie, Gravenhage.

WFU (1999),
Work and Family: State of Play 1998, Work and Family Unit Department of Workplace Relations and Small Business, Canberra.

235|

WHITEFORD, P., MORROW, I. et BOND, K. (2002),
« The Growth of Social Security Spending in Australia: Explanations and Comparisons », Department of Family and Community Services, Canberra, *à paraître*.

WHITEFORD, P. (2001),
*Benefits for Children*: Australia, in K. Battle et M. Mendelson (dir. pub.), *Benefits for Children*: A *Four Country Study*, The Caledon Institute of Social Policy.

WHITEHOUSE, G. (2001),
« Industrial Agreements and Work/Family Provisions: Trends and prospects under enterprise bargaining », *Labour and Industry*, août 2001.

WHITEHOUSE, G. et ZETLIN, D. (1999),
« Family-friendly Policies: distribution and implementation in Australian Workplaces », *The Economic and Labour Relations Review*, vol. 10, n° 2.

YOUNG, C. (1990),
*Balancing Families and Work: a demographic study of women's labour force participation*, AGPS, Canberra.

*Annexe de l'étude*

# Principales mesures en faveur des familles, allocations et dispositifs de congés dans les trois pays

Cette annexe donne un bref aperçu des principales mesures prises dans les trois pays étudiés pour l'aide aux familles avec enfants dont les parents sont en âge de travailler. Elle présente aussi les dispositifs de congé dont peuvent bénéficier les parents qui travaillent, pour pouvoir s'occuper de jeunes enfants. Les allocations liées à la naissance et à la garde des enfants sont étudiées aux chapitres 3 et 4.

## L'aide aux familles

Les allocations versées aux familles permettent de socialiser une partie des coûts directs résultant du fait d'élever des enfants et jouent un rôle important pour réduire la pauvreté chez les familles qui ont un faible revenu. Dans les trois pays, les allocations familiales varient suivant l'âge des enfants et sont habituellement versées à la mère, sauf pour le crédit d'impôt aux Pays-Bas. Les Pays-Bas et le Danemark ont tous deux un système universel d'allocations familiales. Elles répondent surtout à un souci d'équité. Il existe aussi aux Pays-Bas des crédits d'impôt au bénéfice des familles avec enfants, notamment l'aide familiale subordonnée à la recherche d'emploi, représentée par le « crédit d'impôt supplémentaire aux parents isolés » et par le « crédit d'impôt combiné ». En Australie, des allocations liées au revenu s'adressent aux familles dont le revenu est faible. La principale allocation familiale [FTB(A)] est liée au revenu, avec une assiette assez large qui couvre des revenus relativement élevés. Elle contribue donc davantage à un objectif d'équité « verticale » que les dispositifs danois et néerlandais (voir tableau A.1).

En Australie, des allocations sont versées aux familles (monoparentales ou en couple) qui disposent d'un seul revenu. Au Danemark, des allocations s'adressent aux parents isolés, mais ne sont pas conditionnées par le revenu. Aux Pays-Bas, deux crédits d'impôt existent au bénéfice des parents isolés, mais il n'y a pas d'allocation distincte.

Comme le montre le tableau A.2, le niveau maximum de l'allocation en Australie se situe à un niveau sensiblement plus élevé qu'au Danemark, par rapport au revenu moyen, mais ce niveau n'est accessible qu'aux familles dont le revenu se situe aux environs de 69 % de la moyenne. Le taux est plus faible aux Pays-Bas qu'au Danemark pour les jeunes enfants, mais il est comparable pour les enfants plus âgés.

En Australie, en juillet 2000, l'ensemble complexe de mesures s'adressant aux familles a été remplacé par un avantage fiscal familial, suivant une réforme visant à simplifier le mode de paiement, à inciter davantage à l'emploi et à aider les familles à faire des choix en équilibrant leurs responsabilités professionnelles et familiales. Ces changements faisaient partie d'un nouveau système fiscal (ANTS). L'avantage fiscal familial regroupe en fait deux mesures

237

Tableau A.1.  **Principales mesures en faveur des familles**[a]

| Mesures | Bénéficiaires | Caractéristiques |
|---|---|---|
| **Australie**[b] | | |
| Family Tax Benefit A FTB(A) | Toutes familles avec enfant à charge, excepté les revenus élevés. | Par enfant, montant lié à l'âge. Conditionnée par le revenu familial, non imposable. Peut être perçue sous forme de versements réguliers, de déduction d'impôt ou de versement unique en fin d'année. |
| Family Tax Benefit B FTB(B) | Familles avec enfants à charge ne disposant que d'un revenu ou avec un second revenu faible. | Par famille. La condition de revenu ne s'applique qu'au 2e revenu, non imposable. Peut être perçue sous forme de versements réguliers, de déduction d'impôt ou de versement unique en fin d'année. |
| Maternity Allowance | Toutes familles comme FTB(A) à la naissance (ou l'adoption). | Par enfant, versement unique à ceux qui ont droit à FTB(A). Paiement par le système FTB . |
| Maternity Immunisation Allowance | Toutes familles comme FTB(A) à la naissance (ou l'adoption). | Par enfant, versement unique à ceux qui ont droit à FTB(A). Payable à 18 mois pour enfants qui remplissent les conditions de vaccinations, suivant le dispositif FTB . |
| **Danemark** | | |
| Allocation familiale | Toutes familles avec enfants à charge. | Par enfant, en fonction de l'âge. Pas conditionné par le revenu, pas imposable. |
| Allocation familiale ordinaire | Parents isolés et parents qui reçoivent tous deux une allocation de la Social Pension Act – avec enfants à charge. | Allocation à taux fixe, par enfant. Pas conditionné par le revenu, pas imposable. |
| Allocation pour enfant supplémentaire | Parents isolés avec enfants à charge. | Une allocation par parent isolé (quel que soit le nombre d'enfants). Complément de l'allocation ordinaire. Pas conditionné par le revenu, pas imposable. Habituellement versée à la mère. |
| **Pays-Bas** | | |
| Allocation familiale | Toutes familles avec enfants à charge. | Par enfant. Pas conditionné par le revenu, pas imposable. |
| Crédit d'impôt | Familles avec enfant de moins de 16 ans. | Presque universel, seuil de revenu proche du double du revenu moyen, crédit d'impôt faible. |
| Crédit d'impôt supplémentaire | Familles avec enfants de moins de 16 ans. | Sous condition de revenu, payé aux familles dont le revenu est proche de la moyenne. |
| Crédit d'impôt combiné | Parents en activité avec enfant de moins de 12 ans. | Payé à 4.3 % du revenu de l'emploi jusqu'à un maximum of 100 € par parent |

a) Les allocations sont normalement payées à la mère, sauf aux Pays-Bas, ou le crédit d'impôt est versé au membre du ménage qui a le revenu le plus élevé.
b) En Australie, un complément pour famille nombreuse est payé aux familles de quatre enfants ou plus et dans le cas de naissances multiples. Il en va de même au Danemark pour les naissances multiples et en cas d'adoption. Les trois pays ont prévu des dispositions pour les orphelins.
Source :  Centrelink (2001), SZW (2001), Autorités nationales.

Tableau A.2. **Comparaison des taux des prestations familiales**

| Prestations | Âge | Montant en monnaie nationale (2001) | Taux en % du revenu moyen | Condition de revenu (revenu annuel) |
|---|---|---|---|---|
| | | **Australie** | | |
| Family Tax Benefit (A)[a] | 0-12 | 3 204.7 $A | 7.4 | Assistance réduite |
| | 13-15 | 4 062.45 $A | 9.3 | de 30 % pour les |
| | 16-17 | 1 029.30 $A | 2.4 | revenus familiaux à |
| | 18-24 | 1 383.35 $A | 3.2 | partir de 29 857 $A, |
| | | | | jusqu'à atteindre le |
| | | | | taux de base, puis |
| | | | | de 30 % sur revenu à |
| | | | | partir de 77 234 $A[b] |
| Family Tax Benefit (B) | 0-4 | 2 752.10 $A | 6.3 | Réduction du |
| | 5-15 | 1 919.90 $A | 4.4 | 2e revenu au-delà |
| | | | | de 1 679 $A à 30 % |
| Maternity Allowance | Versement à la naissance | 780.00 $A | 1.8 | Droit à la FTB (A) |
| Maternity Immunisation Allowance | Versement à 18 mois | 208.00 $A | 0.5 | Droit à la FTB (A) |
| | | **Danemark** | | |
| Allocation familiale | 0-2 | 12 100 DKK | 4.1 | Pas de condition |
| | 3-6 | 11 000 DKK | 3.7 | de revenu |
| | 7-17 | 8 600 DKK | 2.9 | |
| Allocation familiale ordinaire | 0-17 | 3 812 DKK | 1.3 | Pas de condition de revenu |
| Allocation pour enfant supplémentaire | Une par famille | 3 876 DKK | 1.3 | Pas de condition de revenu |
| | | **Pays-Bas**[c] | | |
| Allocation familiale | 0-5 | 1 470 NLG | 2.3 | Pas de condition |
| | 6-11 | 1 785 NLG | 2.7 | de revenu |
| | 12-18 | 2 101 NLG | 3.2 | |
| Crédit d'impôt | Un par ménage | 84 NLG | 0.1 | Revenu du ménage inférieur à 120 104 NLG |
| Crédit d'impôt supplémentaire | Un par ménage | 423 NLG | 0.6 | Revenu du ménage inférieur 60 053 NLG |
| Crédit d'impôt combiné | Maximum par personne imposable | 304 NLG | 0.5 | Revenu supérieur à 8 673 NLG par an |

a) Le montant de la FTB (A) est accru de 219 $A par enfant (environ 0.5 % de la rémunération moyenne) pour le 4e enfant et les suivants, avec le complément pour famille nombreuse.
b) Augmentation de 3 139 $A par an pour chaque enfant supplémentaire.
c) De plus, un crédit d'impôt pour parent isolé de 2 779 NLG par an (4.3 % du salaire moyen) et un crédit d'impôt supplémentaire pour parent isolé avec enfant de moins de 12 ans à charge, est offert à concurrence de 4.3 % du revenu, jusqu'à 2 799 NLG par an.
Source : Centrelink (2001) ; Socialministeriet (2000a) ; SZW (2001) et estimations du Secrétariat de l'OCDE.

conditionnées par le revenu de la famille, qui sont mises en œuvre ensemble. L'allocation familiale A est versée pour chaque enfant aux familles ayant un revenu faible ou moyen et des enfants à charge[1], La réforme a élevé le seuil de revenu pour la partie A et réduit de 50 à 30 % le taux dégressif[2]. Avec l'allocation B [FTB(B), versée aux familles ne disposant que d'un revenu avec enfants à charge], les réformes ont également augmenté l'aide et supprimé un seuil de revenu pour le bénéficiaire du revenu principal, qui existait dans l'ancien système. A la suite de cette réforme, plus de 90 % des familles australiennes peuvent désormais bénéficier d'allocations familiales. Les dépenses consacrées à cette mesure sont estimées à environ 11 milliards de dollars australiens par an.

### Importance de l'aide aux familles qui ont un emploi

On peut apprécier l'importance des prestations familiales pour les ménages dans lesquels l'un ou les deux parents ont une activité professionnelle en les comparant au revenu du ménage. Plusieurs situations-types ont été envisagées :

- parent isolé avec deux enfants et deux niveaux de revenu (aux deux tiers et à l'équivalent de la rémunération moyenne) ; et

- couple avec deux enfants, avec trois niveaux de revenu (aux deux tiers, à l'équivalent et un tiers au-dessus de la rémunération moyenne), en considérant également différentes répartitions du revenu entre les deux adultes.

Le tableau A.3 montre le montant de l'aide dans ces différentes situations, en proportion du revenu disponible pour différents niveaux de revenu. Les calculs tiennent compte du paiement des allocations, des crédits d'impôt et des effets des différents niveaux d'imposition. Ils montrent que les allocations familiales se situent à un niveau sensiblement plus élevé en Australie et au Danemark qu'aux Pays-Bas. Le niveau le plus élevé concerne les familles australiennes dont le revenu est les deux tiers de la rémunération moyenne, ce qui reflète le ciblage sur les familles les moins aisées. Le seuil de revenu au-delà duquel l'allocation Family Tax Benefit (A) commence à diminuer correspond à peu près aux deux tiers de la rémunération moyenne. Le tableau montre également le rôle de FTB(B) en Australie, pour aider les couples dont un seul parent a un emploi. Avec l'augmentation du revenu de la personne qui a un emploi, FTB(B) représente une part plus importante de l'aide à la famille et l'avantage nettement par rapport à une famille avec deux rémunérations au même niveau de revenu.

Si l'on compare une famille avec un seul parent avec un couple ayant le même revenu, en Australie, le niveau de l'aide est le même quand il n'y a qu'une seule rémunération, mais diminue avec la perte de FTB(B) quand le même revenu est gagné par les deux adultes d'un couple. Au Danemark, l'aide représente à peu près la même proportion du revenu familial d'un couple, qu'il y ait une ou deux rémunérations, ce qui résulte du fait que le paiement est universel. Aux Pays-Bas, les prestations supplémentaires pour les parents isolés augmentent le montant de leurs allocations par rapport aux couples (la différence entre ménages avec un et deux adultes résultant des crédits d'impôt dont bénéficient les adultes, qu'il y ait ou non des enfants).

Une autre manière de voir comment le système contribue au coût des enfants consiste à regarder les différences de revenu des ménages avec et sans enfants, pour le même revenu (voir tableau A.4).

Tableau A.3.  **Aide aux familles en pourcentage du revenu familial**

| | Parent isolé avec deux enfants | | | Couple : Un salaire et deux enfants | | | | Couple : deux salaires et deux enfants | | |
|---|---|---|---|---|---|---|---|---|---|---|
| 1er salaire | 0.67 SOM | 1.0 SOM | 1.33 SOM | 0.67 SOM | 1.0 SOM | 1.33 SOM | 1.67 SOM | 0.67 SOM | 1.0 SOM | 1.0 SOM |
| 2e salaire | NA | NA | NA | 0 | 0 | 0 | 0 | 0.33 SOM | 0.33 SOM | 0.67 SOM |
| Australie | 25.8 | 11.4 | 8.6 | 26.1 | 11.5 | 8.6 | 7.4 | 6.2 | 4.3 | 3.5 |
| Danemark | 21.1 | 15.9 | 13.3 | 13.2 | 9.7 | 8.0 | 7.0 | 9.9 | 7.8 | 6.5 |
| Pays-Bas | 9.7 | 7.5 | 5.9 | 10.1 | 7.8 | 6.0 | 5.1 | 7.3 | 6.0 | 5.0 |

NA : Non applicable.
SOM : salaire de l'ouvrier moyen.
*Note :*  Les taux de l'aide aux familles représentent une moyenne. Le pourcentage varie selon l'âge des enfants (voir tableau A.1).
*Source :*  Calculs fondés sur OCDE (2002f).

Tableau A.4.  **Différence de revenu entre ménages avec deux enfants et sans enfants**
Pourcentage du revenu familial

| | Parent isolé avec deux enfants | | | Couple : un salaire et deux enfants | | | | Couple : deux salaires et deux enfants | | |
|---|---|---|---|---|---|---|---|---|---|---|
| 1er salaire | 0.67 SOM | 1.0 SOM | 1.33 SOM | 0.67 SOM | 1.0 SOM | 1.33 SOM | 1.67 SOM | 0.67 SOM | 1.0 SOM | 1.0 SOM |
| 2e salaire | NA | NA | NA | 0 | 0 | 0 | 0 | 0.33 SOM | 0.33 SOM | 0.67 SOM |
| Australie | 38.4 | 13.0 | 8.6 | 28.5 | 8.3 | 5.8 | 5.0 | 6.6 | 4.5 | 3.6 |
| Danemark | 26.8 | 18.9 | 15.4 | 15.2 | 10.7 | 8.7 | 7.5 | 11.0 | 8.4 | 7.0 |
| Pays-Bas | 30.0 | 22.8 | 17.0 | 13.8 | 9.4 | 7.1 | 5.9 | 9.4 | 7.6 | 6.2 |

NA : non applicable.
SOM : salaire de l'ouvrier moyen.
*Note :*  Les taux de l'aide aux familles représentent une moyenne. Le pourcentage varie selon l'âge des enfants (voir tableau A.3).
*Source :*  Calculs fondés sur OCDE (2002f).

*Enfants supplémentaires*

Le tableau A.5 montre la valeur relative d'un revenu additionnel apporté au ménage par une rémunération supplémentaire correspondant à la rémunération moyenne dans les trois pays. Ce tableau donne une indication sur l'impact du système d'imposition et de transferts pour des familles avec enfant ayant un emploi. On voit qu'en Australie, avec un revenu moyen, le fait d'avoir des enfants supplémentaires n'apporte qu'un supplément de revenu relativement faible et qu'il n'y a pas de différence entre les enfants d'un couple et d'un parent isolé (sauf que l'aide au premier enfant dans un couple est modifiée par la réduction pour conjoint dépendant). Aux Pays-Bas, l'élasticité à ce niveau de revenu est aussi relativement faible, le crédit d'impôt pour l'allocation d'un parent isolé avec un enfant se situant dans la marge supérieure. Les allocations pour parent isolé au Danemark expliquent aussi l'avantage dont bénéficie ce parent et le fait que l'allocation est proportionnelle au nombre d'enfants.

Pour les familles qui ont un emploi, tous les pays apportent une contribution au coût qu'entraînent les enfants ; elle est la plus élevée en Australie pour les familles de revenu modeste. En termes de revenu relatif, les trois pays accordent un traitement spécifique aux parents isolés. Des calculs semblables peuvent être effectués pour des personnes avec enfant bénéficiant d'une allocation, mais il est plus significatif de regarder d'abord les systèmes de garantie de revenu de ceux qui n'ont pas d'emploi.

### Systèmes de garantie de revenu des personnes en âge d'activité, mais sans emploi

Le nombre d'enfants élevés dans des ménages bénéficiant d'allocations est devenu une source de préoccupations dans beaucoup de pays et a contribué à une volonté de réorienter la garantie de revenu vers le retour à l'emploi pour ceux qui sont en âge de travailler. En l'absence de données sur le Danemark, le tableau A.6 montre que les évolutions suivies en Australie et aux Pays-Bas sont très différentes. Alors que le nombre total d'enfants dépendants diminuait en Australie de 1990 à 1999, la part de ceux qui vivaient dans un ménage bénéficiant d'une allocation passait de moins de 20 % à plus de 35 %. Aux Pays-Bas, le nombre total a également augmenté pendant la même période, ainsi que la part de ceux qui sont dans des ménages bénéficiaires d'allocations jusqu'au milieu des années 90, mais celle-ci a

Tableau A.5.  **Valeur relative du revenu supplémentaire apporté au ménage**

| Type de famille | Australie | Danemark | Pays-Bas |
|---|---|---|---|
| Parent isolé, 1 enfant | 0.09 | 0.17 | 0.18 |
| Parent isolé, 2 enfants | 0.04 | 0.13 | 0.05 |
| Parent isolé, 3 enfants | 0.10 | 0.15 | 0.04 |
| Couple sans enfants | 0.04 | 0.11 | 0.07 |
| Couple, 1 enfant | 0.05 | 0.07 | 0.05 |
| Couple, 2 enfants | 0.04 | 0.05 | 0.05 |
| Couple, 3 enfants | 0.10 | 0.07 | 0.04 |

*Source :*  Calculs effectués à partir de OCDE (2002f). Pour les couples, on suppose une seule rémunération, les allocations pour enfant sont au taux moyen pour tenir compte des différentes possibilités en fonction de l'âge.

Tableau A.6.  **Proportion d'enfants appartenant à des ménages bénéficiant d'allocations**

|  | 1990 | | 1995 | | 1999 | |
|---|---|---|---|---|---|---|
|  | Nombre (milliers) | % de tous les enfants | Nombre (milliers) | % de tous les enfants | Nombre (milliers) | % de tous les enfants |
| Australie | 705 | 19.1 | 983 | 28.2 | 1 225 | 35.6 |
| Pays-Bas | 1 240 | 37.5 | 1 317 | 39.2 | 1 073 | 31.2 |

*Source :* Autorités nationales.

diminué depuis, tout en représentant encore environ trois enfants sur dix. Cet aperçu ne dit pas pendant combien de temps ces ménages sont allocataires. Beaucoup d'entre eux ne le sont que pendant une période de temps limitée, mais certains restent plus longtemps dans cette situation, ou connaissent des périodes répétées pendant lesquelles ils bénéficient d'allocations. Il est remarquable que les enfants dont les parents reçoivent une allocation pour handicap ou pour maladie constituent la catégorie la plus nombreuse aux Pays-Bas – et il est probable que bon nombre d'entre eux le resteront pendant longtemps.

Les systèmes de garantie de revenu varient beaucoup entre les trois pays étudiés. Le Danemark et les Pays-Bas ont adopté des mesures d'assurance et d'aide sociale pour ceux qui ne bénéficient d'aucune assurance. L'Australie n'a pas de système de sécurité sociale fondé sur des cotisations, mais un système d'aide sociale ouvert à tous fondé sur la fiscalité. Les systèmes néerlandais et danois comportent un niveau maximum de cotisations et les allocations sont affectées par le revenu du bénéficiaire. Ni l'un ni l'autre ne comportent de versement supplémentaire du fait de l'existence d'un conjoint ou d'enfants. Dans tous les pays, les niveaux d'aide sociale sont déterminés par la politique nationale et sont nettement ciblés sur le ménage. Au Danemark et aux Pays-Bas, les bénéficiaires doivent rechercher activement un emploi et bénéficient de services d'aide à la recherche d'emploi (chapitre 5). De plus, les collectivités locales aux Pays-Bas doivent aussi gérer et financer une aide aux personnes sans ressources (tableau A.7).

Le système australien paraît semblable aux deux autres à certains égards. Mais alors que l'aide sociale ne joue qu'un rôle résiduel dans les deux pays européens, où elle ne représente qu'environ 10 % ou moins des dépenses sociales, en Australie elle joue le rôle principal, avec plus de 90 % des dépenses (Kalisch *et al.*, 1998). Le taux des allocations est fixe et elles sont conditionnées par le revenu du bénéficiaire. Il y a certaines allocations différenciées suivant la situation familiale dans le système de garantie de revenu australien[3], mais la plus grande partie des aides destinées aux familles avec enfants font l'objet d'allocations familiales distinctes. Dans le cas d'un couple, le revenu des deux adultes est pris en compte, mais depuis 1995 la condition de revenu a été modifiée pour limiter la situation dans laquelle l'allocation d'un parent est réduite à cause du revenu du second.

En Australie, une mesure distincte de garantie de revenu s'adresse aux parents isolés : le *Parenting Payment – Single*[4]. Suivant les systèmes danois et néerlandais, les parents isolés qui ne travaillent pas peuvent bénéficier, soit d'une allocation de chômage conditionnée par une recherche d'emploi, soit d'une assurance sociale. Le contrôle de la recherche d'emploi est appliqué rigoureusement au Danemark ; aux Pays-Bas, l'application dépend de l'attitude des travailleurs sociaux et des responsables politiques locaux, dont certains considèrent que la mère doit pouvoir s'occuper de ses enfants chez elle. L'allocation australienne n'est

Tableau A.7. **Systèmes de protection sociale pour les personnes en âge de travailler avec enfants**

| Type de système | Prise en compte des enfants |
|---|---|
| **Australie** | |
| Allocations sous condition de revenu à taux fixe pour ceux qui n'ont pas d'emploi. Comprend le *Parenting Payment – Single* pour parents isolés, et le *Parenting payment – Partnered* pour le conjoint qui élève un enfant. | Certaines différences de taux lorsqu'il y a des enfants, mais leur prise en charge est surtout assurée par la FTB. |
| *Special Benefit* – allocation attribuée de manière discrétionnaire, en fonction du revenu, dans les cas de grandes difficultés financières et de besoins prouvés. | Le niveau de l'allocation est discrétionnaire, mais tient compte du coût que représentent les enfants. |
| **Danemark** | |
| Allocation chômage pour ceux qui bénéficient de l'assurance chômage, gérée par les syndicats. Volontaire, mais 90 % des salariés adhèrent. 90 % de la rémunération précédente, au maximum pour quatre ans. | Pas de supplément pour les enfants (c'est le rôle des allocations familiales). |
| Aide sociale fixée au niveau national payée par les municipalités, pour ceux qui ne sont pas couverts par l'assurance chômage. Financement 50/50 central/local. Sous condition de revenu. | Les taux tiennent compte des enfants, avec une majoration équivalente à 20 % du maximum de l'allocation chômage pour chaque parent. |
| **Pays-Bas** | |
| Système de sécurité sociale obligatoire financé par des cotisations. Allocation : 70 % de la rémunération précédente pendant cinq ans, suivie pendant deux ans par un versement à taux fixe. | Pas de supplément pour les enfants (c'est le rôle des allocations familiales). |
| Aide sociale fixée et financée au niveau national, gérée par les municipalités pour ceux qui ne sont pas couverts par l'assurance chômage. Sous condition de revenu. | Pas de différence pour couples avec ou sans enfants (taux 100 % du salaire minimum). Les parents isolés reçoivent 90 % du salaire minimum, les personnes seules 70 %, il y a donc un « élément familial » de 20 %. (Les couples avec un enfant dont un membre a moins de 21 ans bénéficient d'un taux réduit et dans ce cas ont les mêmes avantages que les parents.) |
| Les allocations ci-dessus sont complétées par des aides sociales dans les situations de pauvreté définies localement. Sous condition de revenu. | Les allocations peuvent tenir compte des besoins de la famille, par exemple l'entrée de l'enfant dans l'enseignement secondaire. |

*Source :* Socialministeriet (2000a) ; SZW (2001) et Autorités nationales.

actuellement pas conditionnée par la recherche d'un emploi, mais l'ensemble des mesures adoptées en mai 2001 dans le cadre du dispositif *Australians Working Together* a prévu l'extension, à partir de septembre 2002, d'obligations modérées imposées aux parents isolés et aux autres parents bénéficiant d'une garantie de revenu, pour qu'ils fassent preuve de leur volonté de travailler.

Dans chacun des trois pays, une aide au logement est accordée aux personnes qui ont un revenu modeste. Les principaux bénéficiaires sont les retraités et les familles avec enfants qui ont un faible revenu[5]. Il existe aussi des prestations pour les soins de santé qui aident les parents à faire face au coût de la santé de leurs enfants[6].

### Niveaux relatifs de garantie de revenu

Une simple comparaison des taux des prestations sociales (y compris familiales) avec la rémunération moyenne montre que c'est au Danemark qu'elles sont les plus élevées, mais que c'est l'Australie qui tient le plus compte du coût des enfants (tableau A.8). On peut étudier la valeur relative d'un revenu supplémentaire apporté par une deuxième personne en activité, dans un ménage bénéficiant d'allocations sociales. On constate que l'Australie accorde à peu près le même poids au premier enfant d'un parent isolé (donc la deuxième personne d'une famille) et au second adulte d'un couple. Le Danemark et les Pays-Bas sont relativement plus généreux quand la deuxième personne est un adulte et moins généreux qu'en Australie quand c'est un enfant. L'aide accordée par les Pays-Bas pour des enfants supplémentaires entraîne la même majoration de revenu, équivalente à la majoration que prévoit le système danois à partir du second enfant d'un couple. Le dispositif danois reflète l'avantage dont bénéficient les couples avec enfants au titre des taux d'aide sociale et l'allocation pour enfants de familles monoparentales. C'est en Australie que l'on tient le plus grand compte du coût des enfants supplémentaires dans l'aide sociale.

### L'indexation des allocations

Dans les trois pays, les taux des prestations sont régulièrement ajustés en fonction de l'évolution des prix, pour préserver leur pouvoir d'achat. Aux Pays-Bas, elles sont liées au

Tableau A.8. **Prestations en proportion de la rémunération moyenne et élasticités pour enfants supplémentaires, 2001**

Y compris allocations familiales

| Type de famille | Australie | | Danemark | | Pays-Bas | |
|---|---|---|---|---|---|---|
| | % salaire ouvrier moyen | Élasticités | % salaire ouvrier moyen | Élasticités | % salaire ouvrier moyen | Élasticités |
| Personne seule | 21.5 | – | 28.6 | – | 28.9 | – |
| Parent isolé, 1 enfant | 39.3 | 0.82 | 44.3 | 0.55 | 39.9 | 0.38 |
| Parent isolé, 2 enfants | 47.6 | 0.39 | 49.2 | 0.17 | 42.7 | 0.09 |
| Parent isolé, 3 enfants | 56.0 | 0.39 | 54.1 | 0.17 | 45.4 | 0.09 |
| Couple – pas d'enfants | 38.8 | 0.80 | 57.2 | 1.00 | 41.2 | 0.60 |
| Couple, 1 enfant | 53.7 | 0.69 | 79.8 | 0.79 | 44.0 | 0.09 |
| Couple, 2 enfants | 62.1 | 0.39 | 83.4 | 0.13 | 46.8 | 0.09 |
| Couple, 3 enfants | 70.5 | 0.39 | 87.0 | 0.13 | 49.5 | 0.09 |

Note : Le taux de base des calculs d'élasticité est celui de l'aide reçue par une personne seule. L'aide sociale est celle qui est versée lorsqu'il n'y a pas d'autre revenu. Les taux pour enfants sont des taux moyens, pour tenir compte de différents âges possibles. L'allocation logement et la subvention à la garde des enfants ne sont pas pris en compte.

Source : Calculs du Secrétariat de l'OCDE.

245|

salaire minimum, lui-même lié à l'inflation. Au Danemark, les taux sont en rapport avec ceux de l'allocation chômage. Il y a cependant une anomalie concernant le *Parenting Payment – Single* en Australie, considéré comme une pension, plutôt que comme une allocation (alors que *Parenting Payment – Partnered* est une allocation). Les pensions sont indexées sur les salaires et les prix, alors que ls allocations ne sont indexées que sur les prix. Alors que les salaires augmentent plus que les prix, la valeur de l'allocation de parent isolé augmente plus vite que l'allocation chômage. D'après la DFACS, l'écart sera d'environ 25 % en dix ans. Cela fausse à terme les élasticités et c'est difficile à justifier du point de vue de l'équité. En principe, un changement mineur de la politique d'indexation, permettant que toutes les allocations mettant l'accent sur l'emploi soient traitées de la même manière, pourrait régler le problème.

### Les pensions alimentaires pour contribuer à la charge des enfants

Dans les trois pays, les parents sont légalement obligés d'aider financièrement leurs enfants, qu'ils vivent ou non avec eux. Dans chaque pays, il existe un dispositif pour définir les versements que doivent faire les parents absents et pour s'assurer que les versements sont faits ; les Pays-Bas et l'Australie ont pris des mesures ces dernières années pour s'assurer que ces dispositifs soient plus efficaces. Aux Pays-Bas, où des accords volontaires s'appuient sur des décisions de justice[7], si nécessaire, un nouveau service a été créé en 1997 : le Bureau national pour le recouvrement des pensions alimentaires, afin d'améliorer le taux de recouvrement. L'Australie est passée en 1988 d'un système à caractère judiciaire à un système administratif, afin de s'assurer que le niveau de ressources est bien évalué et d'améliorer les taux de recouvrement. Le Danemark a également recours à un système administratif, mais à la différence des autres pays, il garantit aussi le paiement à la personne qui a la garde de l'enfant et lui assure une sécurité, bien qu'il considère que le paiement s'adresse *à l'enfant* et non à celui des parents qui a la garde[8].

Dans chaque pays, la capacité à subvenir aux besoins de l'enfant est évaluée en tenant compte du revenu du parent absent, qui peut contribuer davantage s'il gagne davantage. Au Danemark, il y a une limite du fait que moins de 15 % du taux maximum est conditionné par le revenu[9]. Aux Pays-Bas, la formule utilisée par les tribunaux tient compte des ressources de chaque parent. En Australie, elle prend en considération le revenu de chacun des parents et le mode de vie du parent absent.

Suivant le système danois, lorsque les parents absents ne font pas face à leurs obligations, ou lorsque la paternité n'est pas déterminée, le parent qui a la garde bénéficie d'une allocation de prise en charge de l'enfant de 9 720 DKK par an. La combinaison de cette allocation et le fait que l'aide à l'enfant ne soit pas prise en compte pour l'aide sociale entraîne un relèvement du revenu garanti des parents isolés de 7.5 % pour le premier enfant. Aux Pays-Bas et en Australie, la sécurité du revenu du parent qui a la charge dépend très largement du fait que l'autre parent remplit ses obligations.

En Australie, les modifications intervenues en 1988 pour le recouvrement de la pension alimentaire ont porté ce taux de 65 % en 1988 à près de 90 % maintenant et 1.4 milliard de dollars australiens ont été transférés à ce titre durant l'année fiscale 1999/2000 (Child Support Agency, 2000 ; DFACS, 2001 ; communications avc le DFACS). Pour remédier à l'impression suivant laquelle le paiement de la pension alimentaire serait un impôt, l'Australie est passée d'une notion de « juste application » à une incitation à des accords positifs après la séparation, de manière à ce que la pension n'interfère pas avec le maintien d'une relation entre le parent absent et les enfants. L'organisme compétent (*Child Support Agency*) met en œuvre des techniques qui n'étaient pas utilisées pour le recouvrement de la pension, telles que le suivi individuel, les informations sur le budget familial, le conseil en matière relationnelle et l'aide aux parents. Il a mis en application des programmes pour des institutions comme les chemins de fer du Queensland et la Défense nationale. Il en est résulté une augmentation volontaire des paiements de la pension alimentaire.

## Modalités de congé pour élever les très jeunes enfants[10]

Étant donné les différences entre systèmes de protection sociale (voir ci-dessus) et les avantages accordés aux familles par les employeurs (chapitre 6), il n'est pas surprenant de constater des différences considérables entre les pays étudiés dans la conception et l'utilisation effective des congés pris pour élever de très jeunes enfants.

### Congé individuel et congé familial

Le droit au congé peut être accordé à une personne ou à la famille, auquel cas les parents peuvent décider de celui qui en bénéficiera. Ils ne peuvent utiliser le congé simultanément. En Australie par exemple, si l'un des parents utilise la totalité des 52 semaines de congé après une naissance, l'autre ne peut en prendre aucun, sauf pendant la première semaine, durant laquelle les deux parents peuvent être en congé en même temps. Au Danemark, jusqu'à 2002, c'est la famille qui avait droit à prendre 10 semaines de congé. En revanche, le congé pour la garde des enfants, qui peut être pris après le congé parental au Danemark, est un droit individuel. Aux Pays-Bas, ce sont tous les droits au congé qui sont individuels (tableau A.9).

### Critères d'attribution

Vers le moment de la naissance, les salariés danois qui ont travaillé pendant un certain temps et les salariés néerlandais ont droit à un congé rémunéré en conservant leurs droits vis-à-vis de l'emploi, mais le taux des allocations[11] peut être variable suivant les catégories de salariés (tableau A.9). En Australie, si les femmes salariées peuvent relever d'une décision de justice (*award*) ou d'une convention accordant un congé *avant* la naissance, c'est seulement le cas de celles qui ont été avec le même employeur pour au moins douze mois. On estime qu'environ 72.5 % des salariés en Australie ont droit à un congé parental (ABS, 1998). En Australie comme aux Pays-Bas, le congé parental n'est accordé qu'aux salariés qui ont été avec le même employeur pendant les 12 mois précédents. Les critères d'admission au congé pour la garde des enfants au Danemark sont les mêmes que les congés parentaux *rémunérés* (tableau A.9).

### Les allocations

*Australie*

En Australie, le congé de maternité dure 52 semaines, non rémunérées, à partir de la naissance. Sous réserve de l'accord de l'employeur, il est possible de prendre aussi six semaines de congé avant la naissance. Les deux parents peuvent prendre la première semaine de congé parental, ce qui implique *de facto* un congé de paternité. La législation ne prévoit pas de garantie de revenu liée à ces périodes de congés. La possibilité de maintenir une rémunération (partielle) est laissée à l'initiative des employeurs.

*Danemark*

Au Danemark, une mère a droit à 18 semaines de congé de maternité (dont 4 semaines avant la naissance). Il y a ensuite 10 semaines de congé parental, qui peut être pris par l'un des deux parents, mais pas par les deux ensemble. Il existe aussi un droit à congé pour la garde de l'enfant de 26 semaines (si l'enfant a moins d'un an), qui peut être étendu avec

247|

Tableau A.9.    **Caractéristiques des congés parentaux avec garantie d'emploi, 2001**

|  | Caractéristiques | Congé de maternité | Congé de paternité | Congé parental et de garde (si mentionné) |
|---|---|---|---|---|
| Australie | Critères d'éligibilité | Suivant l'*award*[a] | Comme congé parental. | 12 mois d'emploi avec l'employeur. |
|  | Durée | Suivant l'*award*[a] (jusqu'à 6 semaines avant la naissance). | 1 semaine | Droit familial à 52 semaines jusqu'au 1er anniversaire[b]. Excepté pour la 1re semaine quand les deux parents peuvent prendre un congé. |
|  | Allocation | Suivant l'*award*[a] | Suivant l'*award* | Suivant l'*award*[a] |
| Danemark | Critères d'éligibilité | Toutes les salariées : mêmes critères que pour congé parental. | Tous salariés hommes : mêmes critères que pour le congé parental | *Congé parental* : concerne tous les salariés, mais le congé payé est réservé à ceux qui ont travaillé au moins 120 heures au cours des 13 semaines précédentes et aux indépendants qui ont travaillé au moins 18 heures par semaine pendant 6 des 12 mois précédents[c]. *Congé de garde* : comme le congé parental rémunéré. |
|  | Durée | 18 semaines (dont 4 semaines avant la date prévue pour la naissance) | 2 semaines. | *Congé parental* : droit attribué à la famille pour 10 semaines. Ensuite, le père a droit à 2 semaines supplémentaires les 25e et 26e semaines après la naissance. *Congé de garde* : enfants jusqu'à leur 1er anniversaire, droit individuel à 26 semaines période de 26 semaines supplémentaire avec l'accord de l'employeur. Pour les enfants de 1 à 9 ans, droit individuel à 13 semaines. Le congé **ne peut** être pris si les enfants de 0-2 ans sont dans une garde publique[d]. |
|  | Allocation | 2 937 couronnes par semaine souvent complétées par l'employeur. | 2 937 couronnes par semaine, souvent complétées par l'employeur. | *Congé parental* : 2 937 DKK par semaine souvent complétées par l'employeur. *Congé de garde* : 1 764 DKK par semaine généralement pas complétées par l'employeur. |
| Pays-Bas | Critères | Femmes salariées et indépendants. | Salariés hommes. | 12 mois avec l'employeur. |

Tableau A.9.   **Caractéristiques des congés parentaux avec garantie d'emploi, 2001** (*suite*)

| Caractéristiques | Congé de maternité | Congé de paternité | Congé parental et de garde (si mentionné) |
|---|---|---|---|
| Durée | 16 semaines | 2 jours | Droit individuel à un *congé parental* de 13 fois le nombre d'heures de la semaine contractuelle de travail, à prendre dans les 6 mois. Par semaine, les salariés ne peuvent prendre qu'un congé de la moitié des heures normalement travaillées, sauf accord avec l' employeur. Par exemple, les salariés avec une semaine of 38 heures peuvent prendre 19 heures de congé par semaine sur 6 mois. Le congé peut être pris jusqu'à ce que l'enfant atteigne l'âge de 8 ans[e]. |
| Allocation | Plein salaire jusqu'à un maximum de 794.29 € par semaine : 272.4 € pour les indépendants. | Plein salaire. | Non rémunéré, sauf certains employeurs du secteur public qui paient jusqu'à 75 % de la rémunération. |

a)   « Award », ou convention collective ou contrat individuel.
b)   Avec l'accord de l'employeur, un congé à temps partiel peut être accordé jusqu'à un maximum de 2 ans.
c)   Les personnes qui ont terminé une formation d'au moins 18 mois au cours du mois précédent ou qui sont en formation rémunérée, sont également couvertes, de même que certaines catégories de chômeurs.
d)   Pour les enfants de 3 à 8 ans, il est possible de combiner un congé de garde avec l'utilisation à mi-temps des services publics de garde de jour.
e)   Avec l'accord de l' employeur, le nombre d'heures de congé parental par semaine peut être changé.
*Source* :   Autorités nationales.

249

l'accord de l'employeur. Les pères ont droit à deux semaines de congé de paternité et à deux semaines de « quota du père ». Cette période fait suite aux 10 semaines de congé parental et est réservée aux pères, qui perdent ce congé s'ils ne le prennent pas.

Pendant les congés de maternité, de paternité et les congés parentaux, la garantie de revenu est versée au taux maximum de l'allocation chômage, qui, pour 80 % des salariés, est complétée par l'employeur comme le prévoit la convention collective. Pendant le congé de garde de l'enfant, l'allocation est versée au taux de 60 % de l'allocation chômage et n'est jamais complétée.

Comme on l'a vu plus haut, la législation en entrée en vigueur pour changer le système : le congé de garde de l'enfant sera aboli alors que le « quota pour les pères » a été abandonné. Les réformes n'affectent pas les congés de parternité ou de maternité, mais les droits de 10 semaines pour les congés parentaux ont été individualisés et étendus à 46 semaines pour les parents qui travaillent (et à 40 semaines pour les parents sans emploi). Cependant, les droits à congés rémunérés dépendent de la famille et sont payables à un seul des parents à concurrence de 100 % des allocations maximum de chômage, pour une durée n'excédant pas 32 semaines. Si le congé parental est pris pendant 48 semaines, les taux par semaine seront ajustés en conséquence (32/48*100allocation chômage).

*Pays-Bas*

Aux Pays-Bas, un congé de maternité de 16 semaines est rémunéré avec un taux maximum relativement élevé (juste au-dessus du revenu moyen). Aussi les employeurs ont-ils rarement à verser un complément, bien que ce soit prévu par les conventions collectives. L'employeur paie intégralement le congé de paternité (deux jours). Le congé parental est à temps partiel et peut être pris pendant six mois (voir tableau A.9 pour plus de détails). Le congé parental n'est généralement pas rémunéré dans le secteur privé, tandis qu'il est payé à concurrence de 75 % du dernier salaire dans le secteur public.

**Garde et congé pour la garde des enfants**

Le congé pour la garde des enfants au Danemark est le seul, dans les trois pays, qui soit directement lié à la garde. Les parents qui bénéficient de ce congé pour garder les enfants de moins de 2 ans ne peuvent avoir recours à des services publics de garde au même moment. Si les parents choisissent de garder leur enfant, alors que les services publics sont développés au maximum pour pouvoir garantir une place à tous les enfants après un an (chapitre 3), il est normal de restreindre l'accès à ces service pour les enfants gardés à la maison.

**Utilisation des congés à une date ultérieure**

Aux Pays-Bas (pour le congé parental) et au Danemark (pour le congé de garde), les parents ne sont pas tenus d'utiliser immédiatement après la naissance leurs droits à des congés : ils peuvent parfois les utiliser plus tard (jusqu'à ce que l'enfant ait 8 ans aux Pays-Bas et 9 ans au Danemark). Le droit au congé parental aux Pays-Bas (six mois de travail et congé à temps partiel) est indépendant de l'âge de l'enfant, alors que le droit au congé de garde pour un enfant d'un an dure au maximum 13 mois (26 semaines pour un jeune enfant).

**Adoption**

Dans les trois pays, les congés liés à la naissance et à la garde des enfants s'appliquent également en cas d'adoption. A l'exception des allocations versées pendant la période précédent la naissance, les allocations sont les mêmes en Australie et au Danemark. Aux Pays-Bas, le congé pour l'adoption dure 4 semaines et doit être pris dans les 18 mois : l'allocation est la même que pour le congé de maternité. Le droit à un congé pour l'adoption n'affecte pas le droit au congé parental pour le même enfant.

# Notes

1. Cette allocation impliquait une augmentation de 140 $A par an et par enfant, soit 4.9 % pour les enfants de 0 à 12 ans et de 3.8 % pour ceux de 13 à 15 ans (Costello, 1998).

2. Environ 35 % des familles bénéficient du taux maximum FTB(A) (DFACS, 2001).

3. Exemple l'allocation *Newstart* (pour les chômeurs) est versée à un taux supérieur d'environ 8 % pour les parents isolés par rapport aux personnes seules sans enfants.

4. Il existe aussi un *Parenting Payment – Partnered* pour les couples.

5. En Australie, 38 % du million de ménages bénéficiant d'une aide au paiement d'un loyer ont des enfants à charge (DFACS, 2001). Aux Pays-Bas, environ 900 000 personnes sont aidées (OCDE, 1998). Au Danemark, l'aide concerne 170 000 personnes non retraitées, dont 83 000 ont des enfants (Ministry of Social Affairs).

6. Au Danemark et aux Pays-Bas, la plupart des services de santé sont en grande partie gratuits, le coût étant pris en charge par la fiscalité (Danemark) et par la sécurité sociale (Pays-Bas). En Australie, les allocations *Medicare* financées par des impôts et taxes prennent aussi en charge la plupart des coûts des visites médicales et des cartes de réduction réduisent le coût des médicaments pour les familles dont le revenu est faible. Dans tous les pays, l'hospitalisation est le plus souvent gratuite.

7. Aux Pays-Bas, les tribunaux utilisent une formule pour déterminer le taux des contributions : ressources de chaque parent ; estimation raisonnable des dépenses du parent qui n'a pas la garde (y compris le coût d'installation d'un nouveau domicile et des obligations d'une seconde famille) ; responsabilités des beaux-parents ; et relations entre parents et enfant.

8. Dans chaque pays, il peut y avoir des arrangements volontaires. En Australie, cela arrive dans 10 % des cas, au Danemark entre 10 et 20 % et aux Pays-Bas plus encore, en faisant payer aux parents absents un droit de 10 % de leurs ressources estimées pour pouvoir recourir aux services du Bureau national (LBIO).

9. Au Danemark, le taux normal de la pension alimentaire est de 10 980 DKK par an et par enfant ; elle comporte un taux de base (9 760 DKK) et un supplément lié au revenu (1 260 DKK).

10. Cette description concerne l'année 2001. On ne tient pas compte de la réforme mise en œuvre au Danemark au 2e trimestre de 2002 (voir chapitre 4).

11. Les allocations verses par l'État pendant les périodes de congé à la suite d'une naissance sont proportionnelles aux allocations chômage au Danemark et déterminées en fonction de l'assurance maladie aux Pays-Bas.

LES ÉDITIONS DE L'OCDE, 2, rue André-Pascal, 75775 PARIS CEDEX 16
IMPRIMÉ EN FRANCE
(81 2002 11 2 P) ISBN 92-64-29843-6 – n° 52656 2002